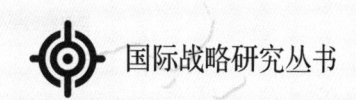

国际战略研究丛书

中国社会科学院创新工程学术出版资助项目

国际战略研究丛书

中国周边投资环境监测评估研究

Monitoring and Evaluation for
China's Regional Investment Environment

张中元　赵江林 / 著

社会科学文献出版社
SOCIAL SCIENCES ACADEMIC PRESS (CHINA)

前　言

《中国周边投资环境监测评估研究》是中国社会科学院亚太与全球战略研究院中国周边环境监测实验室承担的社科院数据与调查中心创新工程项目的成果之一。本书是在中国周边投资环境监测指数基础上完成的。

中国对外直接投资（Outward Foreign Direct Investment，OFDI）虽然起步较晚，但在"走出去"战略实施的十年期间，中国的对外直接投资取得了巨大的进步，投资规模不断增加，目标区域不断扩大，目标产业不断延伸。2008年中国对外直接投资首次突破500亿美元，达到了2003年中国实际利用外资水平，8500家境内投资者设立对外直接投资企业12000家，分布在全球174个国家（地区），对外直接投资存量达1840亿美元，境外企业资产总额超过1万亿美元。到2011年中国对外直接投资净额（流量）达到746.5亿美元，13500家境内投资者设立对外直接投资企业1.8万家，分布在全球177个国家（地区），对外直接投资存量达4247.8亿美元，境外企业资产总额近2万亿美元。

不过，随着中国企业走出去步伐的加快，中国对外直接投资面临严重挑战：一是对外直接投资规模数量激增，盲目投资和自相竞争加剧，境外资产流失严重；二是中国对外直接投资中并购占很大的比例，但因缺乏整合手段而导致失败的案例居高不下；三是境外资源开发不断建立新的战略合作联盟，但缺乏有力机制来激励约束当地伙伴，多元稳定可靠的能源资源供应缺乏保障；四是中国多数跨国企业并未真正拥有全球一体化的生产体系和完整的全球产业链，还没有体现出中国企业所具有的产业比较优势与竞争优势。以上这些因素造成了中国企业对外直接投资增而不强，成为制约中国对外投资稳步快速发展的现实问题，所以中国对外直接投资战略还需要进一步优化，模式还需要进一步创新，另外，近年来部分国家投资限制以及行政审查措施有增加趋势，投资保护主义风险上升，如何化解或控制中国对外投资面临的东道国国家风险，做好中国对外直接投资环境的评估已成当务之急。

本书就是在上述背景下，基于量化角度对中国周边投资环境进行评估和预测，以期揭示中国周边投资环境对中国近中期对外投资的影响。由于世界各国投资环境状况非常复杂，而中国对外直接投资到2011年末分布在全球177个国家（地区），目前还没有一种方法普遍适用于所有国家（地区）的环境评估，本书采用商务部公布的各年度《中国对外直接投资统计公报》中国对外直接投资流量和存量数据，首次尝试采用指标体系的量化方法来评估监测中国的对外直接投资环境，本书设计了由22个指标构成的中国周边投资环境监测指数，分别反映了中国周边投资环境状况，上述22个指标均经过验算，并汇集为7大因素，实证检验表明能够代表影响中国周边投资环境的主要因素。该评估指标体系具有如下优点：一是针对性强，直接考察影响中国对外直接投资的主要因素；二是指标体系设计合理，综合市场和政府两方面变量的影响，使得评估体系系统性强、结果可信度高；三是分值标准客观清晰，评估的可操作性好。

在指标体系量化评估的基础上，本书对中国周边国家和主要对外直接投资国（地区）的环境进行了详细的监测评估，这一方面检验指标体系设计的合理性与可信度；另一方面也能针对不同国家的具体情况提出合理可行的政策建议，有利于改善中国对外直接投资在该国面临的环境，为中国的对外直接投资决策提供参考，规避不利对外直接投资环境给投资者带来的风险。此外还对2013年中国的对外直接投资环境以及中国周边国家和主要对外直接投资国（地区）的投资环境进行了预测。促进中国对外直接投资的健康发展和成功运作，依赖于有预见性的对外直接投资决策，科学的对外直接投资环境评估是进行正确决策的重要环节，事先预警比事后弥补更为重要，有必要动态观测中国主要对外直接投资国（地区）的环境因素变化，在综合评分基础上设置预警指示灯，及时预防对外直接投资风险，有利于对直接投资区域做出合理的选择。

本书多数章节由中国社会科学院亚太与全球战略研究院张中元助理研究

员完成,赵江林研究员承担了第三章的第三节、第四章和第十章的内容。

感谢中国社会科学院数据与调查中心给予中国周边投资环境指数研究工作的资助,感谢社会科学文献出版社的大力支持。

赵江林

2014 年 2 月

目 录

综 合 篇

第一章 中国对外直接投资现状及相关研究 ········· 003
    第一节 引言 ········· 003
    第二节 中国对外投资的特征 ········· 005
    第三节 影响中国对外投资环境的因素 ········· 007

第二章 中国对外直接投资环境监测指数的构成、检验与评估 ········· 016
    第一节 中国对外直接投资环境指数的构成 ········· 016
    第二节 中国对外直接投资环境指数的检验 ········· 019
    第三节 中国对外直接投资现状评估 ········· 033
    第四节 中国对外直接投资环境指数的评分计算 ········· 037

第三章 中国总体投资环境评估与预测 ········· 039
    第一节 总体投资环境指数评估结果 ········· 039
    第二节 总体投资环境预测 ········· 061
    第三节 总体投资环境的结构性分析 ········· 068

第四章 中国周边投资环境评估与预测 ······ 102
第一节 中国周边投资环境指数评估 ······ 102
第二节 中国对外直接投资环境指数预测 ······ 110
第三节 中国周边投资环境的结构性分析 ······ 113

国 别 篇

第五章 东北亚地区 ······ 129
第一节 投资环境指数评估与预测：日本 ······ 129
第二节 投资环境指数评估与预测：韩国 ······ 133

第六章 东南亚地区 ······ 137
第一节 投资环境指数评估与预测：印度尼西亚 ······ 137
第二节 投资环境指数评估与预测：泰国 ······ 140
第三节 投资环境指数评估与预测：马来西亚 ······ 144
第四节 投资环境指数评估与预测：菲律宾 ······ 148
第五节 投资环境指数评估与预测：越南 ······ 151
第六节 投资环境指数评估与预测：新加坡 ······ 155

第七章 南亚地区 ······ 159
第一节 投资环境指数评估与预测：印度 ······ 159
第二节 投资环境指数评估与预测：巴基斯坦 ······ 162
第三节 投资环境指数评估与预测：斯里兰卡 ······ 166

第八章 俄罗斯及中亚地区 ······ 170
第一节 投资环境指数评估与预测：俄罗斯 ······ 170
第二节 投资环境指数评估与预测：哈萨克斯坦 ······ 173
第三节 投资环境指数评估与预测：吉尔吉斯斯坦 ······ 177

第九章　大洋洲地区 …………………………………………… 181

第一节　投资环境指数评估与预测：澳大利亚 ……………… 181
第二节　投资环境指数评估与预测：新西兰 ………………… 184
第三节　投资环境指数评估与预测：斐济 …………………… 187

第十章　其他主要国家 ………………………………………… 191

第一节　投资环境指数评估与预测：美国 …………………… 191
第二节　投资环境指数评估与预测：德国 …………………… 194
第三节　投资环境指数评估与预测：英国 …………………… 198
第四节　投资环境指数评估与预测：巴西 …………………… 202
第五节　投资环境指数评估与预测：墨西哥 ………………… 205

参考文献 ………………………………………………………… 210

综合篇

第一章
中国对外直接投资现状及相关研究

第一节　引言

中国对外直接投资虽然起步较晚，但在"走出去"战略实施的十年期间，中国的对外直接投资取得了巨大的进步，投资规模不断增加，目标区域不断扩大，目标产业不断延伸。2008年中国对外直接投资首次突破500亿美元，达到了2003年中国实际利用外资水平，8500家境内投资者设立对外直接投资企业12000家，分布在全球174个国家（地区），对外直接投资存量达1840亿美元，境外企业资产总额超过1万亿美元。到2011年中国对外直接投资净额（流量）达到746.5亿美元，13500家境内投资者设立对外直接投资企业1.8万家，分布在全球177个国家（地区），对外直接投资存量达4247.8亿美元，境外企业资产总额超近2万亿美元。

据联合国贸发会议（United Nations Conference on Trade and Development, UNCTAD）统计，2010年全球外国直接投资流出流量1.32万亿美元，年末存量20.4万亿美元，2010年中国对外直接投资分别占全球当年流量、存量的5.2%和1.6%，按国家（地区）排名，2010年中国对外直接投资流量名列第5，存量位居第17（UNCTAD，2011）。到2011年，全球外国直接投资流出流量1.69万亿美元，年末存量21.17万亿美元，2011年中国对外直接投资分别占全球当年流量、存量的4.4%和2%，按国家（地区）排名，2011年中国对外直接投资流量名列第6，存量位居第13

(UNCTAD，2012)。

中国对外直接投资已经实现了自 2003 年以来连续十年的增长，强劲的增长势头体现了国家层面的对外直接投资自然区位优势、所有权优势和中央政府经济国际化战略的政策取向，由于中国对外直接投资起步较晚，存量规模远不及发达国家（2011 年中国对外直接投资存量仅相当于美国对外直接投资存量的 9.4%，英国的 24.5%，德国的 29.5%，法国的 30.9%，日本的 44.1%）。但随着中国企业走出去步伐加快，中国对外直接投资面临严重挑战：一是对外直接投资规模数量激增，但盲目投资和自相竞争加剧，境外资产流失严重；二是中国对外直接投资中并购占很大的比例，但因缺乏整合手段而导致失败的案例居高不下；三是境外资源开发不断建立新的战略合作联盟，但缺乏有力机制来激励约束当地伙伴，多元稳定可靠的能源资源供应缺乏保障（洪联英和刘解龙，2011）；四是中国多数跨国企业并未真正拥有全球一体化的生产体系和完整的全球产业链，还没有体现出中国企业所具有的产业比较优势与竞争优势（张为付，2008）。

以上这些因素造成了中国企业对外直接投资增而不强，成为制约中国对外投资稳步快速发展的现实问题，所以中国对外直接投资战略还需要进一步优化，模式还需要进一步创新。从市场层面来看，企业所有权的组织安排、网络进入权的机制控制和价值链分解权的能力控制是推进境外投资可持续发展的内生机制，但目前中国企业权力层次偏低、国际化经验不足，难以充分利用投资企业的主导地位（洪联英和刘解龙，2011）。从政府层面来看，近年来部分国家投资限制以及行政审查措施有增加趋势，投资保护主义风险上升，如何化解或控制中国对外投资面临的东道国国家风险，做好中国对外直接投资环境的评估已成当务之急。

国外关于对外投资环境评估方法的研究较早，代表性评估方法有"冷、热"国对比分析法（Litvak and Banking，1968）、等级尺度法（Stobaugh，1969）、国家风险等级法（Robock，1971）等。近期一些研究从指数化角度进行评估指标和方法扩展，如 Globerman and Shapiro（2002）使用人类发展指数、治理基础指数、环境可持续指数、管制负担指数等角度多维评估投资环境。国内学者对中国对外直接投资环境评估的研究也有所关注，如张碧琼和田晓明（2012）运用综合评分法对中国商务部网站公布的《中国对外投资合作国别（地区）指南》的 165 个国家的 12 项投资环境因素打分①，在该评价体系中作者通过引入宏观和微观因素构建对外投资环境评估的指标体系，将投资环境因素按适合对外投资的程度按等级尺度法分值标准，由专业评估人员打分确定 4~7 个分值区间定值，得分越高说明投资环境越好，分数越低说明投资环境越差，然后对东道国的各因素得分加总得到该国投资环境的总分，并按总分高低对应投资环境进行优劣排序来反映中国对外直接投资区位选择的特点。

由于世界各国投资环境状况非常复杂，而中国对外直接投资到 2011 年末分布在全球 177 个国家（地区），已占全球国家（地区）总数的 72%。目前还没有一种方法普遍适用于所有国家（地区）的环境评估，本书采用商务部公布的各年度《中国对外直接投资统计公报》中国对外直接投资流量和存量数据，通过建立综合指数评估的方法来评价中国对外直接投资环境状况，以期为中国政府制定合理有效的政策法规、为中国对外投资者优化对外投资决策提供参考。

第二节 中国对外投资的特征

近年来学者对中国对外直接投资的研究开始明显增多（Boateng, Qian and Tianle, 2008; Mork, Yeung and Zhoa, 2008; Tolentino, 2010; Voss, Buckley and Cross, 2010; Wang, Kafouros and Boateng, 2012; Zhang and Dally, 2011）。与其他对外直接投资的发展中国家相比，中国对外直接投资的战略和模式有以下几个特征：

第一，国有或国有控股企业是对外直接投资的主体。2008 年末在中国对外直接投资存量中国有企业占 69.6%，2010 年国有企业占 66.2%，到 2011 年国有企业仍然占 62.7%，有限责任公司占 24.9%，国有企业与有限责任公司占到近九成份额。中央企业和单位在 2008 年非金融类对外直接投资存量中占 81.3%，流量中占 85.4%；到 2010 年中央企业和单位在非金融类对外直接投资流量中占 70.5%，存量中占 77%。虽然近年来国有企业所占份额有所下降，但比例仍然很高。Buckley 等（2007）结合三种特定的因

---

① 该指标体系包括 12 项指标：资本抽回、外商股权、对外商的管制程度、货币稳定性、政治稳定性、对企业给予关税保护意愿、当地资本可供程度、近 5 年的通货膨胀率、基础设施情况、劳动力供给水平、市场需求度、商务成本（包括水电气、土地、房屋价格、环境保护费用）。

素：资本市场不完全、特定所有权优势、制度因素，对中国对外直接投资进行研究后发现中国资本市场的不完全性给中国企业带来了特定所有权优势，可以让国有企业长时间轻易得到低于市场利率之下的资本。

第二，资源能源寻求型和市场扩张型对外直接投资占较大比重。2008年采矿业中中国对外直接投资存量达228.7亿美元，占12.4%的比例，主要分布在石油和天然气开采业、黑色金属和有色金属矿采选业；商业服务类对外直接投资存量545.8亿美元，占29.7%的比例，主要为控股投资；批发零售类对外直接投资存量298.6亿美元，占16.2%的比例，主要为贸易类投资；制造业类对外直接投资存量96.6亿美元，仅占5.3%的比例。2011年采矿业中中国对外直接投资存量达670亿美元，占15.8%的比例；商业服务类对外直接投资存量1422.9亿美元，占33.5%的比例；批发零售类对外直接投资存量490.9亿美元，占11.6%的比例；制造业类对外直接投资存量269.6亿美元，占6.3%的比例。除了贸易类投资的批发零售类对外直接投资存量比例有所下降外，其余三类对外直接投资存量比例均有较大幅度的提升。

第三，对亚洲地区和国际避税区的对外直接投资占较大比重。2008年中国对亚洲的直接投资流量为435.5亿美元，占到总流量的77.9%，对亚洲的直接投资存量为1313.2亿美元，占到总存量的71.4%；到2011年中国对亚洲的直接投资流量为454.9亿美元，占到总流量的60.9%，对亚洲的直接投资存量为3034.3亿美元，占到总存量的71.4%。而且在中国对外直接投资中有很大一部分流向了避税区，如对中国香港的部分对外直接投资可能又以流入外商直接投资名义进入中国内地，类似的地区还有英属维尔京群岛、开曼群岛等（宗芳宇、路江涌和武常岐，2012）。2008年流向中国香港的对外直接投资为386.4亿美元，占当年流量的69.1%，流向英属维尔京群岛的为21.04亿美元，占当年流量的3.8%，流向开曼群岛的为15.24亿美元，占当年流量的2.7%；2008年中国对外直接投资存量前三位的地区分别为中国香港1158.45亿美元，开曼群岛203.27亿美元，英属维尔京群岛104.77亿美元。2011年流向中国香港356.55亿美元，占当年流量的47.8%，流向英属维尔京群岛的为62.08亿美元，占当年流量的8.3%，流向开曼群岛的为49.36亿美元，占当年流量的6.6%，成为当年中国对外直接投资流量的前三位地区；2011年中国对外直接投资存量前三位的地区则分别为中国香港2615.19亿美元，占当年存量的61.6%，英属维尔京群岛

296.61亿美元，占当年存量的6.9%，开曼群岛216.92亿美元，占当年存量的5.1%。

第四，中国对外直接投资大部分流向发展中国家，但近年来对主要国家投资快速增长。2010年中国对欧盟直接投资流量59.63亿美元，同比增长101%；对东盟直接投资流量44.05亿美元，同比增长63.2%；对美国直接投资流量13.08亿美元，同比增长44%。2010年中国对发达国家（地区）的直接投资存量为296.9亿美元，占当年存量的9.4%。其中对欧盟直接投资存量125亿美元，占对发达国家（地区）直接投资存量的42.1%；对澳大利亚直接投资存量约为78.7亿美元，占比26.51%；对美国直接投资存量约为48.7亿美元，占比16.4%。2011年中国对外直接投资流向发展中国家（地区）的数量为612.3亿美元，占当年流量的82%，仍然是中国对外直接投资的主要目的地。2011年中国对欧盟直接投资流量为75.61亿美元，同比增长26.8%；对东盟直接投资流量为59.05亿美元，同比增长34.1%；对美国直接投资流量为18.11亿美元，同比增长38.5%。2011年中国对发展中国家（地区）的直接投资存量为3781.4亿美元，占当年存量的89%。对发达国家（地区）的直接投资存量为466.4亿美元，占当年存量的11%。其中对欧盟直接投资存量为202.9亿美元，占对发达国家（地区）直接投资存量的43.5%；对澳大利亚直接投资存量为110.41亿美元，占比23.7%；对美国直接投资存量为89.93亿美元，占比19.3%。

总之中国对外直接投资的现状及特征表明目前中国对外直接投资仅体现了中国企业的资本优势，这一优势是由国家层面上的自然优势、区位优势和经济优势带来的，而不是企业后天培养的生产技术优势，所以目前的中国对外直接投资以国有或国有控股企业为主体、以资源能源寻求和市场扩张为主要方式、以进入周边国家（地区）和国际避税区为主要目标区且具有政治收益高于经济收益的价值取向（张为付，2008）。

第三节　影响中国对外投资环境的因素

作为对折中范式理论的扩展，Dunning（1981，1986）提出的投资发展路径（Investment Development Path，IDP）理论能同时解释一国对内对外直接投资的发展，该理论认为一国对内对外直接投资依赖于该国的经济发展水平（以人均GDP衡量），一国的对内对外直接投资要大体上经历5个不同的发展阶段：第 1 阶段，欠发达国家既无法吸引 FDI（Foreign Direct Investment，FDI）流入，也无法产生 FDI 流出；第 2 阶段，开始工业化的发展中国家通过提高自身的区位优势开始吸引 FDI 流入，也可能伴随着一定数量的 FDI 流出，但总体上是一个资本接收国，即 FDI 流入大于 FDI 流出；第 3 阶段，该国技术水平的提高与国内市场的扩展，它能够吸引更多的 FDI 流入，同时由于自己研发水平的增强和国际专业化程度的加深，它也会增加 FDI 的流出，但该国还是一个资本接收国，即 FDI 流入大于 FDI 流出；第 4 阶段，该国的 FDI 流出开始大于 FDI 流入，成为一个资本输出国；第 5 阶段，该国发展成为高度发达的国家，FDI 流入和 FDI 流出的水平都较高且能对净投资头寸进行平衡。在该理论中第 1 至 3 阶段对应着发展中国家经济，第 4、5 阶段对应着发达国家经济（Duran and Ubeda, 2005）。

许多研究表明影响中国对外直接投资的因素有很多，这些因素大体上可以分为两类：一是市场影响因素；二是政府影响因素。阎大颖等（2009）利用 2006~2007 年中国企业（非金融类）3100 余起海外投资的微观数据样本，对中国企业的对外直接投资的决策进行了分析，结果发现政府政策扶植、海外关系资源及自身融资能力对企业对外直接投资的动机和能力有重要影响，这三种制度因素对贸易型、生产型、资源型和研发型对外直接投资的影响程度各有不同。政策支持是以获取资源和技术为目的"走出去"企业对外投资时的重要考量，国有企业在这两类投资中发挥着重要作用，资源类对外直接投资的资本密集度最高，在一定时期内这类投资将依然以融资渠道更便利的国有大型企业为主导，即使会面临东道国较大的政治和意识形态的阻力；对于旨在开发海外市场的对外直接投资而言更需要依赖于当地的关系资源获取信息、建立营销渠道，因此中国长期以来制造业以市场需求导向型的对外直接投资主要分布于亚洲周边地区；融资能力是影响作用最普遍和突出的制度优势，目前投资主体自身的资本实力是能否实施海外投资最重要的依托。

一　市场影响因素

邓宁在调查了跨国公司的经营动因后，归纳出四种类型的对外直接投资：市场寻求型、资源寻求型、效率寻求型和战略资产寻求型。胡博和李凌（2008）从中国对外直接投资动机的视角，在聚类分析的基础上考察中国对外直接投资区位选择的影响因素，结果发现发达国家的区位优势在于较高的科技水平，发展中国家则在于丰富的矿产能源禀赋或潜在的国内市场；发达国家的市场对中国对外直接投资并不具有吸引力，在对一些资源丰富的发展中国家进行投资时市场因素的作用也不明显。国家之间由于资源禀赋分布的不同，对具有不同投资动机的中国对外直接投资也会产生不同的影响，为了考察对中国对外直接投资产生影响的市场因素，本书按照邓宁的分类将中国对外直接投资动机加以划分，然后分别检验影响这些投资动机的不同影响因素。

（一）市场寻求型因素

市场寻求型对外直接投资大致可以分为三种情况：一种是为了开拓新市场而进行的直接投资，一种是为了稳定与扩大原有市场而进行的直接投资，一种是为了突破贸易障碍或规避贸易壁垒而进行的直接投资。2011 年中国对外直接投资统计公报显示，商品服务业、批发零售业、制造业等市场依赖型行业在中国对外直接投资流量中分别是 256 亿美元、103.2 亿美元和 70.4 亿美元，占当年流量的 34.3%、13.8% 和 9.4%，总计 57.5%；存量分别是 1442.9 亿美元、490.9 亿美元和 269.6 亿美元，占当年流量的 33.5%、11.6% 和 6.3%，总计 51.4%，因此中国对外直接投资中市场寻求动机占据重要的地位。

1. 市场规模

在邓宁（Dunning，1977；1998；2001）折中理论（eclectic paradigm）所强调的区位优势中，东道国的市场规模是一个重要因素。克鲁格曼提出的新贸易理论认为在一个不完全竞争的世界，贸易和投资由源于聚集效应的外部经济和源于内部能力的内部经济所驱动，所谓外部经济就取决于市场规模的大小。李猛和于津平（2011）使用 2003~2007 年中国对 74 个东道国的对外直接投资数据实证检验发现东道国市场规模和资源禀赋是决定中国对外直接投资的重要因素。陈恩、王方方（2011）利用 2007~2009 年中国对 103 个国家或地区的直接投资数据进行分析，结果发现这三年来中国对外直接投资以市场导向型为主，中国对外投资主要以对发展中国家投资的"南－南"型为主，同时也表现出以市场追寻为目的北美和欧洲市场的快速增长。赵春明、吕洋（2011）利用 2005~2008 年中国对东盟十国投资的计量分析结果表明中国对东盟的直接投资主要以市场导向型为主，市场规模是决定中国对其投资的主要原因。也有些研究对这种市场导向型投资进行了反思，项本武（2009）发现东道国市场规模对中国在东道国的投资具有显著的负影响，认为主要原因是中国对外投资企业在市场规模较大的发达国家缺乏较强的竞争力，因而大多将投资集中于亚洲、拉丁美洲这些市场规模较小的国家和地区。因此大力鼓励中国企业在提升自身国际竞争力的基础上积极向市场规模较大的发达国家或地区投资，从而充分利用其大市场的规模经济优势是一个值得关注的努力方向。

2. 双边贸易（互补/替代效应）

对外投资与进出口贸易之间是互补还是替代效应，在理论与实证上都没有统一的结论，Oberhofer and Pfaffermayr（2012）发现一些企业出口与对外直接投资之间存在替代效应，但大多数企业的出口与对外直接投资之间存在互补效应。Noguera and Pecchenino（2011）利用一般均衡的李嘉图（Ricardian）模型分析两国在同一部门中展开贸易和对外直接投资的竞争，发现低生产率的企业会从事对外直接投资，而高生产率的企业会从事对外贸易。Bhattacharya et al.（2012）也发现某服务商品的生产可能伴随巨大风险时，低生产率的企业会从事对外直接投资。贸易与对外直接投资之间的关系依赖于企业的对外直接投资动机，关税跳跃（tariff-jumping）的观点认为贸易与要素流动性之间存在替代效应，因此贸易会降低区域内对外直接投资的流量。Belderbos（1997）发现欧盟的反倾销行为严重影响日本的出口，从而引发关税跳跃的对外直接投资，即使在反倾销行为之初就足以引发日本企业开始投资而不必等待裁决结果，因此贸易壁垒会促进对外直接投资的增加。关于中国的对外投资与进出口贸易之间的关系，李猛和于津平（2011）发现密切的贸易联系会显著促进中国的投资。但杜凯和周勤（2010）认为中国的"走出去"在很大程度上表现为一种贸易壁垒诱发式的投资行为，以反倾销和关税为代表的贸易壁垒是诱发中国企业对外投资的重要驱动力。张燕、谢建国（2012）采用2003~2008年中国制造业对外直接投资的国别数据，发现贸易成本的降低使国内企业更倾向于出口而不是对外直接投资。

（二）资源禀赋因素

跨国公司实行对外直接投资与东道国自然资源禀赋呈正相关关系，中国的对外直接投资也是为了确保中国经济增长所不可缺少的稀缺要素投入的持续供应，例如木材、金属矿石等原材料与矿物燃料、润滑油、石油等原料，一些研究发现中国企业对外直接投资的市场寻求型和资源寻求型动机明显（Sanfilippo, 2010；高宇，2012）。Cheung et al.（2012）考察中国对非洲直接投资的决定因素，发现中国加大对非洲自然资源类的投资还是近几年来的现象，其中市场寻求动机、风险和资源寻求动机等经济决定因素发挥了重要作用,一东道国的自然资源的富裕程度对中国企业是否投资该国家没有多大影响,但对投资的额度有显著影响。

(三) 效率寻求型因素

新兴市场和发展中国家的企业为克服后发劣势,一个重要途径就是通过以发达国家为目标地的投资来获取先进技术等战略性资产。Kogut and Chang (1991) 在考察日本制造企业对美国的直接投资时发现日本对美国的直接投资主要分布在 R&D 密集的产业,因此他们认为获取东道国的逆向技术溢出可能成为跨国公司对外投资的重要动因。Potterie and Lichtenberg (2001) 采用 13 个工业化国家 1971~1990 年的数据检验对外直接投资的技术溢出效应,结果发现内向 FDI 对国内生产率并无显著促进作用,对外直接投资则对国内生产率具有显著的溢出效应。但对外直接投资的逆向技术溢出研究结论并不统一,如 Bitzer and Kerekes (2008) 采用 17 个 OECD (Organization for Economic Co-operation and Development, OECD) 国家 1973~2000 年的产业层面数据检验对外直接投资的逆向技术溢出效应,结果发现对外直接投资对全要素生产率的影响为负,对外直接投资并未产生显著的逆向技术溢出效应,而且国与国之间存在明显的差异。Rugman and Li (2007) 认为中国跨国企业缺少以知识为基础的企业特定优势,成为效率寻求者,中国对外直接投资不是利用现有竞争优势,而是弥补竞争劣势 (Child and Rodrigues, 2005)。沙文兵 (2012) 利用中国省际面板数据研究对外直接投资的逆向技术溢出效应对国内创新能力的影响,结果表明中国对外直接投资通过其逆向技术溢出效应对国内创新能力 (以专利授权数量代理) 产生了显著的正面效应。李梅和柳士昌 (2012) 利用 2003~2009 年中国省际面板数据检验对外直接投资的逆向技术溢出效应,研究结果表明对外直接投资的逆向技术溢出只在发达的中国东部地区明显存在。

二 政府影响因素

(一) 政府治理因素

政府治理水平对吸引 FDI 具有重要的影响。首先,良好的政府治理能够提升东道国投资环境,进而吸引 FDI 的进入,Kaufman et al. (1999) 利用治理指标中的 5 个指标发现制度质量的提高会显著促进外商直接投资的流入;Aizenman and Spiegel (2006) 用模型分析表明制度无效率类似于对企业征税,降低了企业的利润率;他们的实证分析结果也表明制度质量下降会降低

FDI 的流入。其次，较差的制度给 FDI 的进入带来额外的成本，Wei（2000）发现政府治理水平降低（如腐败盛行）会严重阻碍外商直接投资的流入，如果制度质量从新加坡的水平下降到墨西哥的水平，则相当于对跨国公司征税税率提升了 20%。最后，FDI 的沉没成本较高，使得 FDI 对较差政府治理水平带来的不确定性非常敏感（Bénassy-Quéré et al.，2007）；王海军、高明（2012）利用中国企业对外直接投资统计数据，检验分析国家经济风险对于对外直接投资影响的结构效应，结果发现对外直接投资对于经济风险很敏感，相对于发达国家的国家经济风险，对外直接投资对来自发展中国家的国家经济风险更为敏感。

Globerman and Shapiro（2002）认为同一因素会对外商直接投资的流入和流出均产生影响，好的政府治理创造了有利于企业海外投资的环境，因此会促进对外直接投资的流出。他们利用从 Kaufman et al.（1999）构造的 6 个治理指标中提取的第一主成分研究政府治理水平对一国外商直接投资流入和流出的影响，结果发现高水平的政府治理会对外商直接投资流入和流出产生正向影响，但对外商直接投资流出的正向影响只出现在发达国家和大规模国家中。Bénassy-Quéré et al.（2007）则发现政府治理水平对外商直接投资的流出影响不大。Wheeler and Mody（1992）利用从 13 个风险因素中提取的第一主成分来研究制度对美国企业对外直接投资的影响，也没有发现"好的"政府治理水平会对美国企业国外分支公司的选址产生显著的影响。Brouthers et al.（2008）认为 FDI 水平是市场吸引力正向效应与腐败程度负面影响之间相互作用的结果，其实证结果表明对于市场寻求型投资，市场吸引力与腐败程度存在互补效应，但对资源寻求型投资，这二者之间不存在互补效应，较大的市场吸引力可以减缓腐败程度对资源寻求型投资的负面影响，但随着腐败程度的加深该减缓作用迅速消失。

在影响中国对外直接投资流向的政府治理水平因素研究中，王建和张宏（2011）采用 2003~2008 年中国对外直接投资数据，考察东道国政府治理水平对中国对外直接投资流量的影响，结果发现政府施政有效性水平的提高会促进中国对外直接投资的流入，而贪腐控制水平与中国对外直接投资流量是显著负相关的，公民参政与政治人权、政治稳定程度、市场经济限制程度、司法有效性等指标与中国对外直接投资流量的关系并不显著。李猛和于津平（2011）使用 2003~2007 年中国对 74 个东道国的对外直接投资数据，实证检验发现东道国良好的政府治理水平会抑制中国对该国家的直接投资。

邓明（2012）利用2000~2009年中国在73个国家和地区的对外直接投资数据，考察东道国制度因素对中国对外直接投资区位分布的影响，结果发现经济和法治制度对发展中国家吸收对外直接投资有显著的正影响，而对发达国家的影响则不显著。张中元（2013）采用2007~2011年中国对155个国家的对外直接投资存量数据，利用面板门限回归模型考察东道国制度质量对中国对外直接投资的影响，结果发现东道国制度质量对中国的对外直接投资的影响有明显的差异性，制度质量的提高会促进中国对外直接投资流向低收入和高收入水平国家以及中、小规模对外直接投资存量国家。

（二）汇率变动因素

Buch and Kleinert（2008）认为汇率变化通过两个方面影响对外直接投资决策，一方面通过财富效应影响对外直接投资；另一方面企业对本地和国际产品及要素市场的依赖程度不一样，汇率变动会影响企业在国际市场上获取企业专用性资产的能力和动机。Xing and Wan（2006）利用日本1981~2002年对中国和东盟四国的投资数据，实证分析实际汇率的变化对外商直接投资流量的影响，结果发现中国和东盟四国各自货币对日元的升值会显著影响日本对外直接投资流向，东道国货币升值会降低外商直接投资的流入从而使得投资转向竞争国家。Udomkerdmongkol et al.（2009）考察汇率变化对美国在1990~2002年对16个发展中国家的对外直接投资的影响，结果发现对外直接投资与本地货币升值、本地货币预期贬值以及汇率波动率存在负相关关系，稳定的汇率管理对吸引外资至关重要。

随着中国外汇储备的增加和人民币升值压力的增大，2005年的人民币汇率改革迈出了人民币升值的步伐，这一变化可能影响到中国对外直接投资活动，王凤丽（2008）利用协整分析技术和误差修正模型（ECM），从长期和短期的角度分析了人民币汇率和中国对外直接投资之间的均衡关系，结果发现不论从长期还是短期来看，人民币的升值对中国对外直接投资有促进作用。乔琳（2011）考察人民币汇率升值对中国外商直接投资流入、流出的影响，实证研究发现1994年的汇率改革对外商直接投资的流入影响较大，但对外商直接投资流出没有显著影响；2005年汇率改革对中国外商直接投资的流入影响不显著，对外商直接投资的流出影响显著，人民币升值有利于促进境外直接投资。

（三）双边合作因素

双边投资协定（Bilateral Investment Treaty，BIT）是两个国家之间签订

的针对相互投资的一系列特别协议和条款,是目前国际投资领域最普遍的国际协定,截至2011年全球共签订了3164项国际投资协定(International Investment Agreements, IIAs),其中双边投资协定就有2833项(UNCTAD, 2012)。自1982年中国与瑞典签署第一份双边投资协定以来,截至2012年1月,中国与其他国家共签署132项双边投资协定。

双边投资协定是国际上保护双边投资的主要法治形式,发展中国家通过约束甚至让渡一部分国家主权从政治和其他风险方面为外商直接投资提供保护,为缔约国的投资者构建明确而公开的投资环境,减少不确定性给投资者带来的风险和损失,从而有利于发展中国家吸引FDI(Neumayer and Spess, 2005)。但一些早期的研究并没有发现双边投资协定与外商直接投资流入之间的这种正向关系(Hallward – Driemeier, 2003)。近期的一些研究则发现签署双边投资协定会促进外商直接投资的流入(Egger and Pfaffermayr, 2004)。Neumayer and Spess(2005)通过实证分析发现签署双边投资协定多的发展中国家可以吸引更多的外商直接投资的流入,而且双边投资协定与东道国内良好的制度质量之间存在一定程度的替代效应,只是这种效应对不同水平制度质量的替代作用不太稳健。Egger and Merlo(2007)考察双边投资协议对OECD国家之间及其与中、东欧转轨国家之间对外直接投资存量的影响,发现双边投资协定与对外直接投资存量之间不仅存在显著的短期正向影响,而且在长期中这种正向影响作用更大。张鲁青(2009)利用47个发展中国家的双边投资协定和国际直接投资数据,分析了BIT对发展中国家吸引FDI的影响,结果显示BIT有利于发展中国家FDI流入的增长。

宗芳宇等人(2012)采用中国上市公司2003~2009年对外直接投资的数据,实证发现双边投资协定能够促进企业到签约国投资,双边投资协定能够替补东道国制度的缺位,促进了企业到制度环境较差的签约国投资。易波、李玉洁(2012)讨论双边投资协定对中国对外直接投资的区位选择的影响,结果发现在东道国制度环境不佳的情况下,签订双边投资保护协定可以促进对外直接投资,但中国投资的地区大多处于高风险地区,如何保护中国对外直接投资安全成为一个难题。张中元(2013)利用面板门限回归模型考察双边投资协定对中国对外直接投资的影响,结果发现签署双边投资协定促进中国对外直接投资流向大规模OFDI存量国家。但双边投资协定与东道国制度质量水平的提高会抑制中国对外直接投资流向中等收入水平国家;双边投资协议还抑制了中国对外直接投资流向中、小规模OFDI存量国家。

(四) 经营环境因素

影响中国对外直接投资的因素还涉及其他一些因素，如东道国的市场准入、税率、工资水平等经营环境因素，如 Adjasi et al. (2012) 考察当地金融市场对 FDI 流入的影响，结果发现，FDI 只有在功能良好的本地金融市场的支撑下才能促进经济的增长和发展。祁毓和王学超 (2012) 选取 2003～2009 年中国和 152 个东道国的面板数据，实证分析东道国劳工标准对中国对外直接投资的影响，结果发现中国的对外直接投资更倾向于流入低劳工标准的国家，而且中国的对外直接投资有向低劳工标准国家集聚的趋势。此外还涉及一些非经济因素，如政治、语言、文化、地理等因素，如许和连和李丽华 (2011) 计量分析发现文化距离与中国对外直接投资之间存在显著的负相关关系，中国与东道国的文化差异越大，对其直接投资越少。

第二章
中国对外直接投资环境监测指数的构成、检验与评估

第一节 中国对外直接投资环境指数的构成

本书从以上所讨论的影响中国对外直接投资的因素中，构建对应的中国对外直接投资环境指数体系，该指数体系由两方面指数组成，即市场因素指数与政府因素指数。每个方面指数下面又包括几个分项指数，每个分项指数各自反映方面指数所代表的中国对外直接投资环境的某一特定因素。

一 市场因素指数

市场因素指数由三个分项指数组成：市场寻求指数、资源禀赋指数和效率寻求指数。

1. 市场寻求指数

市场寻求指数主要包括市场规模指数和双边贸易（互补/替代效应）指数。市场规模指数从一国家市场的相对份额测量该国家对中国对外直接投资潜力的影响，市场规模指数采用该国家的 GDP 占当年全球 GDP 的份额来表示。另外一个国家的经济增长前景对投资也有重要的影响，因此选取该国家的经济增长率作为投资机会的代理变量。

市场规模（GDPWS）：一国家的 GDP 占当年全球 GDP 的份额。
本地经济增长率（GDPR）：一国家的年 GDP 平均增长率。
市场规模与本地经济增长率数据来自 IMF2012 年 WEO 数据库。

一个国家与中国之间的进出口贸易可能会对中国的对外直接投资产生互补/替代效应，因此选取双边进出口贸易变量以检验该效应的影响。

中国的进口额（取对数，IM）：中国从一国家进口商品的数额。

中国的出口额（取对数，EX）：中国对一国家出口商品的数额。

各国家与中国的双边进、出口贸易额数据来自联合国UNCTS贸易数据库。

2. 资源禀赋指数

一国家原材料的净出口额（与该国家GDP的比率）以及矿产燃料资源的净出口额（与该国家GDP的比率）反映了该国家的资源禀赋富裕程度。

原材料资源禀赋（NEX2R）：以一国家SITC3（国际贸易标准分类）中第2部门［非食用原料（不包括燃料）］产品的净出口额（出口额减进口额）与该国家GDP的比率表示。

矿产燃料资源禀赋（NEX3R）：以一国家SITC3（国际贸易标准分类）中第3部门（矿物燃料、润滑油及有关原料）产品的净出口额（出口额减进口额）与该国家GDP的比率表示。

各国家第2、3部门的进、出口额数据来自联合国UNCTS贸易数据库。

3. 效率寻求指数

人均GDP（取对数，GDPC）：以人均GDP水平（对数值）测度一国家的劳动力成本。相关数据来自IMF2012年WEO数据库。

全要素技术增长率（TFP）：该数据来自CEPII的Baseline DATABASE 2.0数据库。

二 政府因素指数

政府因素指数由四个分项指数组成：政府治理指数、汇率变动指数、双边合作指数和经营环境指数。

1. 政府治理指数

衡量政府治理水平的指标有很多，如PRS集团（Political Risk Services）的International Country Risk Guide，世界银行（World Bank）的政府治理及组织质量指标（Indicators of Governance and Institutional Quality）等。Kaufmann等（2010）根据30多个组织提供的30多类数据源发布了全球治理指标（Worldwide Governance Indicators，WGI）对全球200多个国家和地区在1996~2011年的政府治理水平从六个方面进行了测度：贪腐控制（Control of Corruption，CC）、政府施政有效性（Government Effectiveness，

GE)、政治稳定程度（Political Stability and Absence of Violence，PS）、市场经济限制程度（Regulatory Quality，RQ）、司法有效性（Rule of Law，RL）[①]与公民参政与政治人权（Voice and Accountability，VA）。这六个子指标被标准化处理，取值在 -2.5 和 2.5 之间，数值越大表明相关政府治理的状况越好。以上数据来自世界银行的 WGI 数据库。

2. 汇率变动指数

本书采用基于 GDP 计算的中国与其他国家之间的双边实际汇率（real exchange rate）来测算汇率变动（升值或贬值）对中国对外投资存量的影响。双边实际汇率的定义为

$$\text{RER}_{ej} \equiv \text{NER}_{ej} \times \frac{P_j}{P_e} \quad (2-1)$$

其中，NER_{ej} 是中国与其他国家之间的名义汇率（nominal exchange rate，元/单位外币），P_e 与 P_j 分别是中国与国家 j 的 GDP 平减指数（GDP deflator）。实际汇率 RER_{ej} 的变动率为正，表示人民币贬值。计算汇率的数据来自联合国统计署主要国民经济总产值指标数据库，中国与各国家的 GDP 平减指数则来自 IMF2012 年 WEO 数据库，基期设定为 2005 年。

3. 双边合作指数

双方是否为 WTO 成员（WTO），WTO 为虚拟变量，如果国家 i 从第 t 年开始成为 WTO 成员，则该变量取值为 1，否则就为 0。

双边投资协定（司法有效性，LAW * BIT），BIT 为虚拟变量，如果中国与国家 i 签订的双边投资协定在第 t 年开始生效，则该变量取值为 1，否则就为 0。本书采用开始生效年份的原因是 BIT 从签订到真正实施还有一段时间，BIT 数据来源 UNCTAD 的 BIT 数据库。由于 BIT 为虚拟变量，在很大程度上不能衡量其在各国家中所发挥的差异影响，为了引入这种差异性影响，本书采用 BIT 与能反映各国家执行协定差异的变量交叉项来表示双边投资协定对中国对外直接投资的影响作用。反映东道国司法有效性（Rule of Law）的变量 LAW 反映了居民对制度规则信任和遵守程度，特别在合同执行、知识产权的保护等方面发挥重要作用。该数据来自世界银行的 WGI 数据库。

双边投资协定（合同执行成本，BIT * CEC），契约是否执行以及执行契

[①] 为了反映 BIT 在各国中发挥的差异性影响，本书采用 BIT 与司法有效性变量的交叉项来测量，因而司法有效性变量不包括在政府治理指数里面。

约的成本直接影响契约的效力,因此纳入 BIT 与各国家合同执行成本(CEC)的交叉项来反映双边投资协定的执行质量。合同执行成本(CEC)数据来自世界银行的 Doing Business 数据库。

4. 经营环境指数

反映企业投资经营环境的因素有很多,本书采用世界银行 Doing Business 数据库中的一些指标变量来测量各国家的企业投资经营环境,主要包括:开业成本(CSB)、司法公正强度指数(SLI)、信贷信息深度指数(CII)、投资者保护强度指数(SIPI)以及赋税负担(占利润的比率,TAXR)。

第二节 中国对外直接投资环境指数的检验

本书采用如下模型检验这些因素对中国对外直接投资的影响:

$$\text{OFDI}_{it} = \alpha_0 + \theta_t + \lambda_i + X_{it}\beta + \varepsilon_{it} \qquad (2-2)$$

其中,OFDI 为中国对国家 i 第 t 期的对外直接投资量(流量或存量),X 是有待检验的影响中国对外投资的因素(即市场与政府两类因素),θ_t 与 λ_i 分别表示时间与个体虚拟变量,ε 是误差项。本书采用三年期滚动窗口数据的固定效应模型对模型(2-2)进行估计,从而得到逐年的估计结果。

反映中国对外直接投资状况的数据有流量和存量两类,本书采用中国对外直接投资的存量数据作为被解释变量。目前中国已陆续发布了 2003~2011 年度中国对外直接投资统计公报,公报所发布的对外直接投资国别数据中,2003~2006 年为非金融类对外直接投资数据,2007 年及以后改为全行业对外直接投资数据,为了避免因 2007 年前、后统计口径的不一致带来的估计偏误问题,本书只采用 2007~2011 年的数据。此外,本书在选取中国对外直接投资数据时剔除了以中国香港、中国澳门为中转地以及流向英属维尔京群岛、开曼群岛、百慕大群岛等避税地的样本。有些国家某些年份的中国对外直接投资存量数据观测值为 0,在取对数时会丢失数据,为了解决由此带来的选择偏误问题,本书采用其他一些研究中所采用的方法,用 $\ln(\alpha + \text{OFDI})$ 代替 $\ln(\text{OFDI})$,其中 α 是很小的正常数,本书取 $\alpha = 1$,即中国对外直接投资存量数据观测值为 0 时,设定对外直接投资存量为 1 美元。中国对外投资存量按美国 GDP 平减指数(2005 年 = 100)平减后再取自然对数。

由 22 个指标变量构成的中国周边投资环境监测指数反映在表 2-1 至表 2-5 中，并且表 2-1 至表 2-5 也分别给出了 2007~2011 年中国对外直接投资环境的验证估计结果，纳入回归的样本分别为 2005~2007 年、2006~2008 年、2007~2009 年、2008~2010 年、2009~2011 年三年期滚动窗口数据。其中第（1）栏包括各国家个体效应项的回归结果，第（2）栏是不包括各国家个体效应项的回归结果的。

表 2-1　2007 年中国对外直接投资环境的验证估计结果

	(1)		(2)	
常数项	52.5672 ***	(9.1382)	-3.1154	(-0.9512)
市场因素指数				
1. 市场寻求指数				
市场规模（GDPWS）	1.8644 ***	(5.2803)	0.1808 ***	(14.5440)
本地经济增长率（GDPR）	0.0538	(0.8922)	0.0170	(0.6449)
中国的进口额（取对数,IM）	0.2632 ***	(4.9328)	0.2253 ***	(16.2940)
中国的出口额（取对数,EX）	-1.4458 **	(-2.3636)	0.5460 ***	(4.3459)
2. 资源禀赋指数				
原材料资源禀赋（NEX2R）	1.2229 **	(2.1540)	0.6233 ***	(3.6098)
矿产燃料资源禀赋（NEX3R）	0.5921 ***	(2.6439)	0.3412 ***	(4.5236)
3. 效率寻求指数				
人均 GDP（取对数,GDPC）	-0.1313	(-0.1800)	-0.3978 **	(-2.0671)
全要素技术增长率（TFP）	-3.2868 *	(-1.7027)	-0.4472 ***	(-2.8091)
政府因素指数				
1. 政府治理指数				
贪腐控制（CC）	0.8495	(1.3786)	1.2355 ***	(2.6040)
政府施政有效性（GE）	-0.9659	(-1.0265)	-1.2373 *	(-1.6258)
政治稳定程度（PS）	0.8385 ***	(2.9236)	-0.1399 *	(-2.4271)
市场经济限制程度（RQ）	-1.1105 ***	(-2.6237)	0.2711 ***	(3.1281)
公民参政与政治人权（VA）	-0.6128	(-1.3385)	-0.7299 ***	(-2.6195)
2. 汇率变动指数				
汇率变动（FX）	0.4085	(0.4208)	-3.6949 *	(-1.9058)
3. 双边合作指数				
是否为 WTO 成员（WTO）	0.1795	(0.4327)	0.2359 *	(1.6998)
双边投资协定（司法有效性,LAW * BIT）	-0.1796	(-1.4630)	-0.0091	(-0.0915)
双边投资协定（合同执行成本,BIT * CEC）	-0.0170 **	(-1.9532)	0.0104 ***	(17.340)
4. 经营环境指数				
开业成本（CSB）	0.0104 *	(1.6273)	-0.0008	(-0.6072)

续表

	(1)		(2)	
司法公正强度指数(SLI)	0.0429	(0.3452)	0.3468***	(3.8202)
信贷信息深度指数(CII)	-0.0988	(-1.5509)	-0.1513	(-1.2981)
投资者保护强度指数(SIPI)	-0.2239	(-1.4806)	-0.1057	(-1.2659)
赋税负担(占利润的比率,TAXR)	-0.0024	(-0.9594)	-0.0125	(-1.4979)
样本区间	2005~2007年		2005~2007年	
R^2	0.8407		0.3554	
调整R^2	0.7231		0.2977	

注:括号中的数值是 t 统计量。***、**、* 分别表示1%、5%、10%的显著水平;中国对外投资存量为被解释变量,第(1)列包括各国虚拟变量,第(2)列不包括各国虚拟变量;回归方程中均包括年度虚拟变量。

表2-2　2008年中国对外直接投资环境的验证估计结果

	(1)		(2)	
常数项	5.7493	(0.4997)	-0.5584	(-0.3001)
市场因素指数				
1. 市场寻求指数				
市场规模(GDPWS)	0.0357	(0.2073)	0.1443***	(4.9824)
本地经济增长率(GDPR)	-0.0113	(-0.1073)	-0.0343*	(-1.8878)
中国的进口额(取对数,IM)	0.2466**	(2.1379)	0.1543***	(4.7146)
中国的出口额(取对数,EX)	-0.2342	(-0.4686)	0.5002***	(8.2355)
2. 资源禀赋指数				
原材料资源禀赋(NEX2R)	2.0643***	(4.7797)	0.6064***	(4.7140)
矿产燃料资源禀赋(NEX3R)	0.1266	(0.4506)	0.3720***	(7.0101)
3. 效率寻求指数				
人均GDP(取对数,GDPC)	4.3862***	(2.9510)	-0.3749	(-1.5123)
全要素技术增长率(TFP)	-5.5696*	(-1.8897)	-0.4444*	(-2.1284)
政府因素指数				
1. 政府治理指数				
贪腐控制(CC)	2.9647***	(6.6793)	0.5121***	(9.4011)
政府施政有效性(GE)	-2.2874***	(-8.4887)	-0.1270***	(-3.2949)
政治稳定程度(PS)	0.2270	(0.5338)	-0.0395	(-0.8656)
市场经济限制程度(RQ)	1.1777**	(2.3671)	0.1075	(0.5552)
公民参政与政治人权(VA)	2.4767***	(4.5338)	-0.3999**	(-2.3549)
2. 汇率变动指数				
汇率变动(FX)	2.7692***	(3.8798)	-0.2213	(-0.2721)

续表

	(1)		(2)	
3. 双边合作指数				
是否为 WTO 成员（WTO）	-0.1487	(-1.1046)	0.2543	(1.2919)
双边投资协定（司法有效性，LAW*BIT）	-0.1090	(-0.3148)	-0.1226	(-0.8399)
双边投资协定（合同执行成本，BIT*CEC）	-0.0004	(-0.0383)	0.0072***	(3.2725)
4. 经营环境指数				
开业成本（CSB）	-0.0042	(-1.0559)	-0.0018***	(-2.4745)
司法公正强度指数（SLI）	0.0260	(0.4703)	0.1987***	(4.4664)
信贷信息深度指数（CII）	-0.0186	(-0.2576)	-0.1925*	(-1.9267)
投资者保护强度指数（SIPI）	-0.2254**	(-1.9876)	0.0631	(0.9021)
赋税负担（占利润的比率，TAXR）	-0.0023	(-0.0680)	-0.0038*	(-1.9355)
样本区间	2006~2008 年		2006~2008 年	
R^2	0.8225		0.3858	
调整 R^2	0.6930		0.3312	

注：括号中的数值是 t 统计量。***、**、* 分别表示 1%、5%、10% 的显著水平；中国对外投资存量为被解释变量，第（1）列包括各国家虚拟变量，第（2）列不包括各国家虚拟变量；回归方程中均包括年度虚拟变量。

表 2-3 2009 年中国对外直接投资环境的验证估计结果

	(1)		(2)	
常数项	10.3559	0.7554	-3.9455**	-2.1790
市场因素指数				
1. 市场寻求指数				
市场规模（GDPWS）	0.6852*	1.8583	0.0910***	3.8800
本地经济增长率（GDPR）	-0.0184	-1.3866	-0.0195***	-6.3707
中国的进口额（取对数，IM）	0.3051***	2.7755	0.1325***	4.1223
中国的出口额（取对数，EX）	-0.3472*	-1.7053	0.5937***	10.4033
2. 资源禀赋指数				
原材料资源禀赋（NEX2R）	-0.0740	-0.0538	0.5693***	4.5261
矿产燃料资源禀赋（NEX3R）	0.0417	0.2330	0.3032***	5.2298
3. 效率寻求指数				
人均 GDP（取对数，GDPC）	2.9011**	2.0934	-0.0510	-0.2191
全要素技术增长率（TFP）	-3.8806*	-1.6352	-0.5239***	-2.5843

续表

	(1)		(2)	
政府因素指数				
1. 政府治理指数				
贪腐控制(CC)	2.1875*	1.7837	0.4716***	8.1927
政府施政有效性(GE)	-1.6812*	-1.6506	-0.1576*	-1.9397
政治稳定程度(PS)	-0.7388***	-3.4042	-0.0172	-0.4605
市场经济限制程度(RQ)	0.6984**	2.2310	-0.1518	-0.7584
公民参政与政治人权(VA)	1.4081***	3.6123	-0.1545***	-3.9426
2. 汇率变动指数				
汇率变动(FX)	1.3345**	2.0567	-1.3826***	-2.2137
3. 双边合作指数				
是否为WTO成员(WTO)	-0.6288	-1.0869	0.5920***	4.2606
双边投资协定(司法有效性,LAW*BIT)	0.3835***	5.4022	-0.3382***	-8.2661
双边投资协定(合同执行成本,BIT*CEC)	-0.0173***	-2.7935	0.0038*	1.9633
4. 经营环境指数				
开业成本(CSB)	-0.0051**	-2.4558	-0.0008	-0.5022
司法公正强度指数(SLI)	0.0104	0.4047	0.1243***	3.6058
信贷信息深度指数(CII)	-0.0886	-1.4835	-0.2680***	-4.8671
投资者保护强度指数(SIPI)	-0.3011	-3.2270	0.1413**	2.3880
赋税负担(占利润的比率,TAXR)	0.0079*	1.8674	-0.0048**	-2.2887
样本区间	2007~2009年		2007~2009年	
R^2	0.8765		0.4679	
调整 R^2	0.7862		0.4210	

注：括号中的数值是 t 统计量。***、**、*分别表示1%、5%、10%的显著水平；中国对外投资存量为被解释变量，第（1）列包括各国家虚拟变量，第（2）列不包括各国家虚拟变量；回归方程中均包括年度虚拟变量。

表2-4　2010年中国对外直接投资环境的验证估计结果

	(1)		(2)	
常数项	22.3056***	9.0755	-5.3546***	-10.2866
市场因素指数				
1. 市场寻求指数				
市场规模(GDPWS)	0.5703***	6.4774	0.0638***	6.7823

续表

	(1)		(2)	
本地经济增长率(GDPR)	0.0298***	5.0579	0.0038	0.1853
中国的进口额(取对数,IM)	-0.0061	-0.5873	0.1106***	8.0519
中国的出口额(取对数,EX)	-0.0668	-0.6077	0.6271***	22.5512
2. 资源禀赋指数				
原材料资源禀赋(NEX2R)	0.2515***	2.9675	0.6646***	7.3866
矿产燃料资源禀赋(NEX3R)	0.1699***	10.0488	0.2041***	7.3488
3. 效率寻求指数				
人均GDP(取对数,GDPC)	0.1280	0.6521	0.2846***	5.3416
全要素技术增长率(TFP)	-1.9218***	-6.9446	-0.7901***	-12.6844
政府因素指数				
1. 政府治理指数				
贪腐控制(CC)	0.4817*	1.8387	0.5321***	3.9191
政府施政有效性(GE)	0.0716	0.3307	-0.3418**	-2.0399
政治稳定程度(PS)	-0.2349**	-2.4473	-0.0449	-0.7973
市场经济限制程度(RQ)	0.0795	0.3733	-0.2772***	-2.6491
公民参政与政治人权(VA)	0.6285***	14.4711	-0.0511	-0.7955
2. 汇率变动指数				
汇率变动(FX)	-0.2971*	-1.8875	-0.6879	-1.1783
3. 双边合作指数				
是否为WTO成员(WTO)	-0.8124***	-9.7639	0.5976***	4.0626
双边投资协定(司法有效性, LAW*BIT)	0.2801***	2.5760	-0.4019***	-5.1312
双边投资协定(合同执行成本, BIT*CEC)	-0.0175***	-4.4763	0.0005	0.3946
4. 经营环境指数				
开业成本(CSB)	-0.0030**	-2.1249	0.0021***	2.4798
司法公正强度指数(SLI)	-0.0262	-0.7530	0.0776***	6.3779
信贷信息深度指数(CII)	-0.0110	-0.5303	-0.1996***	-19.5906
投资者保护强度指数(SIPI)	-0.0829	-1.3106	0.2025***	8.9963
赋税负担(占利润的比率, TAXR)	-0.0010	-0.4889	-0.0080***	-10.9896
样本区间	2008~2010年		2008~2010年	
R^2	0.9681		0.5550	
调整R^2	0.9448		0.5153	

注：括号中的数值是t统计量。***、**、*分别表示1%、5%、10%的显著水平；中国对外投资存量为被解释变量，第（1）列包括各国家虚拟变量，第（2）列不包括各国家虚拟变量；回归方程中均包括年度虚拟变量。

表2-5 2011年中国对外直接投资环境的验证估计结果

	(1)		(2)	
常数项	17.1069*	1.9295	-5.5194***	-10.3178
市场因素指数				
1. 市场寻求指数				
市场规模(GDPWS)	0.0284	0.1212	0.0510***	16.7850
本地经济增长率(GDPR)	0.0261***	3.3490	0.0323*	1.6586
中国的进口额(取对数,IM)	-0.1144***	-3.0167	0.1184***	14.2661
中国的出口额(取对数,EX)	0.0334	1.0216	0.6200***	24.1296
2. 资源禀赋指数				
原材料资源禀赋(NEX2R)	0.1538**	2.1957	0.3694***	2.6304
矿产燃料资源禀赋(NEX3R)	0.0915***	2.6795	0.1665***	6.7461
3. 效率寻求指数				
人均GDP(取对数,GDPC)	0.2441***	2.7549	0.2716***	3.5534
全要素技术增长率(TFP)	-1.0851	-0.7525	-0.6395***	-4.7443
政府因素指数				
1. 政府治理指数				
贪腐控制(CC)	0.1061	0.7331	0.7842***	5.6727
政府施政有效性(GE)	-0.4032	-1.2947	-0.6070***	-7.1675
政治稳定程度(PS)	0.2946**	2.4438	-0.0980*	-1.9471
市场经济限制程度(RQ)	-0.9741***	-4.3381	-0.0570	-0.4912
公民参政与政治人权(VA)	0.3738***	5.1508	-0.0283	-0.4316
2. 汇率变动指数				
汇率变动(FX)	-0.5253***	-3.0758	-0.2239	-0.4142
3. 双边合作指数				
是否为WTO成员(WTO)	-0.9225***	-8.0086	0.4867***	3.6300
双边投资协定(司法有效性,LAW*BIT)	0.3621*	1.9604	-0.5654***	-7.5247
双边投资协定(合同执行成本,BIT*CEC)	-0.0145***	-6.4188	-0.0010	-1.2632
4. 经营环境指数				
开业成本(CSB)	-0.0032	-0.9495	0.0031***	2.8927
司法公正强度指数(SLI)	-0.1377***	-4.6570	0.0537***	6.5023
信贷信息深度指数(CII)	-0.0606	-1.3994	-0.1735***	-5.5938
投资者保护强度指数(SIPI)	0.1579***	8.0648	0.1591***	6.8216

续表

	(1)		(2)	
赋税负担（占利润的比率，TAXR）	0.0004	0.6313	-0.0080***	-7.1377
样本区间	2009~2011年		2009~2011年	
R^2		0.9769		0.5396
调整 R^2		0.9594		0.4972

注：括号中的数值是 t 统计量。***、**、* 分别表示1%、5%、10%的显著水平；中国对外投资存量为被解释变量，第（1）列包括各国家虚拟变量，第（2）列不包括各国家虚拟变量；回归方程中均包括年度虚拟变量。

从表2-1至表2-5回归结果可以看出，选择的影响中国对外直接投资的环境因素变量在有些年份虽然统计上不显著，但会在另外年份中统计上显著。各表中包括了各国家个体效应项的回归结果［第（1）栏］的 R^2（调整 R^2）基本是逐年递增的（除了2008年），从2007年的0.8407（0.7231）逐渐增加到2010年的0.9681（0.9448），再到2011年的0.9769（0.9594），因此模型的解释能力很强，到2011年能够解释中国对外直接投资变异的98%。第（2）栏是不包括各国家个体效应项的回归结果，其 R^2 明显低于第（1）栏回归的 R^2，但其 R^2（调整 R^2）基本上也是逐年递增的（除了2011年），从2007年的0.3554逐渐增加到2010年的0.5550，到2011年又稍微下降到0.5396，因此本书设计的中国对外直接投资的环境评估因素体系对中国对外直接投资变异的解释能力也逐年增强，到2010年达到了56%。第（1）栏回归的 R^2 与第（2）栏回归的 R^2 的差异可以看成是国家个体效应的差异带来的对中国对外直接投资变异的额外解释能力。

首先看市场因素中的市场寻求变量回归系数的变化，图2-1给出了市场规模（GDPWS）、本地经济增长率（GDPR）、中国的进口额（取对数，IM）和中国的出口额（取对数，EX）变量的回归系数在2007~2011年的折线图。从图中可以看出，市场规模（GDPWS）变量的回归系数在2007年显著为正；2008年与2011年的回归系数虽然为正但不显著；2009年、2010年的回归系数显著为正，但其数值要小于2007年的回归系数数值。总的来说国家市场规模的扩大有利于中国对外直接投资的增长。本地经济增长率（GDPR）变量在2007~2009年的回归系数均不显著；在2010年、2011年的回归系数显著为正，因此本地经济增长率的提高给中国对外直接投资提供了投资机会，从而有利于中国对外直接投资的增长。中国的进口额（取对数，IM）变量在 2007~2009 年的回归系数均显著为正，表明在该时间段中国对外直接投资与进口贸易之间存在互补效应，即中国从该国家进口的商品越多，则越能促进中国对该国家的直接投资的增长；中国的进口额（取对数，IM）变量在 2010 年的回归系数为正但不显著，而在 2011 年的回归系数显著为负，中国对外直接投资与进口贸易之间的关系由以前的互补效应转变为替代效应，即中国通过从该国家扩大进口替代在该国家的投资扩张。中国的出口额（取对数，EX）变量的回归系数在 2007~2010 年为负，特别在 2007 年和 2009 年统计上显著，因此中国对外直接投资与出口贸易之间存在替代效应，即中国企业通过出口贸易的方式而非对外直接投资扩大在该国家的市场份额；中国的出口额（取对数，EX）变量的回归系数在 2011 年变为正，但统计上不显著，这可能预示中国的出口贸易与对外直接投资之间的影响关系在将来会发生改变。

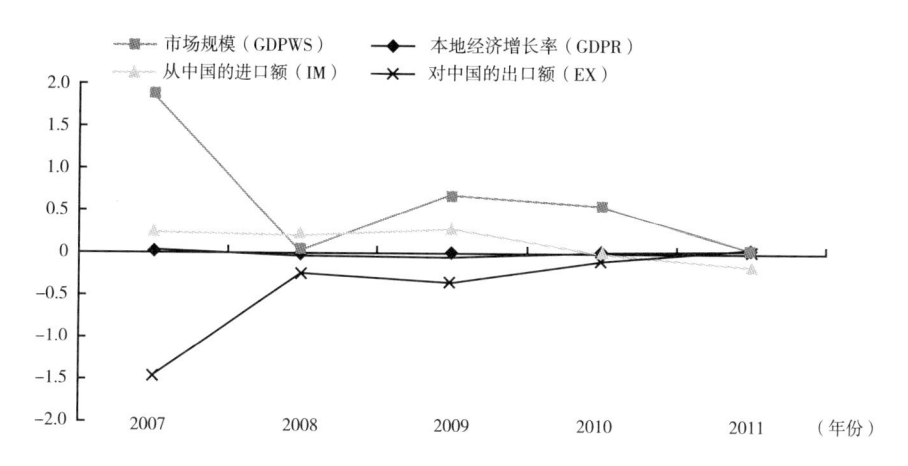

图 2-1 2007~2011 年市场寻求变量回归系数

数据来源：作者计算。

图 2-2 给出了原材料资源禀赋（NEX2R）、矿产燃料资源禀赋（NEX3R）的回归系数在 2007~2011 年的折线图。从图中可以看出，原材料资源禀赋（NEX2R）变量的回归系数除了在 2009 年为负但不显著外，在其余年份均显著为正，但 2010~2011 年的数值要小于 2007~2008 年的回归系数数值，原材料资源禀赋丰富的国家能明显吸引中国对外直接投资的增长。矿产燃料资源禀赋（NEX3R）变量的回归系数均为正，只有在 2008~

2009年统计上不显著,在其他年度统计上均显著,因此矿产燃料资源禀赋丰富的国家也能明显吸引中国对外直接投资的增长。总体而言资源禀赋丰富的国家给中国对外直接投资(特别是资源寻求型投资)提供了投资机会,从而有利于中国对外直接投资的增长。

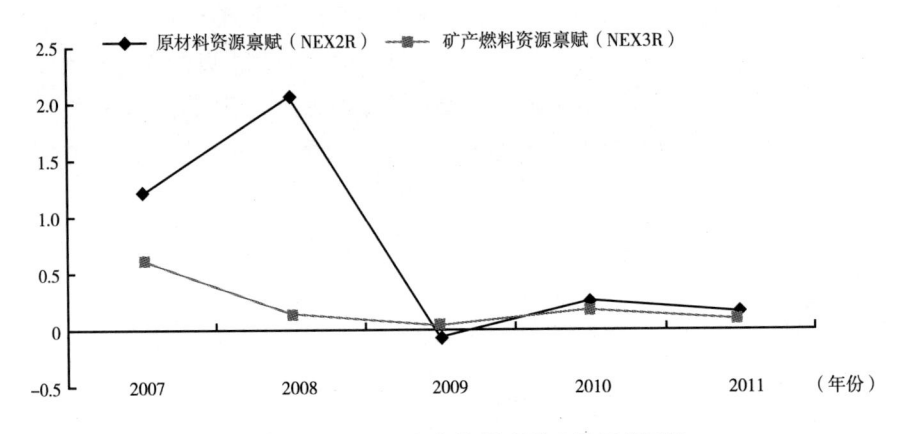

图 2-2 2007~2011年资源禀赋变量回归系数

数据来源:作者计算。

图 2-3 给出了效率寻求变量的回归系数在 2007~2011 年的折线图。从图中可以看出,人均 GDP(取对数,GDPC)变量的回归系数在 2007 年为负但不显著,在 2010 年为正但不显著,在 2008 年、2009 年、2011 年均显著为正,但回归系数的数值自 2008 年开始递减,人均 GDP 高的国家一般技术比较先进,为寻求技术的中国对外直接投资提供了投资机会。全要素技术增长率(TFP)变量的回归系数均为负,除了在 2011 年不显著外,在其余年度均统计上显著,因此全要素技术增长率高的国家抑制了中国对外直接投资的增长,这可能来自两方面的原因,一方面是全要素技术增长率高的国家自身资金富裕,对中国的对外直接投资产生挤出效应;另一方面全要素技术增长率高的国家也吸引了其他国家的对外直接投资,与中国对外直接投资形成竞争。因此总体上技术禀赋先进的国家是促进还是抑制了中国对外直接投资(特别是效率寻求型投资),取决于两个分量指标的共同作用。

图 2-4 给出了政府治理变量的回归系数在 2007~2011 年的折线图。贪腐控制(CC)变量的回归系数均为正,且在 2008~2010 年统计上显著,但系数的数值自 2008 年起逐年递减,因此贪腐控制高的国家有利于中国对外直接投资。政府施政有效性(GE)变量的回归系数变化较大,在 2008~

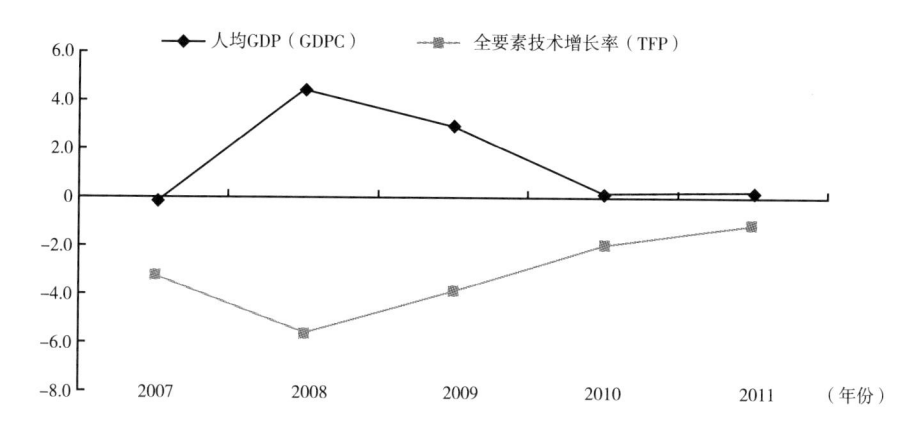

图 2-3 2007~2011年效率寻求变量回归系数

数据来源：作者计算。

2009年显著为负，因此在该时间段政府施政有效性高的国家抑制了中国对该国家的对外直接投资。政治稳定程度（PS）变量的回归系数变化也较大，在2009~2010年显著为负，但在2011年显著为正，东道国政治稳定程度对中国对外直接投资的选址开始显现正向作用。市场经济限制程度（RQ）变量的回归系数在2008~2009年显著为正，但到2010年回归系数虽然为正但不显著，在2011年变为显著为负，因此东道国市场经济由原来的促进中国对外直接投资转变为抑制中国对外直接投资。公民参政与政治人权（VA）变量的回归系数在2008~2011年均显著为正，表明东道国政治人权水平的

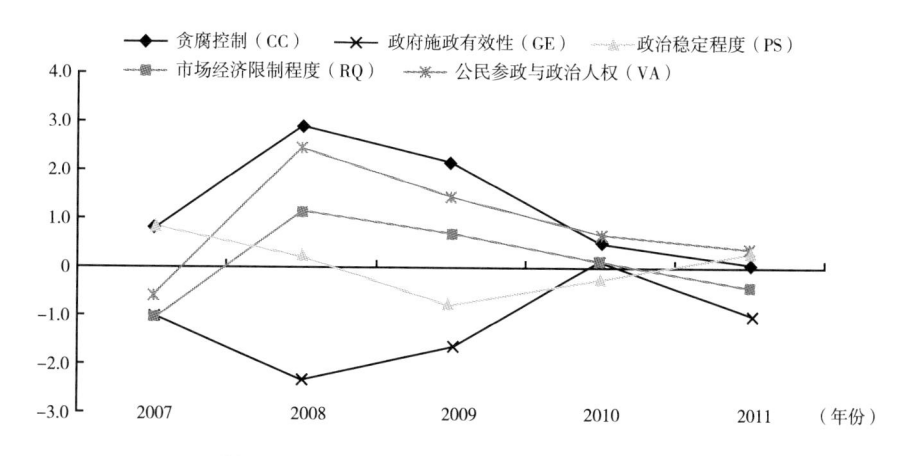

图 2-4 2007~2011年政府治理变量回归系数

数据来源：作者计算。

提高会有利于中国对外直接投资。总体来看，政府治理指标中有些分项指标在个别年度抑制了中国对外直接投资，但政府治理指标总体水平的提高会有利于中国对外直接投资。

图 2-5 给出了汇率变动变量的回归系数在 2007~2011 年的折线图。汇率变动（FX）变量的回归系数在 2008~2009 年显著为正，表明在该时间段人民币汇率贬值有利于中国对外直接投资；但到 2010~2011 年该回归系数显著为负，表明在该时间段人民币汇率升值有利于中国对外直接投资。

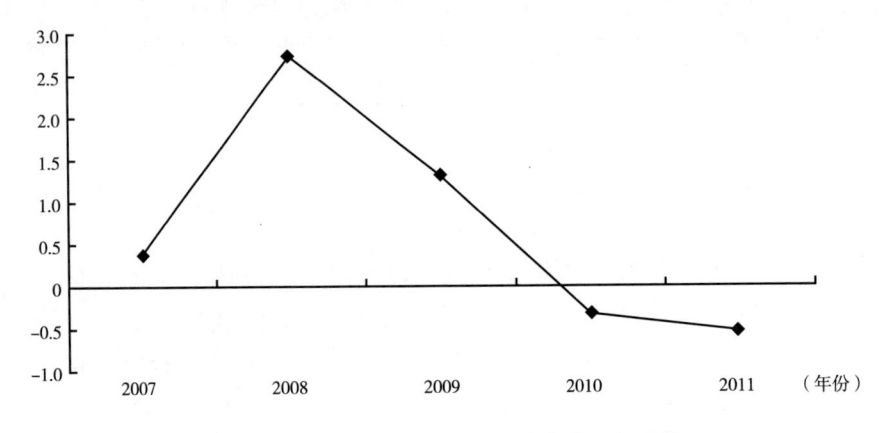

图 2-5　2007~2011 年汇率变动变量回归系数

数据来源：作者计算。

图 2-6 给出了双边合作变量的回归系数在 2007~2011 年的折线图。是否为 WTO 成员（WTO）变量的回归系数在 2008~2011 年为负，特别是在 2010~2011 年统计上显著，表明在该时间段中国对外直接投资流向 WTO 成员方的投资受到抑制，这可能是中国加入世界贸易组织以后，中国与东道国的进、出口贸易都得到了充分发展，对中国对外直接投资产生了一定程度的替代作用。双边投资协定（LAW * BIT）变量的回归系数在 2009~2011 年显著为正，表明在该时间段，与中国签署了双边投资协定且该国家司法有效性（LAW）水平较高，则越有利于中国对外直接投资流向该国家；双边投资协定（BIT * CEC）变量的回归系数在 2009~2011 年显著为负，表明在该时间段，与中国签署了双边投资协定且在该国家合同执行成本（CEC）较高，则越不利于中国对外直接投资流向该国家。总之与司法制度健全、合同执行、产权保护方面效率高的国家签署双边投资协定将有利于中国对外直接投资流向该国家。

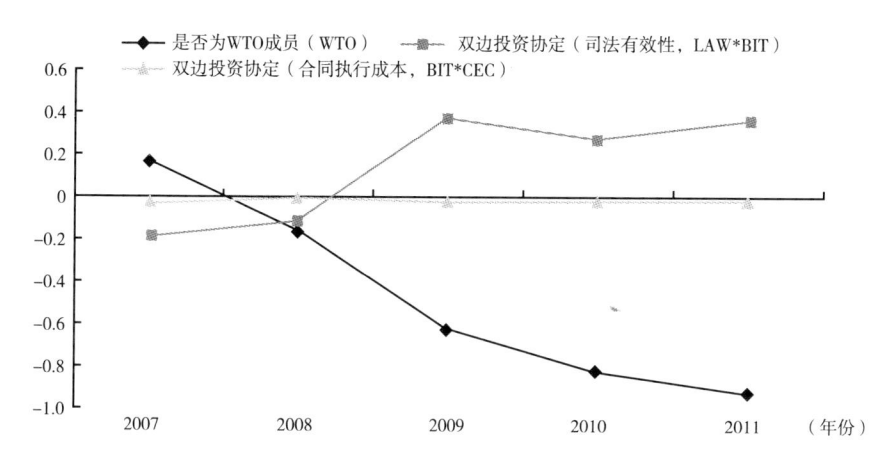

图 2-6　2007~2011 年双边合作变量回归系数

数据来源：作者计算。

图 2-7 给出了经营环境变量的回归系数在 2007~2011 年的折线图。开业成本（CSB）变量的回归系数在 2009~2010 年显著为负，表明在该时间段开业成本的上升不利于中国对外直接投资流向该国家；该回归系数在 2011 年不显著为负，表明开业成本高的国家仍然不利于中国对外直接投资的流入。司法公正强度指数（SLI）变量的回归系数在 2009~2010 年均不显著，在 2011 年显著为负，表明司法公正的国家抑制了中国对外直接投资的流入。信贷信息深度指数（CII）变量的回归系数在 2007~2011 年均为负但

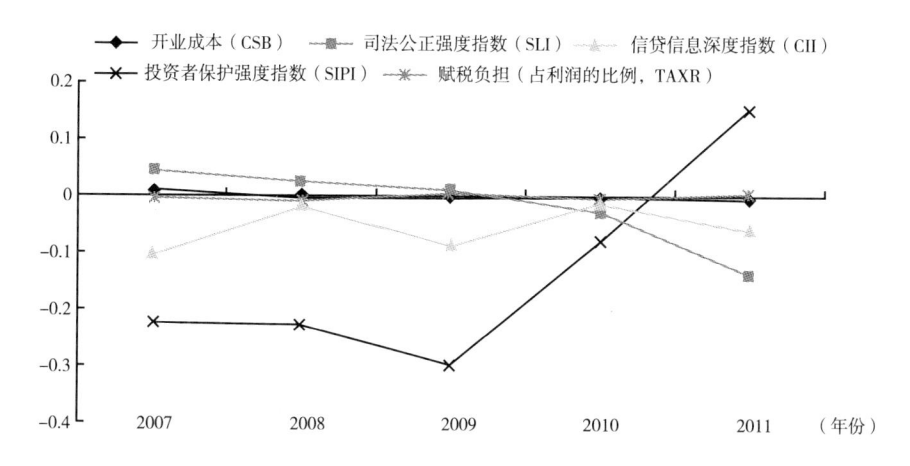

图 2-7　2007~2011 年经营环境变量回归系数

数据来源：作者计算。

不显著，表明东道国信贷金融市场发展对中国对外直接投资产生微弱的抑制作用，这可能是金融发展有利于促进本地投资而对外资的进入产生了替代作用而致。投资者保护强度指数（SIPI）变量的回归系数直到2011年才显著为正，表明东道国加强对投资者的保护会促进中国对外直接投资的流入。赋税负担（占利润的比率，TAXR）变量的回归系数除了在2009年外，在其他年份均不显著，表明目前赋税负担对中国对外直接投资的选址影响不太大。

为了便于比较以上指标体系中各因素对中国对外直接投资的影响程度及变化趋势，表2-6给出了2007~2011年影响中国对外直接投资的环境因素验证估计结果。从表中可以看出指标体系中各因素对中国对外直接投资的影响大都符合理论预期，有些因素的影响作用虽然不太显著，如信贷信息深度指数（反映东道国金融市场发展程度）、赋税负担（占利润的比率）等变量，鉴于理论上这些因素对投资决策会产生影响，因此最终还将其保留在指标体系中。

表2-6 2007~2011年影响中国对外直接投资的环境因素验证估计结果

	2007年	2008年	2009年	2010年	2011年
市场因素指数					
1. 市场寻求指数					
市场规模(GDPWS)	+	NS(+)	+	+	NS(+)
本地经济增长率(GDPR)	NS(+)	NS(-)	NS(-)	+	+
中国的进口额(取对数,IM)	+	+	+	NS(+)	-
中国的出口额(取对数,EX)	-	NS(-)	-	NS(-)	NS(+)
2. 资源禀赋指数					
原材料资源禀赋(NEX2R)	+	+	NS(-)	+	+
矿产燃料资源禀赋(NEX3R)	+	NS(+)	NS(+)	+	+
3. 效率寻求指数					
人均GDP(取对数,GDPC)	NS(-)	+	+	NS(+)	+
全要素技术增长率(TFP)	-	-	-	-	NS(-)
政府因素指数					
1. 政府治理指数					
贪腐控制(CC)	NS(+)	+	+	+	NS(+)
政府施政有效性(GE)	NS(-)	-	-	NS(+)	NS(-)
政治稳定程度(PS)	+	NS(+)	-	-	+
市场经济限制程度(RQ)	-	+	+	NS(+)	+
公民参政与政治人权(VA)	NS(-)	+	+	+	+

续表

	2007 年	2008 年	2009 年	2010 年	2011 年
2. 汇率变动指数					
汇率变动(FX)	NS(+)	+	+	−	−
3. 双边合作指数					
是否为 WTO 成员(WTO)	NS(+)	NS(−)	NS(−)	−	−
双边投资协定(司法有效性,LAW*BIT)	NS(−)	NS(−)	+	+	+
双边投资协定(合同执行成本,BIT*CEC)	−	NS(−)	−	−	−
4. 经营环境指数					
开业成本(CSB)	+	NS(−)	−	−	NS(−)
司法公正强度指数(SLI)	NS(+)	NS(+)	NS(+)	NS(−)	−
信贷信息深度指数(CII)	NS(−)	NS(−)	NS(−)	NS(−)	−
投资者保护强度指数(SIPI)	NS(−)	−	NS(−)	NS(−)	+
赋税负担(占利润的比率,TAXR)	NS(−)	NS(−)	+	NS(−)	NS(+)

注：+表示显著为正，−表示显著为负，NS（+）、NS（−）表示为正（负）但不显著。
数据来源：作者计算。

第三节　中国对外直接投资现状评估

利用对方程（2-2）逐年的回归结果可以得到中国对各国家的对外直接投资存量的预测值，将该预测值看做中国对各国家的最优理论对外直接投资存量（记为 POFDI），则中国对各国家的实际对外直接投资存量与该最优理论对外直接投资存量之间的差距可以评估中国对各国家的投资现状，如果中国对一国家的实际对外直接投资存量大于最优理论对外直接投资存量，说明中国对该国家的实际对外直接投资过度，需要注意风险，反之则说明中国对该国家的实际对外直接投资不足，应适当把握合适的投资机会。下面以划区间的方式评估中国对各国家的投资现状：

$$\text{OFDII}_{jt} = \frac{\text{OFDI}_{jt} - \text{POFDI}_{jt}}{\text{POFDI}_{jt}} \qquad (2-3)$$

如果 OFDII < −5%，则中国对该国家的实际对外直接投资不足，如果 OFDII > 5%，则中国对该国家的实际对外直接投资过度，OFDII 在［−5%，5%］内，则中国对该国家的实际对外直接投资合适。

表 2-7 给出了中国 2009~2011 年对各国家的投资现状的评估结果，2011 年中国对大多数国家的投资存量均在合理的水平上。

表 2-7 2009~2011 年中国对各国家的投资现状的评估

国家	2009 年	2010 年	2011 年
孟加拉国	-1	#N/A	#N/A
几内亚	1	-1	#N/A
圭亚那	0	0	#N/A
奥地利	-1	-1	1
白俄罗斯	1	1	1
保加利亚	-1	1	1
刚果	1	0	1
法国	0	0	1
加蓬	0	1	1
马里	0	0	1
斯里兰卡	0	1	1
叙利亚	0	0	1
阿尔及利亚	0	0	0
阿根廷	-1	0	0
澳大利亚	0	0	0
巴哈马	-1	0	0
贝宁	0	-1	0
玻利维亚	0	0	0
博茨瓦纳	0	0	0
巴西	0	0	0
布隆迪	0	0	0
柬埔寨	0	0	0
喀麦隆	0	0	0
加拿大	0	0	0
中非共和国	0	1	0
智利	0	0	0
哥伦比亚	1	0	0
克罗地亚	0	0	0
捷克	0	0	0
丹麦	-1	-1	0

续表

国家	2009 年	2010 年	2011 年
埃及	-1	0	0
埃塞俄比亚	0	0	0
斐济	1	0	0
芬兰	1	1	0
格鲁吉亚	-1	0	0
德国	0	0	0
加纳	0	0	0
希腊	0	0	0
匈牙利	0	1	0
印度	0	0	0
印度尼西亚	0	0	0
伊朗	0	0	0
爱尔兰	0	0	0
以色列	-1	0	0
意大利	0	0	0
日本	-1	0	0
约旦	0	0	0
哈萨克斯坦	0	0	0
肯尼亚	0	0	0
韩国	0	-1	0
吉尔吉斯斯坦	0	0	0
卢森堡	1	1	0
马达加斯加	0	0	0
马拉维	0	1	0
马来西亚	0	0	0
毛里塔尼亚	0	0	0
毛里求斯	-1	0	0
墨西哥	0	0	0
莫桑比克	0	0	0
尼泊尔	0	0	0
荷兰	0	0	0
新西兰	0	0	0
尼日尔	0	0	0
尼日利亚	0	0	0
挪威	0	1	0
阿曼	-1	0	0

续表

国家	2009 年	2010 年	2011 年
巴基斯坦	0	0	0
巴拿马	0	0	0
巴拉圭	1	0	0
秘鲁	0	0	0
菲律宾	0	0	0
波兰	0	0	0
葡萄牙	1	1	0
卡塔尔	-1	0	0
罗马尼亚	0	0	0
俄罗斯	0	0	0
卢旺达	0	0	0
沙特阿拉伯	0	0	0
塞内加尔	0	0	0
新加坡	0	0	0
斯洛伐克	0	0	0
西班牙	0	0	0
苏丹	-1	0	0
苏里南	0	0	0
瑞典	-1	1	0
瑞士	0	1	0
泰国	-1	0	0
多哥	0	0	0
突尼斯	-1	-1	0
土耳其	1	0	0
乌干达	0	1	0
乌克兰	0	0	0
阿拉伯联合王国	0	0	0
英国	0	0	0
美国	0	0	0
瓦努阿图	0	0	0
委内瑞拉	0	0	0
越南	-1	0	0
也门	0	0	0
赞比亚	0	0	0
摩洛哥	0	0	-1
乌拉圭	0	0	-1

注：-1、1、0 分别表示中国对该国家的实际对外直接投资水平不足、过度和合适。#N/A 表示数值省缺。

数据来源：作者计算。

第四节　中国对外直接投资环境指数的评分计算

为了得到各国家中中国对外直接投资的环境评估与监测结果，本书采取三步计算：首先计算各环境指标变量对中国对外直接投资的贡献，并通过标准化处理对各单项指数评分；其次将各单项指数合成上一级指数和总指数；最后通过预测给出监测指数评分。

1. 标准化处理

通过对方程（2-2）逐年回归，不仅得到各环境指标变量影响中国对外直接投资的数值大小，而且还直接得到了这些环境指标的影响方向［即正向（促进）还是负向（抑制）］。回归系数与原始指数变量的乘积反映了环境指标变量对中国对外直接投资的贡献（包括大小和方向），因此将该乘积变量作为测度各国家环境指数的直接变量不仅避免了各环境指标由于量纲不同而无法直接进行比较的困难，而且在合成各国家上一级指数和总指数时避免了人为选择权重的主观性和随意性。

由于各国家的环境有时会有很大差异，为了避免指数原始变量中的异常值对评估结果的影响，需要对数据进行标准化处理，标准化计算方法为

$$ZS_{it} = \int_{-\infty}^{V_{it}} f(x, \theta) dx \quad (2-4)$$

其中，$f(x, \theta) \equiv f(x, \mu, \sigma) = \frac{1}{\sqrt{2\pi}\sigma} \exp\left\{-\frac{(x-\mu)^2}{2\sigma^2}\right\}$ 是正态分布密度函数，μ 是该指数的算术平均值，σ 是该指数的标准差。ZS_{it} 是某国家第 t 年第 i 个指数的标准化得分值，它实际上是第 i 个指数的标准正态分布的累积函数。指数的算术平均值与标准差的计算样本均采用当年度各国家的数据。经过上述指数的标准化处理，各项标准化指数得分均与对中国对外直接投资环境影响呈正相关，即标准化指数越高，对中国对外直接投资环境的有利影响相对程度就越高，得分越低对中国对外直接投资环境的有利影响相对程度就越低。

2. 指数的合成

本书涉及两种指数的合成，一是合成各国家上一级指数和总指数，由于乘积变量可以直接进行合成运算，因此将合成之后的乘积变量作为计算上一级指数的变量，再按式（2-4）进行标准化评分即可。二是需要合成总体中国对外直接投资环境指数，形成该合成指数的关键是如何在加总时为各国

家的指数选取权重。本书采用各国家的 GDP 在全体样本国家中所占的比重作为权重，计算公式如下：

$$W_{jt} = \frac{\text{GDP}_{jt}}{\sum_{k=1}^{n}\text{GDP}_{kt}} \qquad (2-5)$$

其中，W_{jt} 为单个国家的 GDP 在全体样本国家中的比重，GDP_{jt} 是国家 j 第 t 年的国内生产总值。

3. 指数得分的预测

指数得分的预测是将各国家各指数评分数据作为一时间序列，通过对该序列进行预测得到预测数据，预测方法采用 ARIMA 模型或指数平滑法。本书给出 2012 年、2013 年的预测评分数值，估计样本采用 2009~2011 年的数据。

第三章
中国总体投资环境评估与预测

第一节 总体投资环境指数评估结果

图 3-1 给出了 2009~2011 年市场因素指数评估得分前十名的国家；表 3-1 给出了 2009~2011 年各国家市场因素指数评估得分及排名。2009 年市场因素指数评估得分前十名的国家分别为：美国、瑞典、日本、德国、俄罗斯、巴西、阿拉伯联合王国、法国、瑞士和澳大利亚，其中得分最高的是美国（100.0），最低的是澳大利亚（79.30）。而 2011 年市场因素指数评估得分前十名的国家分别为：布隆迪、尼日尔、加纳、尼泊尔、马达加斯加、卢旺达、多哥、马拉维、中非共和国和吉尔吉斯斯坦，其得分均在 90 分以上。各国家 2011 年市场因素指数评估得分与 2009 年市场因素指数评估得分相比有较大变化，2009 年市场因素指数评估得分高的国家多为发达国家，而 2011 年市场因素指数评估得分高的国家多为发展中国家，表明 2008 年全球金融危机之后，中国对外直接投资面临的市场环境发生了很大变化，发展中国家的市场状况更有利于中国对外直接投资。

图 3-2 给出了 2009~2011 年政府因素指数评估得分前十名的国家；表 3-2 给出了 2009~2011 年各国家政府因素指数评估得分及排名。2009 年政府因素指数评估得分前十名的国家分别为：荷兰、丹麦、澳大利亚、瑞士、卢森堡、瑞典、芬兰、挪威、德国和巴哈马，其得分均在 95 分以上，其中得分最高的是荷兰（98.58），最低的是巴哈马（95.40）。而 2011 年政府因素指数评估得分前十名的国家分别为：瓦努阿图、阿尔及利亚、白俄罗斯、

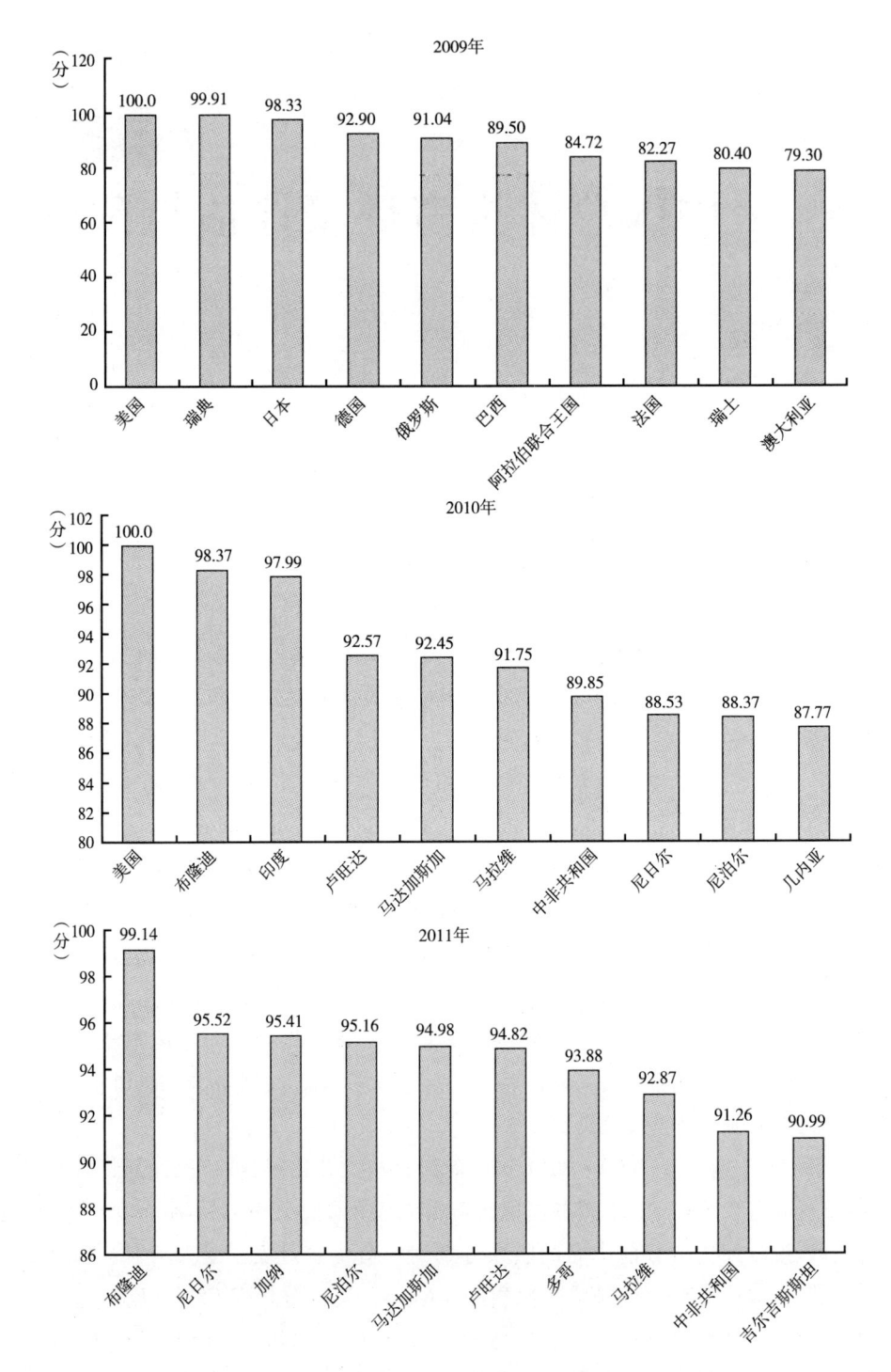

图 3-1 2009~2011 年市场因素指数评估得分前十名的国家

委内瑞拉、伊朗、哈萨克斯坦、玻利维亚、叙利亚、布隆迪和巴哈马。各国家 2011 年政府因素指数评估得分与 2009 年政府因素指数评估得分相比也有较大变化，2009 年政府因素指数评估得分高的国家多为发达国家，而 2011 年政府因素指数评估得分高的国家多为发展中国家。

表 3-1　2009~2011 年各国家市场因素指数评估得分及排名

国家	2009 年		2010 年		2011 年	
	得分	排名	得分	排名	得分	排名
孟加拉国	23.39	82	#N/A		#N/A	
几内亚	15.39	94	87.77	10	#N/A	
圭亚那	70.06	20	76.31	26	#N/A	
布隆迪	33.24	69	98.37	2	99.14	1
尼日尔	2.24	101	88.53	8	95.52	2
加纳	44.11	59	85.41	15	95.41	3
尼泊尔	14.14	98	88.37	9	95.16	4
马达加斯加	34.76	68	92.45	5	94.98	5
卢旺达	43.10	63	92.57	4	94.82	6
多哥	18.81	88	87.49	11	93.88	7
马拉维	17.70	90	91.75	6	92.87	8
中非共和国	27.58	75	89.85	7	91.26	9
吉尔吉斯斯坦	23.14	83	78.47	21	90.99	10
肯尼亚	21.14	85	81.36	17	90.12	11
乌干达	15.95	93	86.18	14	89.84	12
莫桑比克	24.29	81	87.20	12	89.25	13
埃塞俄比亚	23.12	84	86.98	13	89.07	14
柬埔寨	20.14	86	82.37	16	88.46	15
格鲁吉亚	54.16	43	70.31	33	86.24	16
巴拉圭	49.35	48	73.38	30	86.13	17
瓦努阿图	32.27	70	65.43	38	86.00	18
贝宁	16.79	92	77.14	24	85.33	19
玻利维亚	42.83	64	77.63	22	84.49	20
塞内加尔	29.88	73	76.72	25	83.58	21
马里	14.56	95	77.35	23	80.18	22
越南	43.61	61	80.58	18	78.69	23
尼日利亚	12.42	100	74.63	28	78.44	24
毛里塔尼亚	45.76	55	80.51	19	78.01	25
斐济	12.65	99	41.97	56	76.93	26
斯里兰卡	26.23	79	62.12	42	75.97	27
瑞典	99.91	2	57.29	47	74.76	28
喀麦隆	27.52	76	71.55	32	72.98	29
克罗地亚	14.32	97	69.79	34	72.90	30
印度	79.06	11	97.99	3	69.27	31

续表

国家	2009 年		2010 年		2011 年	
	得分	排名	得分	排名	得分	排名
赞比亚	39.22	66	73.76	29	68.85	32
印度尼西亚	67.47	24	78.85	20	68.73	33
阿尔及利亚	41.54	65	60.00	43	66.79	34
巴基斯坦	19.02	87	69.48	35	66.32	35
乌克兰	60.85	36	62.62	41	65.66	36
苏里南	45.65	57	39.34	61	61.21	37
摩洛哥	28.62	74	48.52	51	61.17	38
哈萨克斯坦	66.50	26	52.63	49	61.07	39
巴拿马	14.33	96	27.18	72	60.18	40
刚果	60.75	37	75.94	27	58.85	41
埃及	31.19	71	58.85	46	58.40	42
博茨瓦纳	49.30	49	40.86	59	58.29	43
毛里求斯	24.56	80	29.42	69	56.44	44
菲律宾	43.96	60	64.68	39	55.80	45
哥伦比亚	46.64	52	47.14	52	53.80	46
保加利亚	57.73	40	41.27	57	52.43	47
加蓬	68.31	23	39.90	60	51.02	48
秘鲁	50.95	46	50.45	50	50.39	49
泰国	77.51	13	62.99	40	49.93	50
白俄罗斯	58.14	39	42.52	54	48.83	51
也门	17.28	91	68.34	36	48.70	52
罗马尼亚	53.47	45	35.39	64	48.44	53
俄罗斯	91.04	5	72.02	31	48.04	54
苏丹	26.89	77	59.68	44	47.86	55
约旦	17.94	89	34.33	65	47.74	56
委内瑞拉	77.07	15	41.26	58	47.70	57
伊朗	62.97	32	59.45	45	46.31	58
突尼斯	26.88	78	39.17	62	46.02	59
阿根廷	61.66	34	42.14	55	41.64	60
乌拉圭	50.57	47	30.18	67	39.22	61
巴西	89.50	6	68.21	37	38.97	62
巴哈马	30.79	72	16.66	86	35.89	63
智利	56.74	42	29.56	68	30.05	64
马来西亚	53.82	44	35.40	63	29.94	65
墨西哥	56.84	41	44.11	53	29.64	66

续表

国家	2009 年		2010 年		2011 年	
	得分	排名	得分	排名	得分	排名
波兰	45.92	53	25.87	73	28.89	67
卡塔尔	71.99	19	16.90	84	28.88	68
阿拉伯联合王国	84.72	7	18.90	79	28.69	69
斯洛伐克	69.93	21	22.90	74	28.61	70
捷克	63.29	30	19.64	78	27.11	71
沙特阿拉伯	48.59	50	28.24	71	26.97	72
土耳其	36.45	67	28.30	70	26.74	73
匈牙利	44.72	58	17.72	83	23.94	74
葡萄牙	62.85	33	16.87	85	23.53	75
阿曼	45.86	54	19.80	77	21.86	76
希腊	45.73	56	9.32	92	17.02	77
新西兰	59.61	38	10.85	90	15.93	78
西班牙	76.81	16	18.67	81	14.59	79
美国	100.0	1	100.0	1	14.24	80
以色列	43.60	62	8.42	93	13.05	81
加拿大	77.45	14	16.46	87	12.21	82
澳大利亚	79.30	10	13.19	89	11.41	83
丹麦	66.68	25	5.34	98	10.23	84
挪威	69.10	22	4.86	99	10.13	85
荷兰	63.24	31	7.43	94	9.94	86
新加坡	64.97	28	9.45	91	9.63	87
芬兰	63.40	29	5.71	97	9.21	88
奥地利	72.47	18	7.01	95	9.16	89
意大利	78.18	12	17.79	82	8.87	90
英国	74.10	17	20.12	76	8.71	91
韩国	65.58	27	21.12	75	8.43	92
德国	92.90	4	31.76	66	7.98	93
法国	82.27	8	18.82	80	7.97	94
日本	98.33	3	55.24	48	7.64	95
爱尔兰	60.88	35	4.24	100	7.16	96
瑞士	80.40	9	6.24	96	6.87	97
卢森堡	47.28	51	1.49	101	5.30	98
叙利亚	0.12	102	15.31	88	0.35	99

注：#N/A 表示数值省缺。
数据来源：作者计算。

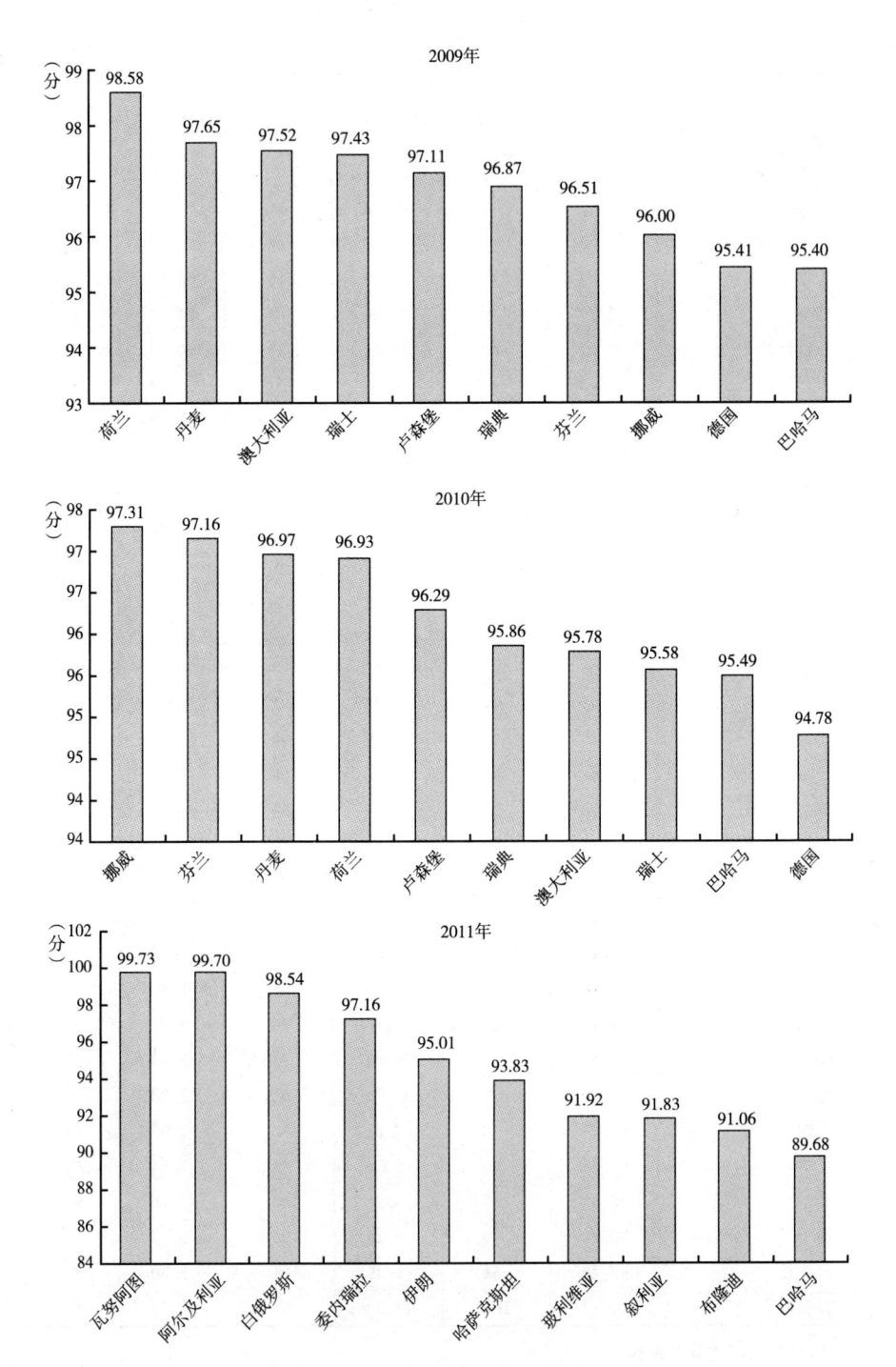

图 3-2 2009~2011 年政府因素指数评估得分前十名的国家

表 3-2　2009~2011 年各国家政府因素指数评估得分及排名

国家	2009 年		2010 年		2011 年	
	得分	排名	得分	排名	得分	排名
孟加拉国	14.28	90	#N/A		#N/A	
几内亚	29.36	76	21.56	82	#N/A	
瓦努阿图	71.29	26	78.22	23	99.73	1
阿尔及利亚	46.08	47	61.32	35	99.70	2
白俄罗斯	14.97	88	19.41	86	98.54	3
委内瑞拉	34.91	67	30.96	72	97.16	4
伊朗	17.73	87	32.10	68	95.01	5
哈萨克斯坦	3.52	101	23.87	79	93.83	6
玻利维亚	37.82	61	42.11	50	91.92	7
叙利亚	7.01	95	20.15	84	91.83	8
布隆迪	59.79	31	21.74	81	91.06	9
巴哈马	95.40	10	95.49	9	89.68	10
马拉维	34.16	69	31.72	71	87.62	11
巴拉圭	39.70	58	41.49	52	87.11	12
毛里塔尼亚	51.01	42	33.31	62	87.05	13
阿根廷	38.73	60	37.67	55	87.01	14
苏丹	30.98	73	24.43	78	86.44	15
圭亚那	30.67	74	32.46	65	85.07	16
突尼斯	9.65	93	26.24	77	85.03	17
俄罗斯	20.04	85	40.89	53	84.86	18
多哥	20.46	84	14.00	93	84.15	19
葡萄牙	80.99	20	86.83	19	83.79	20
喀麦隆	14.11	91	23.29	80	81.71	21
也门	36.43	63	32.14	67	81.13	22
巴西	58.87	32	66.71	33	81.12	23
刚果	32.61	70	17.45	88	80.90	24
斐济	23.55	81	19.45	85	80.81	25
苏里南	51.34	41	51.69	40	79.16	26
马达加斯加	31.61	72	15.96	90	77.70	27
乌拉圭	88.92	17	82.69	21	75.70	28
赞比亚	29.83	75	31.76	70	72.54	29
摩洛哥	41.81	55	46.51	43	72.24	30
贝宁	42.45	52	38.41	54	71.70	31
尼泊尔	43.47	51	37.52	56	70.38	32
中非共和国	56.71	37	14.85	91	69.51	33
毛里求斯	67.01	28	72.72	28	69.03	34
挪威	96.00	8	97.31	1	64.95	35
尼日尔	44.75	50	35.64	58	64.90	36

续表

国家	2009 年		2010 年		2011 年	
	得分	排名	得分	排名	得分	排名
克罗地亚	26.14	79	20.62	83	63.54	37
意大利	57.41	35	57.55	37	60.99	38
塞内加尔	45.40	49	42.97	48	60.12	39
博茨瓦纳	65.22	29	71.51	29	59.06	40
约旦	45.50	48	46.48	44	58.37	41
巴拿马	48.61	44	60.67	36	55.73	42
加蓬	22.02	82	12.44	94	54.87	43
斯里兰卡	31.73	71	27.21	75	53.34	44
哥伦比亚	46.89	45	47.54	42	51.21	45
卢旺达	28.52	78	31.98	69	50.02	46
尼日利亚	40.38	57	27.92	74	49.02	47
加纳	58.39	34	49.73	41	47.23	48
卡塔尔	55.69	39	56.13	38	46.23	49
希腊	76.56	24	75.01	25	45.60	50
阿曼	25.36	80	41.90	51	45.14	51
埃及	14.82	89	16.98	89	43.05	52
日本	76.60	23	80.85	22	42.74	53
埃塞俄比亚	6.01	96	9.51	96	40.39	54
泰国	21.60	83	33.30	63	38.84	55
菲律宾	37.16	62	35.52	59	37.94	56
马里	55.50	40	45.86	47	35.32	57
乌克兰	36.27	65	12.43	95	35.13	58
西班牙	94.81	11	89.33	16	33.74	59
沙特阿拉伯	10.22	92	14.46	92	33.44	60
保加利亚	42.45	53	42.66	49	32.91	61
阿拉伯联合王国	34.43	68	46.48	45	31.57	62
巴基斯坦	18.57	86	18.15	87	31.47	63
奥地利	94.65	12	94.57	11	29.69	64
乌干达	38.97	59	32.37	66	29.58	65
肯尼亚	35.52	66	37.01	57	29.49	66
法国	91.64	14	90.16	15	28.47	67
波兰	67.09	27	69.09	31	28.23	68
印度	36.38	64	32.49	64	27.68	69
匈牙利	77.60	21	74.66	27	27.30	70
新西兰	94.61	13	94.06	12	24.15	71
土耳其	46.33	46	46.40	46	23.56	72
德国	95.41	9	94.78	10	23.24	73
芬兰	96.51	7	97.16	2	23.05	74

续表

国家	2009年		2010年		2011年	
	得分	排名	得分	排名	得分	排名
卢森堡	97.11	5	96.29	5	22.98	75
捷克	64.15	30	67.07	32	21.76	76
越南	9.63	94	8.98	97	21.69	77
加拿大	88.20	18	92.36	13	21.54	78
莫桑比克	4.15	99	0.99	100	20.49	79
智利	87.22	19	87.38	18	20.22	80
爱尔兰	90.01	15	88.46	17	19.46	81
罗马尼亚	58.56	33	55.85	39	18.51	82
荷兰	98.58	1	96.93	4	16.60	83
吉尔吉斯斯坦	5.05	98	5.42	98	16.00	84
韩国	56.24	38	78.07	24	15.07	85
美国	77.07	22	84.19	20	14.48	86
斯洛伐克	57.15	36	61.36	34	14.46	87
墨西哥	40.94	56	34.04	61	13.33	88
秘鲁	42.10	54	28.59	73	12.25	89
英国	89.74	16	90.35	14	11.97	90
丹麦	97.65	2	96.97	3	11.87	91
瑞士	97.43	4	95.58	8	11.41	92
瑞典	96.87	6	95.86	6	10.58	93
澳大利亚	97.52	3	95.78	7	8.77	94
马来西亚	5.12	97	27.04	76	8.48	95
格鲁吉亚	28.77	77	34.68	60	5.78	96
印度尼西亚	3.55	100	1.27	99	5.10	97
新加坡	50.40	43	70.82	30	5.07	98
以色列	76.00	25	74.81	26	4.32	99
柬埔寨	1.43	102	0.27	101	2.59	100

注：#N/A 表示数值省缺。
数据来源：作者计算。

无论从市场因素指数评估得分还是从政府因素指数评估得分来看，2009年市场、政府因素指数评估得分高的国家多为发达国家，而2011年市场、政府因素指数评估得分高的国家多为发展中国家，表明2008年全球金融危机之后，中国对外直接投资面临的投资环境发生了很大变化，发展中国家的投资环境更有利于中国对外直接投资。

图3-3给出了2009~2011年投资环境指数评估得分前十名的国家；图3-4给出了2009~2011年投资环境指数评估得分后十名的国家；表3-3给出

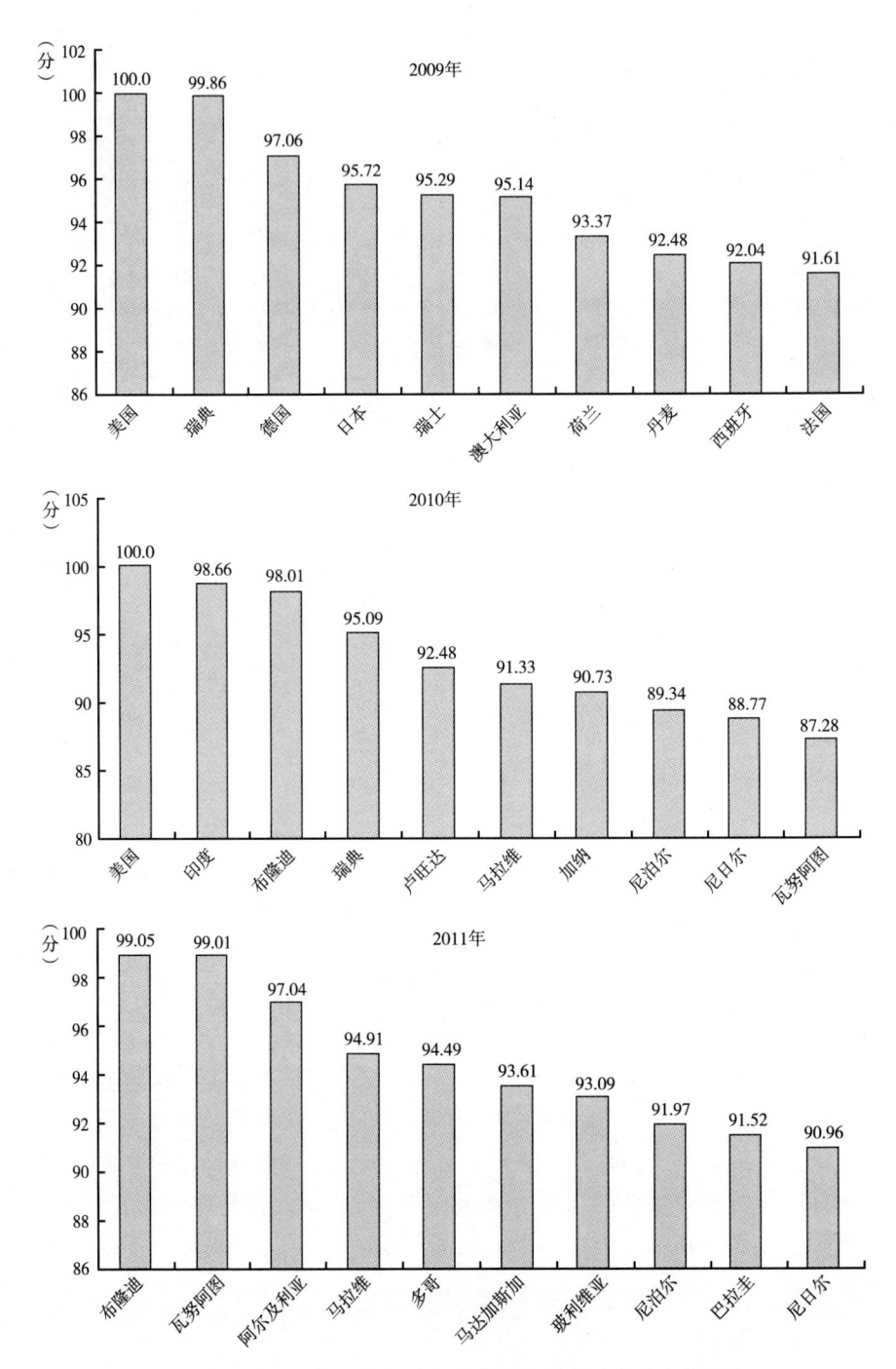

图 3-3 2009~2011 年投资环境指数评估得分前十名的国家

图 3-4　2009~2011 年投资环境指数评估得分后十名的国家

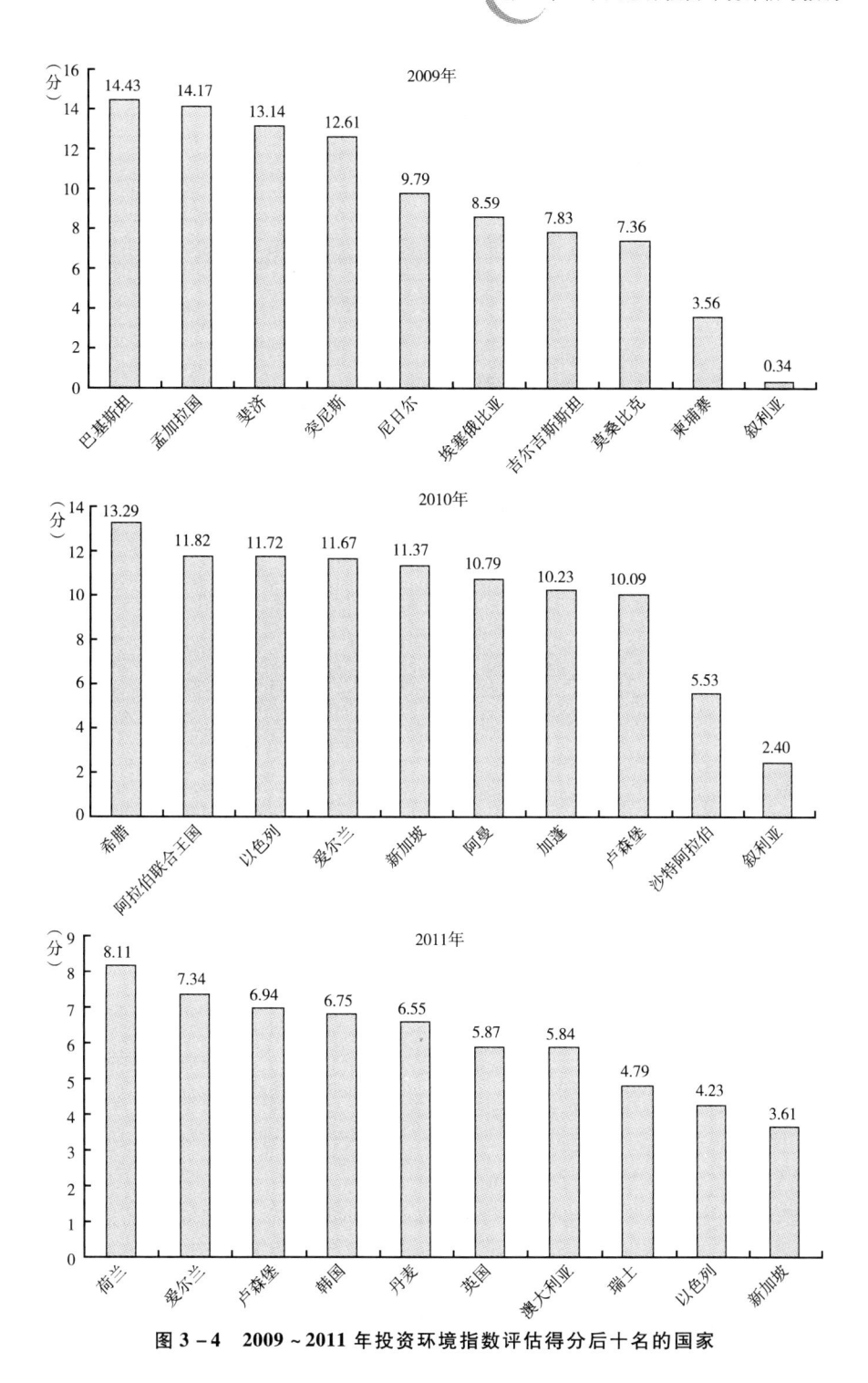

表 3-3　2009~2011 年各国家投资环境指数评估得分及排名

国家	2009 年		2010 年		2011 年	
	得分	排名	得分	排名	得分	排名
孟加拉国	14.17	94	#N/A		#N/A	
几内亚	17.37	89	79.45	17	#N/A	
圭亚那	50.77	42	70.22	28	#N/A	
布隆迪	45.40	53	98.01	3	99.05	1
瓦努阿图	52.16	40	87.28	10	99.01	2
阿尔及利亚	42.55	57	71.07	26	97.04	3
马拉维	21.09	83	91.33	6	94.91	4
多哥	15.26	92	71.38	25	94.49	5
马达加斯加	30.12	70	84.00	12	93.61	6
玻利维亚	38.46	62	78.67	18	93.09	7
尼泊尔	22.72	78	89.34	8	91.97	8
巴拉圭	43.47	55	72.95	24	91.52	9
尼日尔	9.79	97	88.77	9	90.96	10
白俄罗斯	31.19	69	17.22	86	89.51	11
中非共和国	39.72	58	77.35	20	88.29	12
毛里塔尼亚	48.02	49	76.75	22	87.84	13
哈萨克斯坦	20.78	84	30.87	69	86.09	14
委内瑞拉	58.67	37	24.63	80	85.88	15
卢旺达	32.94	65	92.48	5	85.78	16
加纳	51.43	41	90.73	7	85.73	17
贝宁	24.32	76	75.67	23	84.77	18
斐济	13.14	95	16.81	87	83.98	19
喀麦隆	15.89	90	54.79	39	82.42	20
伊朗	36.39	63	46.82	48	81.63	21
塞内加尔	34.89	64	78.08	19	78.64	22
赞比亚	31.58	68	66.01	29	75.03	23
埃塞俄比亚	8.59	98	63.49	32	74.84	24
苏里南	48.16	48	37.97	59	74.66	25
刚果	45.94	51	54.79	38	74.54	26
苏丹	25.22	75	39.78	55	72.91	27
克罗地亚	15.28	91	49.27	45	72.77	28
俄罗斯	62.38	33	70.79	27	71.65	29
突尼斯	12.61	96	19.27	85	70.65	30
肯尼亚	24.02	77	80.29	16	70.39	31

续表

国家	2009 年		2010 年		2011 年	
	得分	排名	得分	排名	得分	排名
摩洛哥	32.12	67	45.28	52	70.34	32
乌干达	22.08	79	84.07	11	70.07	33
阿根廷	50.40	43	30.59	71	69.94	34
斯里兰卡	25.23	74	45.70	51	69.70	35
尼日利亚	19.95	85	63.91	30	69.38	36
巴哈马	75.63	23	56.69	37	69.27	37
也门	21.86	81	58.77	34	69.06	38
毛里求斯	43.79	54	42.58	54	65.57	39
马里	28.86	71	80.55	15	63.37	40
莫桑比克	7.36	100	31.66	67	63.24	41
巴西	81.39	19	82.93	13	63.13	42
吉尔吉斯斯坦	7.83	99	37.35	60	61.97	43
博茨瓦纳	58.76	36	56.93	35	60.87	44
巴拿马	25.26	73	29.32	76	60.20	45
乌拉圭	76.82	21	54.68	40	59.17	46
葡萄牙	76.38	22	38.47	58	54.26	47
加蓬	43.31	56	10.23	98	53.74	48
约旦	26.66	72	28.05	78	53.66	49
哥伦比亚	46.13	50	44.39	53	53.43	50
越南	19.22	86	49.51	44	52.86	51
乌克兰	48.35	47	29.46	75	51.91	52
埃及	17.98	88	30.82	70	51.72	53
巴基斯坦	14.43	93	45.89	50	50.05	54
印度	61.15	34	98.66	2	49.65	55
菲律宾	38.74	61	56.78	36	46.94	56
泰国	49.68	45	52.56	41	43.66	57
格鲁吉亚	39.41	60	63.67	31	42.29	58
保加利亚	50.21	44	33.36	64	41.65	59
瑞典	99.86	2	95.09	4	38.85	60
柬埔寨	3.56	101	13.38	91	36.69	61
卡塔尔	66.92	25	13.97	90	33.98	62
罗马尼亚	57.17	39	36.23	61	29.46	63
阿曼	32.42	66	10.79	97	28.34	64
挪威	90.99	11	30.46	72	27.29	65
印度尼西亚	21.30	82	20.57	84	26.62	66

续表

国家	2009 年		2010 年		2011 年	
	得分	排名	得分	排名	得分	排名
阿拉伯联合王国	64.91	28	11.82	93	26.10	67
沙特阿拉伯	21.96	80	5.53	100	25.99	68
秘鲁	45.87	52	32.66	66	25.37	69
希腊	64.22	30	13.29	92	24.78	70
波兰	57.93	38	34.17	63	24.43	71
意大利	71.98	24	15.66	89	23.77	72
匈牙利	64.40	29	26.63	79	20.96	73
土耳其	39.57	59	21.24	83	20.66	74
智利	78.13	20	60.30	33	20.61	75
捷克	66.30	27	23.71	82	19.89	76
西班牙	92.04	9	45.92	49	17.70	77
叙利亚	0.34	102	2.40	101	17.16	78
斯洛伐克	66.40	26	24.22	81	16.38	79
墨西哥	48.75	46	30.01	73	16.13	80
日本	95.72	4	81.10	14	15.04	81
新西兰	86.44	16	39.04	56	14.60	82
马来西亚	18.14	87	16.51	88	12.81	83
奥地利	90.60	12	29.31	77	12.02	84
加拿大	87.68	14	47.66	47	11.25	85
法国	91.61	10	47.71	46	10.67	86
芬兰	90.01	13	33.36	65	9.85	87
美国	100.0	1	100.0	1	9.54	88
德国	97.06	3	76.81	21	9.04	89
荷兰	93.37	7	38.63	57	8.11	90
爱尔兰	82.31	18	11.67	95	7.34	91
卢森堡	86.05	17	10.09	99	6.94	92
韩国	63.16	31	35.31	62	6.75	93
丹麦	92.48	8	31.02	68	6.55	94
英国	87.34	15	50.45	42	5.87	95
澳大利亚	95.14	6	50.20	43	5.84	96
瑞士	95.29	5	29.51	74	4.79	97
以色列	62.59	32	11.72	94	4.23	98
新加坡	59.44	35	11.37	96	3.61	99

注：#N/A 表示数值省缺。

数据来源：作者计算。

了 2009~2011 年各国家投资环境指数评估得分及排名，该指数是综合了市场、政府两方面指数后的评估得分。2009 年投资环境指数评估得分前十名的国家分别为：美国、瑞典、德国、日本、瑞士、澳大利亚、荷兰、丹麦、西班牙和法国；2009 年投资环境指数评估得分后十名的国家分别为：巴基斯坦、孟加拉国、斐济、突尼斯、尼日尔、埃塞俄比亚、吉尔吉斯斯坦、莫桑比克、柬埔寨和叙利亚。而 2011 年投资环境指数评估得分前十名的国家分别为：布隆迪、瓦努阿图、阿尔及利亚、马拉维、多哥、马达加斯加、玻利维亚、尼泊尔、巴拉圭和尼日尔；2011 年投资环境指数评估得分后十名的国家分别为：荷兰、爱尔兰、卢森堡、韩国、丹麦、英国、澳大利亚、瑞士、以色列和新加坡。

本书在面板回归估计时得到各国家的个体效应项，个体效应项反映了各国家对中国对外直接投资的异质性影响，它既包括一些不随时间变化的影响因素，如语言、距离、边界；也包括没有纳入投资环境评估体系的其他影响因素的效应（即省略变量），如双边关系、安全外交等因素。各国家的个体效应项对中国对外直接投资的影响很大，回归方程纳入个体效应项虚拟变量后可以增加对中国对各国家对外直接投资量变异程度 40% 以上的解释能力，由于个体效应项中包含了没有纳入投资环境评估体系的其他影响因素的效应，因此考察个体效应项的异质性影响是对投资环境评估体系的补充。

图 3-5 给出了 2009~2011 年个体效应项评估得分前十名的国家；图 3-6 给出了 2009~2011 年个体效应项评估得分后十名的国家。评估得分前十名的国家的个体效应项的估计值均为正值，评估得分后十名的国家的个体效应项的估计值均为负值。2009 年个体效应项评估得分前十名的国家分别为：柬埔寨、叙利亚、巴基斯坦、吉尔吉斯斯坦、埃塞俄比亚、越南、尼日尔、哈萨克斯坦、莫桑比克和尼日利亚；2009 年个体效应项评估得分后十名的国家分别为：丹麦、巴拉圭、葡萄牙、巴哈马、挪威、瑞士、芬兰、奥地利、瑞典和美国。而 2011 年个体效应项评估得分前十名的国家分别为：新加坡、澳大利亚、卢森堡、美国、英国、加拿大、德国、韩国、日本和法国；2011 年个体效应项评估得分后十名的国家分别为：叙利亚、多哥、巴拉圭、马拉维、尼泊尔、白俄罗斯、突尼斯、巴哈马、瓦努阿图和布隆迪。

图 3-7 给出了 2009~2011 年包括个体效应项后各国家投资环境评估得分前十名的国家；图 3-8 给出了 2009~2011 年包括个体效应项后各国家

2009年

国家	得分
柬埔寨	98.77
叙利亚	97.69
巴基斯坦	95.69
吉尔吉斯斯坦	93.97
埃塞俄比亚	93.17
越南	92.90
尼日尔	92.86
哈萨克斯坦	91.37
莫桑比克	91.09
尼日利亚	90.88

2010年

国家	得分
新加坡	99.52
卢森堡	97.94
沙特阿拉伯	97.28
澳大利亚	96.22
柬埔寨	94.71
哈萨克	94.04
阿拉伯联合王国	93.62
印度尼西亚	92.86
马来西亚	92.34
加拿大	91.16

2011年

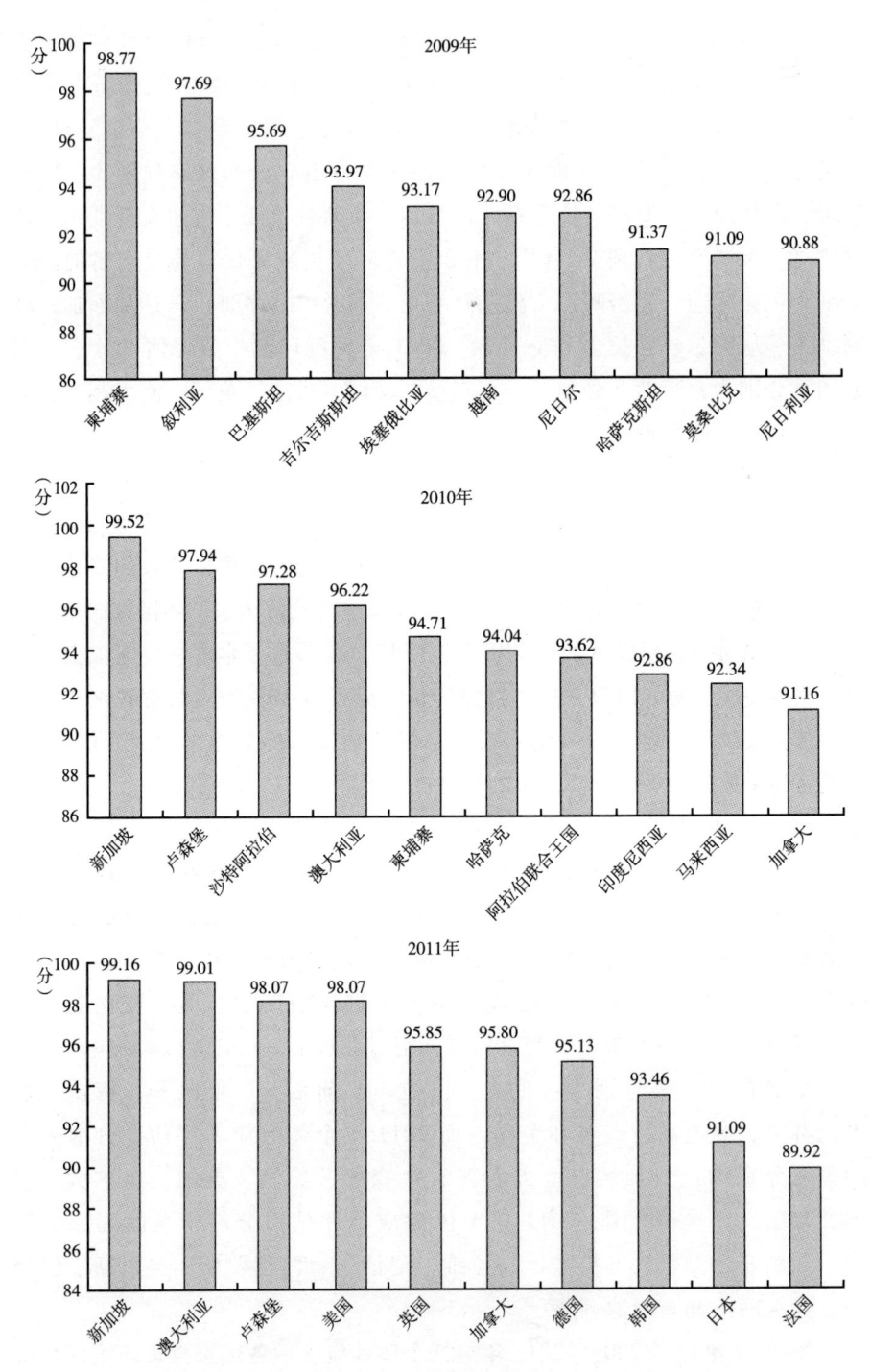

国家	得分
新加坡	99.16
澳大利亚	99.01
卢森堡	98.07
美国	98.07
英国	95.85
加拿大	95.80
德国	95.13
韩国	93.46
日本	91.09
法国	89.92

图 3-5　2009~2011年个体效应项评估得分前十名的国家

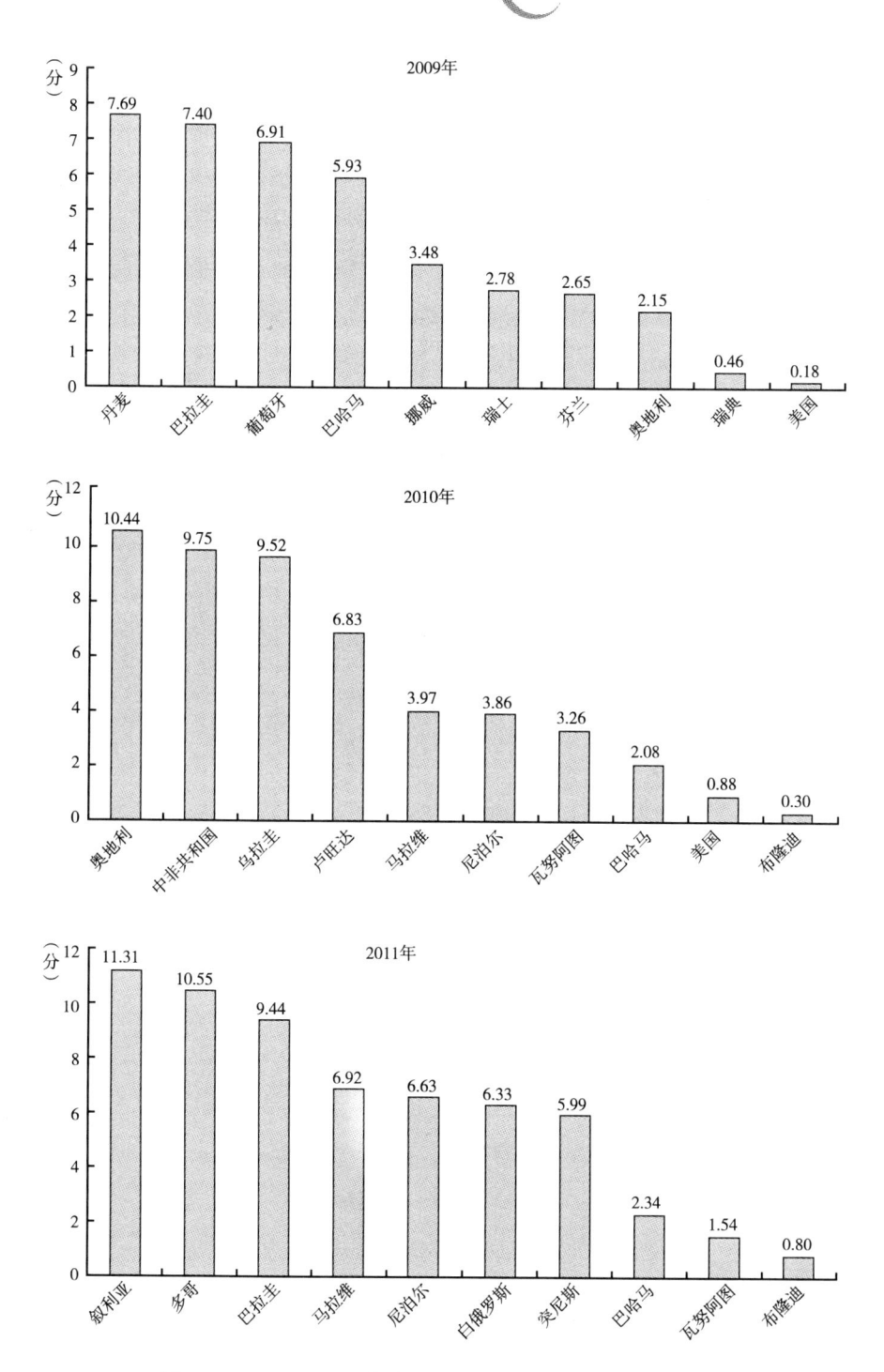

图 3-6 2009~2011 年个体效应项评估得分后十名的国家

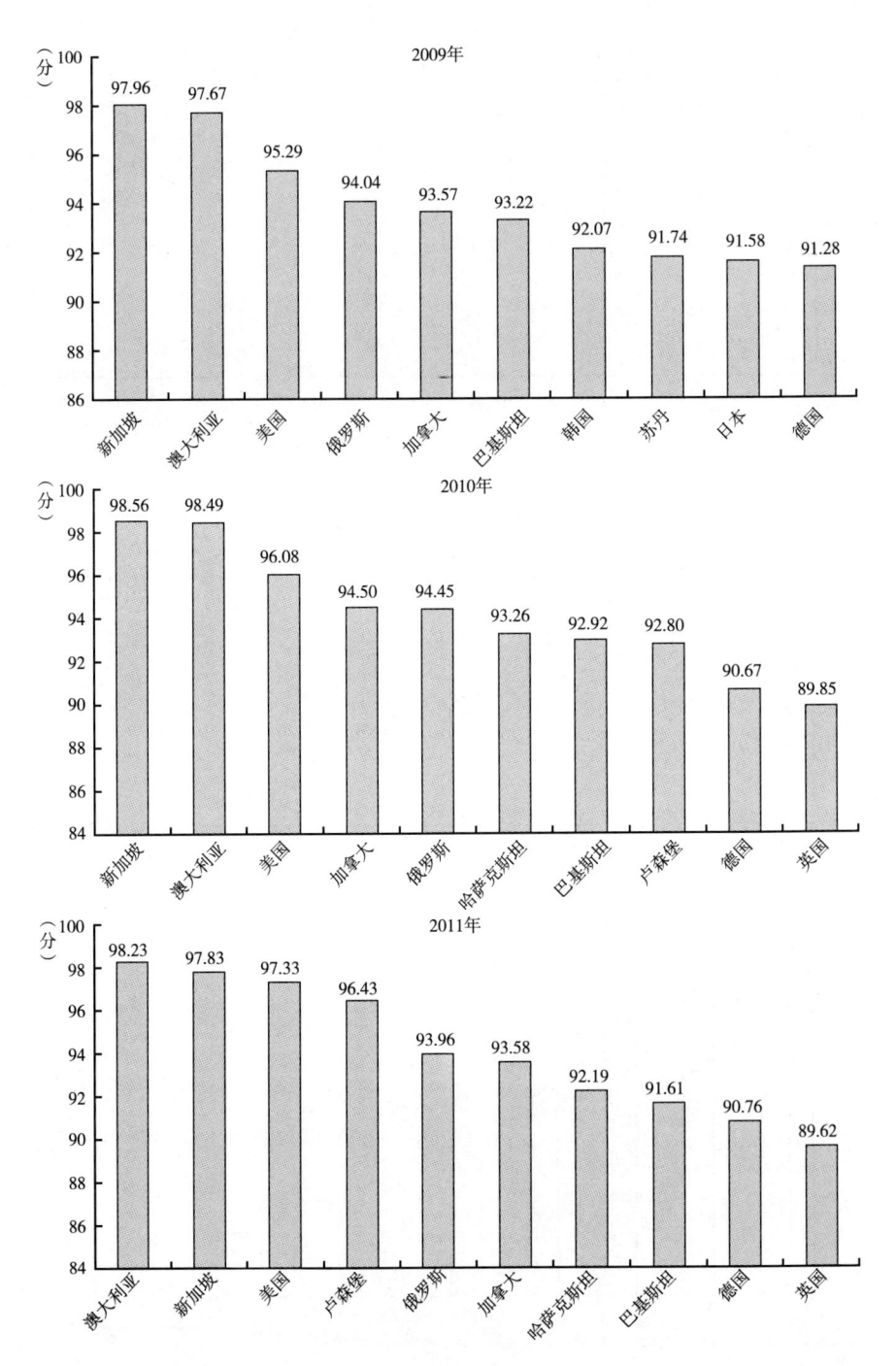

图 3-7 2009~2011 年包括个体效应项后各国家投资环境评估得分前十名的国家

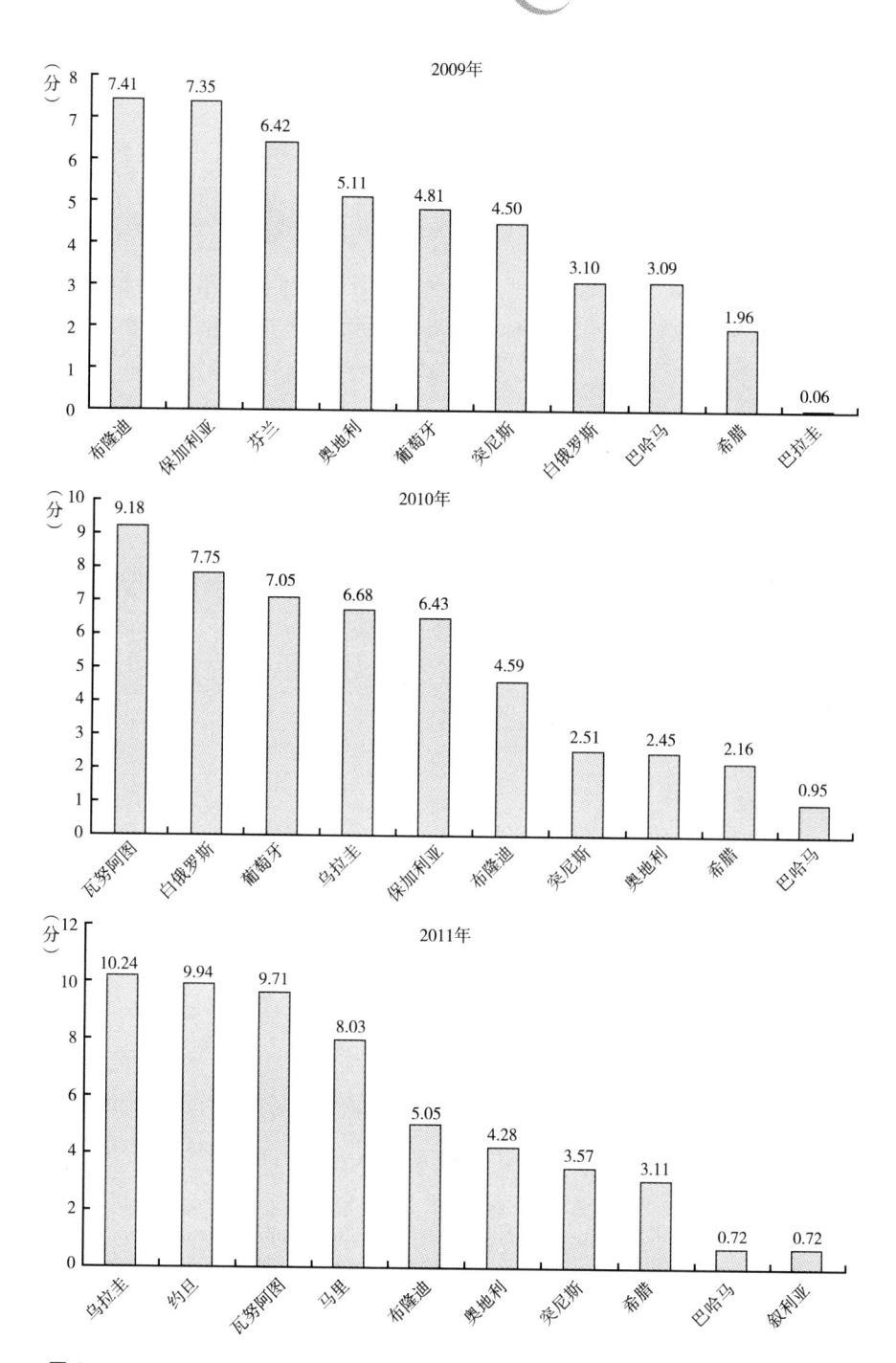

图 3-8 2009~2011 年包括个体效应项后各国家投资环境评估得分后十名的国家

投资环境评估得分后十名的国家；表3-4给出了2009~2011年包括个体效应项后各国家投资环境评估得分及排名。2009年包括个体效应项后各国家投资环境评估得分前十名的国家分别为：新加坡、澳大利亚、美国、俄罗斯、加拿大、巴基斯坦、韩国、苏丹、日本和德国；2009年包括个体效应项后各国家投资环境评估得分后十名的国家分别为：布隆迪、保加利亚、芬兰、奥地利、葡萄牙、突尼斯、白俄罗斯、巴哈马、希腊和巴拉圭。而2011年包括个体效应项后各国家投资环境评估得分前十名的国家分别为：澳大利亚、新加坡、美国、卢森堡、俄罗斯、加拿大、哈萨克斯坦、巴勒斯坦、德国和英国；2011年包括个体效应项后各国家投资环境评估得分后十名的国家分别为：乌拉圭、约旦、瓦努阿图、马里、布隆迪、奥地利、突尼斯、希腊、巴哈马和叙利亚。

表3-4 2009~2011年包括个体效应项后各国家投资环境评估得分及排名

国家	2009年		2010年		2011年	
	得分	排名	得分	排名	得分	排名
孟加拉国	72.91	27	#N/A		#N/A	
几内亚	46.83	60	60.45	44	#N/A	
圭亚那	63.17	39	54.75	51	#N/A	
澳大利亚	97.67	2	98.49	2	98.23	1
新加坡	97.96	1	98.56	1	97.83	2
美国	95.29	3	96.08	3	97.33	3
卢森堡	74.58	26	92.80	8	96.43	4
俄罗斯	94.04	4	94.45	5	93.96	5
加拿大	93.57	5	94.50	4	93.58	6
哈萨克斯坦	89.28	12	93.26	6	92.19	7
巴基斯坦	93.22	6	92.92	7	91.61	8
德国	91.28	10	90.67	9	90.76	9
英国	86.52	16	89.85	10	89.62	10
柬埔寨	87.88	13	85.96	16	87.46	11
日本	91.58	9	87.51	13	86.75	12
印度尼西亚	85.73	18	86.95	14	86.48	13
尼日利亚	86.92	15	89.61	11	86.09	14
越南	91.12	11	85.58	18	85.10	15
韩国	92.07	7	89.43	12	84.10	16
阿尔及利亚	80.22	22	86.09	15	83.64	17
沙特阿拉伯	86.16	17	85.53	19	83.37	18
泰国	86.92	14	84.93	20	83.07	19

续表

国家	2009 年		2010 年		2011 年	
	得分	排名	得分	排名	得分	排名
赞比亚	84.45	19	85.85	17	82.68	20
瑞典	63.58	38	76.00	25	80.51	21
法国	67.41	35	65.21	37	80.44	22
苏丹	91.74	8	81.35	23	79.77	23
巴西	71.90	28	80.25	24	79.74	24
阿拉伯联合王国	77.74	24	81.68	22	79.59	25
马来西亚	82.26	21	83.06	21	78.13	26
伊朗	64.27	37	73.02	28	77.60	27
秘鲁	74.75	25	75.35	26	77.05	28
荷兰	70.83	30	75.04	27	75.11	29
埃塞俄比亚	67.34	36	66.61	35	73.14	30
委内瑞拉	68.40	34	68.84	32	72.18	31
土耳其	43.83	62	62.83	40	71.24	32
吉尔吉斯斯坦	68.60	33	69.43	30	70.91	33
印度	63.14	40	70.34	29	70.79	34
毛里求斯	78.50	23	69.40	31	69.94	35
西班牙	70.74	31	64.13	38	67.75	36
意大利	57.32	46	62.27	42	67.62	37
菲律宾	56.50	47	62.54	41	67.48	38
埃及	82.31	20	68.32	33	67.43	39
匈牙利	53.42	51	61.12	43	67.00	40
马达加斯加	57.53	45	63.78	39	63.69	41
阿根廷	71.61	29	65.69	36	63.58	42
尼日尔	70.54	32	67.74	34	60.86	43
肯尼亚	53.79	50	57.80	46	59.84	44
加纳	55.73	48	57.70	47	59.30	45
巴拿马	50.48	52	49.70	56	56.71	46
博茨瓦纳	46.56	61	55.83	50	53.49	47
波兰	61.81	42	56.59	48	53.13	48
爱尔兰	59.64	43	56.13	49	51.74	49
也门	58.52	44	59.38	45	50.26	50
新西兰	48.87	55	52.87	53	49.65	51
墨西哥	62.29	41	53.83	52	49.63	52
摩洛哥	36.75	67	32.99	66	44.94	53
格鲁吉亚	55.53	49	50.01	55	43.49	54

续表

国家	2009 年		2010 年		2011 年	
	得分	排名	得分	排名	得分	排名
罗马尼亚	47.80	58	51.29	54	41.29	55
莫桑比克	50.07	53	41.50	59	40.46	56
乌干达	34.42	69	32.13	68	39.03	57
挪威	12.20	90	21.33	79	38.16	58
苏里南	48.46	56	40.91	60	37.89	59
智利	48.38	57	47.56	57	37.85	60
卡塔尔	49.13	54	40.53	61	36.05	61
玻利维亚	32.41	71	34.11	64	34.63	62
瑞士	23.07	78	22.52	76	34.48	63
捷克	43.40	63	34.85	63	34.15	64
斯里兰卡	15.10	86	21.63	78	34.01	65
加蓬	47.00	59	26.57	71	30.42	66
丹麦	42.61	65	33.16	65	29.94	67
刚果	40.39	66	45.99	58	29.46	68
多哥	36.21	68	32.26	67	28.50	69
毛里塔尼亚	30.69	72	24.72	75	27.72	70
喀麦隆	29.70	73	31.61	69	26.37	71
斐济	20.40	79	25.51	74	25.38	72
卢旺达	28.66	74	25.59	73	24.44	73
贝宁	42.76	64	35.49	62	23.75	74
哥伦比亚	13.71	88	17.66	81	21.29	75
中非共和国	15.84	85	16.48	82	20.65	76
巴拉圭	0.06	102	18.03	80	20.38	77
塞内加尔	25.34	77	22.27	77	19.89	78
马拉维	19.23	82	14.87	85	19.32	79
克罗地亚	28.03	75	26.25	72	18.17	80
芬兰	6.42	95	12.41	88	17.18	81
乌克兰	27.21	76	15.43	83	15.70	82
葡萄牙	4.81	97	7.05	94	14.55	83
以色列	20.25	80	12.92	86	14.44	84
保加利亚	7.35	94	6.43	96	14.33	85
尼泊尔	16.65	84	12.48	87	14.10	86
阿曼	19.69	81	15.04	84	14.08	87
斯洛伐克	13.10	89	9.19	91	12.05	88
白俄罗斯	3.10	99	7.75	93	11.08	89
乌拉圭	9.54	92	6.68	95	10.24	90
约旦	17.18	83	10.50	89	9.94	91
瓦努阿图	9.64	91	9.18	92	9.71	92

续表

国家	2009 年		2010 年		2011 年	
	得分	排名	得分	排名	得分	排名
马里	32.49	70	30.62	70	8.03	93
布隆迪	7.41	93	4.59	97	5.05	94
奥地利	5.11	96	2.45	99	4.28	95
突尼斯	4.50	98	2.51	98	3.57	96
希腊	1.96	101	2.16	100	3.11	97
巴哈马	3.09	100	0.95	101	0.72	98
叙利亚	14.42	87	9.72	90	0.72	99

注：#N/A 表示数值省缺。
数据来源：作者计算。

第二节　总体投资环境预测

图 3-9 给出了 2013 年各国家投资环境评估预测得分前十名的国家；图 3-10 给出了 2013 年各国家投资环境评估预测得分后十名的国家。2013 年各国家投资环境评估预测得分前十名的国家分别为：瓦努阿图、阿尔及利亚、多哥、马达加斯加、玻利维亚、巴拉圭、中非共和国、毛里塔尼亚、布隆迪和哈萨克斯坦；2013 年各国家投资环境评估预测得分后十名的国家分别为：法国、芬兰、德国、荷兰、韩国、丹麦、英国、澳大利亚、瑞士和新加坡。

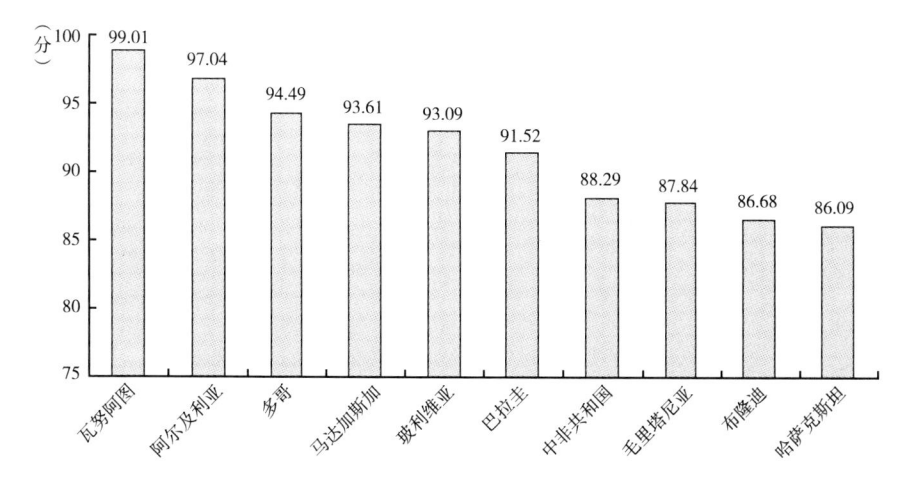

图 3-9　2013 年各国家投资环境评估预测得分前十名的国家

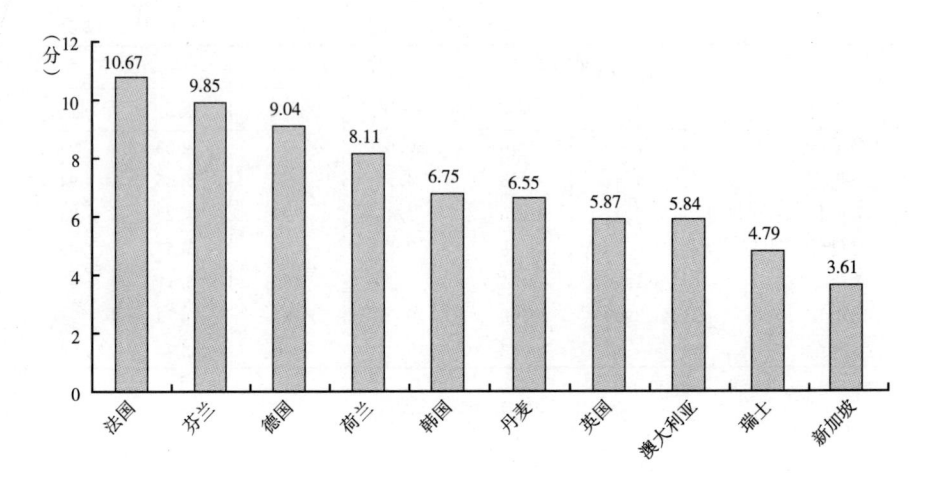

图 3-10 2013 年各国家投资环境评估预测得分后十名的国家

图 3-11 给出了 2013 年各国家投资环境（包括异质性）评估预测得分前十名的国家；图 3-12 给出了 2013 年各国家投资环境（包括异质性）评估预测得分后十名的国家。2013 年各国家投资环境（包括异质性）评估预测得分前十名的国家分别为：澳大利亚、新加坡、美国、卢森堡、俄罗斯、加拿大、哈萨克斯坦、巴基斯坦、德国和英国；2013 年各国家投资环境（包括异质性）评估预测得分后十名的国家分别为：保加利亚、乌拉圭、瓦努阿图、布隆迪、奥地利、突尼斯、希腊、巴哈马、叙利亚和圭亚那。

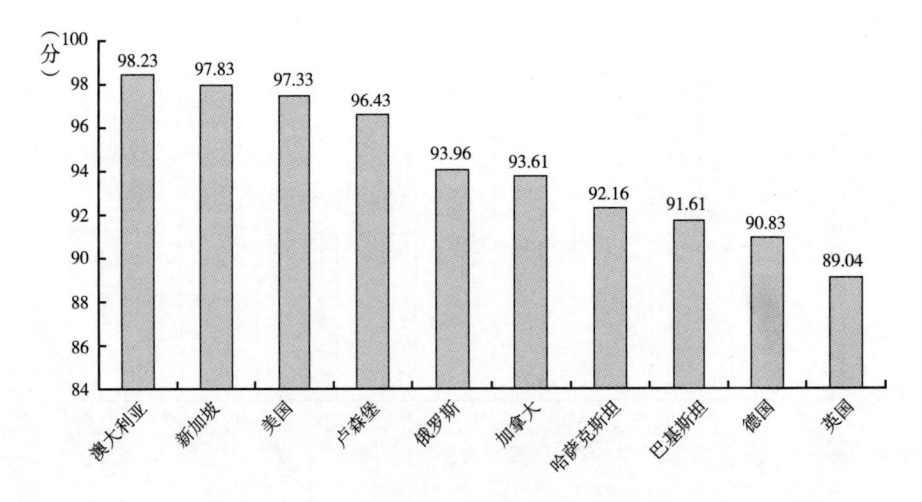

图 3-11 2013 年各国家投资环境（包括异质性）评估预测得分前十名的国家

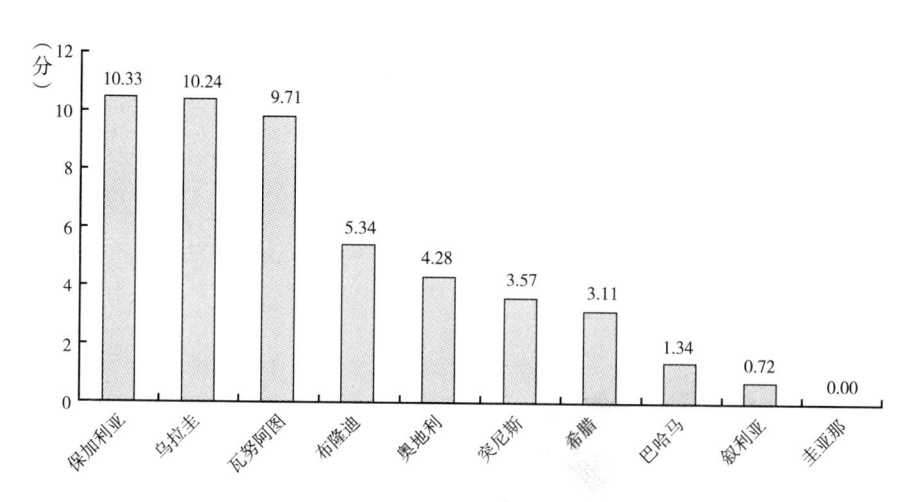

图 3-12 2013 年各国家投资环境（包括异质性）评估预测得分后十名的国家

图 3-13 给出了 2013 年各国家市场因素指数评估预测得分前十名的国家；图 3-14 给出了 2013 年各国家市场因素指数评估预测得分后十名的国家。2013 年各国家市场因素指数评估预测得分前十名的国家分别为：加纳、吉尔吉斯斯坦、格鲁吉亚、巴拉圭、瓦努阿图、玻利维亚、布隆迪、卢旺达、马达加斯加和斐济；2013 年各国家市场因素指数评估预测得分后十名的国家分别为：希腊、爱尔兰、以色列、卢森堡、英国、韩国、德国、法国、日本和叙利亚。

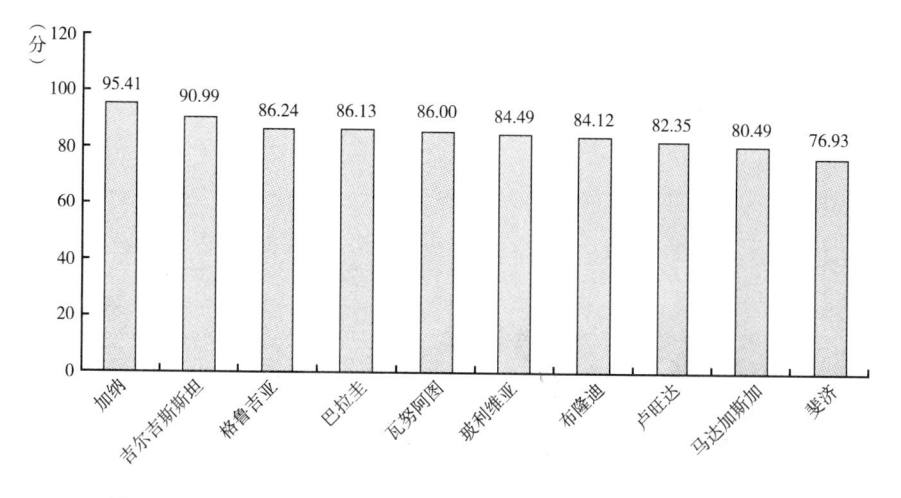

图 3-13 2013 年各国家市场因素指数评估预测得分前十名的国家

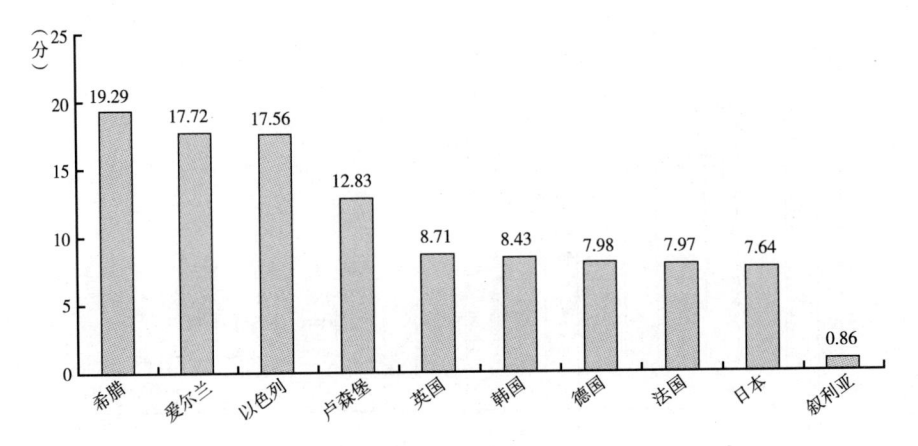

图 3-14 2013 年各国家市场因素指数评估预测得分后十名的国家

图 3-15 给出了 2013 年各国家政府因素指数评估预测得分前十名的国家；图 3-16 给出了 2013 年各国家政府因素指数评估预测得分后十名的国家；表 3-5 给出了 2013 年各国家投资环境评估得分及排名预测。2013 年各国家政府因素指数评估预测得分前十名的国家分别为：瓦努阿图、阿尔及利亚、伊朗、哈萨克斯坦、巴哈马、玻利维亚、叙利亚、布隆迪、毛里塔尼亚和突尼斯；2013 年各国家政府因素指数评估预测得分后十名的国家分别为：韩国、越南、墨西哥、秘鲁、莫桑比克、马来西亚、吉尔吉斯斯坦、印度尼西亚、新加坡和柬埔寨。

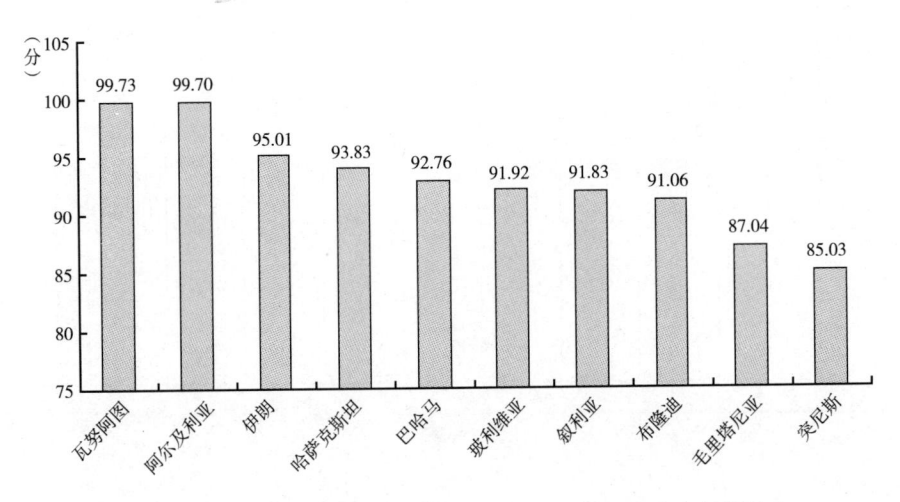

图 3-15 2013 年各国家政府因素指数评估预测得分前十名的国家

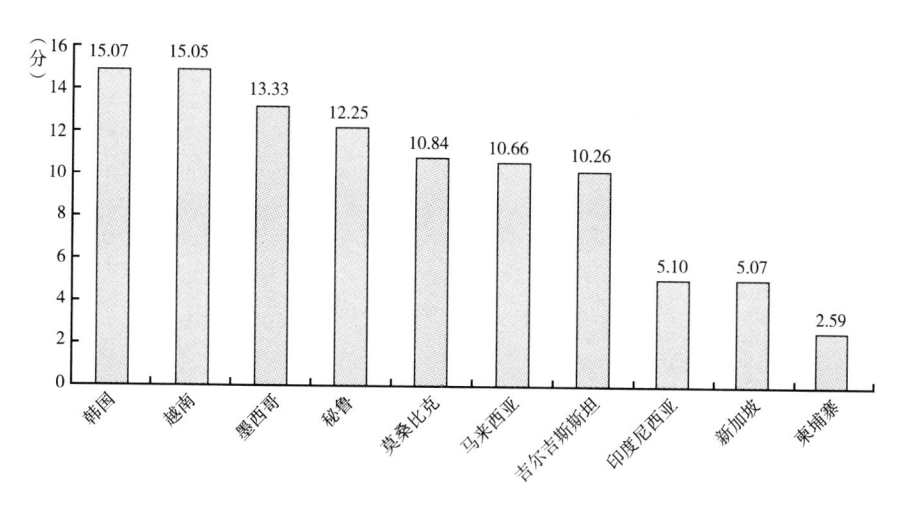

图 3-16 2013年各国家政府因素指数评估预测得分后十名的国家

表 3-5 2013年各国家投资环境评估得分及排名预测

国家	投资环境指数		投资环境指数(FE)		市场因素指数		政府因素指数	
	得分	排名	得分	排名	得分	排名	得分	排名
瓦努阿图	99.01	1	9.71	93	86.00	5	99.73	1
阿尔及利亚	97.04	2	83.64	17	66.79	28	99.70	2
多哥	94.49	3	28.50	68	74.44	15	48.22	65
马达加斯加	93.61	4	62.36	42	80.49	9	48.61	64
玻利维亚	93.09	5	34.63	63	84.49	6	91.92	6
巴拉圭	91.52	6	14.87	84	86.13	4	62.32	26
中非共和国	88.29	7	20.65	76	76.50	11	69.51	18
毛里塔尼亚	87.84	8	27.72	70	72.04	19	87.04	9
布隆迪	86.68	9	5.34	94	84.12	7	91.06	8
哈萨克斯坦	86.09	10	92.16	7	61.07	37	93.83	4
委内瑞拉	85.88	11	72.18	30	50.91	49	62.73	23
贝宁	84.77	12	23.75	74	66.67	29	54.89	48
喀麦隆	82.42	13	26.37	71	62.23	33	81.71	14
伊朗	81.63	14	77.60	26	46.31	59	95.01	3
加纳	80.58	15	59.30	45	95.41	1	47.23	66
卢旺达	77.30	16	24.44	72	82.35	8	50.02	59
马拉维	76.96	17	19.30	79	75.66	13	58.33	37
尼泊尔	75.40	18	14.10	86	74.22	16	54.28	50
赞比亚	75.03	19	82.68	20	64.72	31	50.30	58
埃塞俄比亚	74.84	20	69.83	35	73.47	18	40.39	72
苏里南	74.66	21	37.89	60	61.21	35	64.41	21

续表

国家	投资环境指数		投资环境指数(FE)		市场因素指数		政府因素指数	
	得分	排名	得分	排名	得分	排名	得分	排名
刚果	74.54	22	29.46	67	58.85	40	50.76	57
巴西	73.34	23	78.23	25	38.97	64	81.12	15
苏丹	72.91	24	79.77	23	47.86	57	54.88	49
克罗地亚	72.77	25	18.17	80	58.54	41	41.94	70
尼日尔	71.99	26	60.86	43	71.81	21	64.90	20
突尼斯	70.65	27	3.57	96	46.02	61	85.03	10
摩洛哥	70.34	28	44.94	53	61.17	36	72.24	17
瑞典	69.98	29	80.51	22	74.76	14	56.37	42
阿根廷	69.94	30	63.58	41	46.30	60	60.91	32
斯里兰卡	69.70	31	34.01	64	75.97	12	40.48	71
巴哈马	69.27	32	1.34	98	35.89	66	92.76	5
俄罗斯	69.22	33	93.96	5	48.04	56	84.86	11
也门	69.06	34	54.93	46	48.70	54	55.98	44
塞内加尔	68.65	35	19.89	78	68.80	27	51.55	54
乌干达	67.02	36	39.03	58	71.84	20	29.58	86
肯尼亚	65.19	37	59.84	44	71.15	23	33.14	84
马里	63.37	38	20.52	77	64.37	32	35.32	79
莫桑比克	63.24	39	43.04	56	73.88	17	10.84	95
吉尔吉斯斯坦	61.97	40	70.91	34	90.99	2	10.26	97
博茨瓦纳	60.87	41	53.26	47	58.29	42	59.06	35
乌拉圭	60.72	42	10.24	92	39.22	63	75.70	16
巴拿马	60.20	43	53.15	48	60.18	38	55.73	45
美国	57.85	44	97.33	3	60.04	39	50.01	60
尼日利亚	56.08	45	86.09	15	62.09	34	49.02	62
白俄罗斯	54.32	46	11.08	90	48.83	53	55.23	47
葡萄牙	54.26	47	14.55	85	28.93	76	83.79	12
加蓬	53.74	48	32.10	65	51.02	48	34.57	80
毛里求斯	53.57	49	71.59	31	56.44	44	69.03	19
乌克兰	51.91	50	18.13	81	65.66	30	33.82	81
埃及	51.72	51	71.13	33	52.55	46	28.63	87
印度	49.65	52	68.89	36	69.27	26	27.68	88
哥伦比亚	49.03	53	21.29	75	50.13	51	51.21	56
斐济	47.24	54	24.33	73	76.93	10	49.00	63
菲律宾	46.94	55	67.48	39	55.80	45	37.94	77
格鲁吉亚	44.42	56	43.49	54	86.24	3	19.77	90
越南	43.97	57	86.65	13	71.79	22	15.05	92
泰国	43.66	58	83.07	19	49.93	52	38.84	74
挪威	42.81	59	38.16	59	20.75	87	81.93	13
保加利亚	41.65	60	10.33	91	52.43	47	38.07	76
巴基斯坦	40.38	61	91.61	8	57.27	43	24.45	89

续表

国家	投资环境指数		投资环境指数(FE)		市场因素指数		政府因素指数	
	得分	排名	得分	排名	得分	排名	得分	排名
约旦	39.65	62	11.79	89	47.74	58	51.80	53
柬埔寨	36.69	63	87.37	11	70.66	24	2.59	100
卡塔尔	33.98	64	36.05	62	32.04	70	51.42	55
匈牙利	32.97	65	67.00	40	25.17	82	53.29	52
圭亚那	32.63	66	0.00	100	39.27	62	56.55	41
捷克	31.86	67	36.50	61	31.32	71	45.27	67
意大利	30.43	68	67.62	38	27.97	78	59.12	34
罗马尼亚	29.46	69	41.29	57	48.44	55	39.07	73
希腊	27.31	70	3.11	97	19.29	91	61.67	29
阿曼	26.80	71	14.08	87	26.22	81	45.14	68
阿拉伯联合王国	26.53	72	79.59	24	36.25	65	31.57	85
沙特阿拉伯	25.99	73	83.37	18	32.33	69	33.44	83
卢森堡	25.92	74	96.43	4	12.83	94	62.33	25
爱尔兰	25.91	75	51.74	50	17.72	92	56.68	40
秘鲁	25.37	76	77.05	27	50.54	50	12.25	94
土耳其	25.13	77	71.24	32	26.74	80	35.74	78
波兰	24.43	78	53.13	49	31.16	72	49.59	61
印度尼西亚	23.56	79	86.48	14	69.70	25	5.10	98
智利	20.61	80	43.22	55	35.77	67	56.06	43
以色列	20.30	81	14.93	83	17.56	93	42.25	69
西班牙	17.70	82	67.75	37	30.19	73	33.74	82
叙利亚	17.16	83	0.72	99	0.86	100	91.83	7
斯洛伐克	16.38	84	12.02	88	35.01	68	38.51	75
墨西哥	16.13	85	49.63	52	29.64	75	13.33	93
日本	15.04	86	86.75	12	7.64	99	62.08	27
新西兰	14.60	87	49.92	51	23.20	83	61.62	30
马来西亚	12.81	88	80.57	21	29.94	74	10.66	96
奥地利	12.02	89	4.28	95	22.24	85	64.36	22
加拿大	11.25	90	93.61	6	28.56	77	58.39	36
法国	10.67	91	72.84	29	7.97	98	61.77	28
芬兰	9.85	92	17.18	82	19.63	90	62.48	24
德国	9.04	93	90.83	9	7.98	97	61.60	31
荷兰	8.11	94	74.13	28	20.60	88	59.90	33
韩国	6.75	95	84.10	16	8.43	96	15.07	91
丹麦	6.55	96	29.94	66	20.46	89	57.48	38
英国	5.87	97	89.04	10	8.71	95	53.69	51
澳大利亚	5.84	98	98.23	1	27.26	79	55.66	46
瑞士	4.79	99	28.22	69	22.92	84	56.80	39
新加坡	3.61	100	97.83	2	21.83	86	5.07	99

注：投资环境指数（FE）表示包括了个体效应项后各国家投资环境的评估得分及排名。
数据来源：作者计算。

第三节　总体投资环境的结构性分析

本书为更详细地讨论中国面临的国别投资环境差异，有必要对世界各国家的投资环境做进一步的分析。本节将从分项指标入手，分析影响中国对外投资的各国家环境因素差异，以便更好地促进中国对外投资。

一　市场寻求指数

市场寻求指数主要包括市场规模指数和双边贸易（互补/替代效应）指数，反映市场条件对中国对外投资的影响程度。

图3-17给出了2009年、2010年、2011年、2013年市场寻求指数评估及预测得分70分以上的国家；表3-6给出了2009年、2010年、2011年、2013年各国家市场寻求指数评估和预测得分及排名。

2009年市场寻求指数评估得分70分以上的国家依次为：美国、日本、印度、德国、俄罗斯、巴西、法国、英国、意大利、韩国、墨西哥和加拿大，其中得分最高的是美国（100.0）。

2010年和2009年情况大体差不多，只是一些国家的分值走低。

2011年市场寻求指数评估得分70分以上的国家基本上是非洲发展中国家，依次为：斐济、巴拿马、尼日尔、瓦努阿图、毛里求斯、尼泊尔、格鲁吉亚、加纳、苏里南、布隆迪、巴拉圭、斯里兰卡、乌干达、肯尼亚、吉尔吉斯斯坦等，得分均在90分以上。

2013年市场寻求指数预测得分70分以上的国家也与2011年差不多。

2011年市场寻求指数评估得分与前两年市场寻求指数评估得分相比有较大变化，2009年市场寻求指数评估得分高的国家多为发达国家，而2011年市场寻求指数评估得分高的国家多为发展中国家，表明2008年全球金融危机之后，中国对外直接投资面临的市场环境发生了很大变化，发展中国家的市场条件更有利于中国对外直接投资。

主要原因在于2011年之前，中国对外投资中市场规模和经济增长率起着主要作用，如美国、日本等发达国家成为中国市场寻求型投资的首要因素；2011年之后，新兴市场经济增长对中国对外投资提供的机会超过市场规模的作用，同时进出口与投资替代效应的存在，使得发展中国家超过发达国家为中国投资提供了更多的机会，未来一定时期内，这一趋势有可能继续保持。

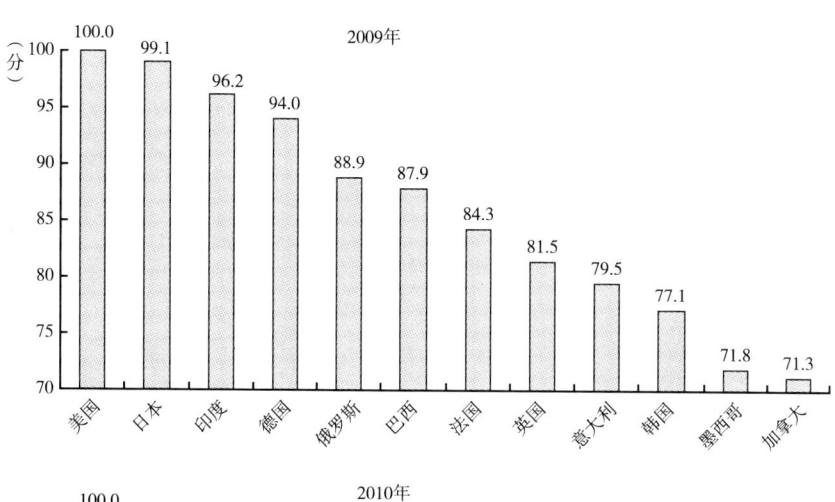

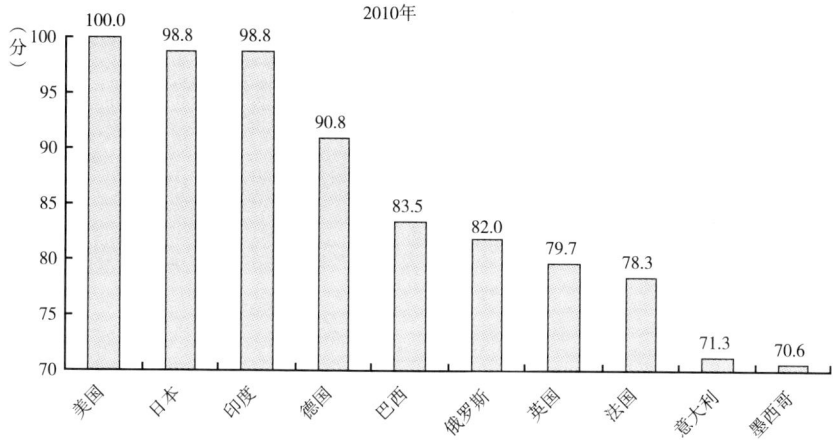

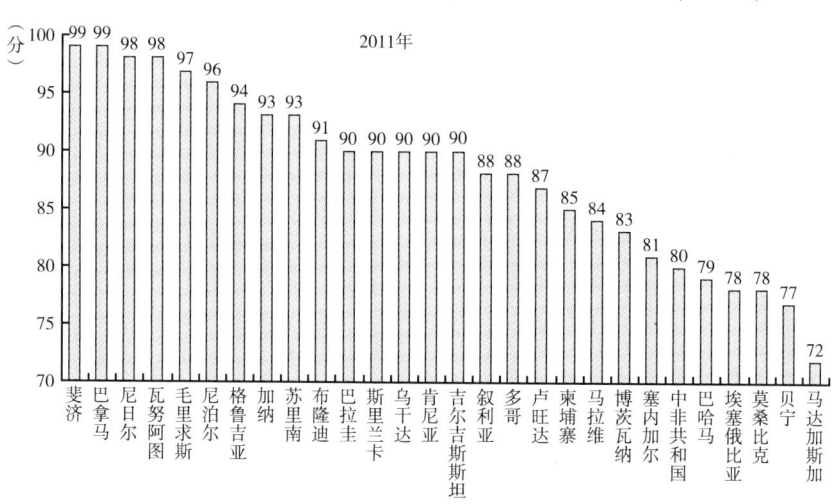

第三章 中国总体投资环境评估与预测

2009年

国家	分数
美国	100.0
日本	99.1
印度	96.2
德国	94.0
俄罗斯	88.9
巴西	87.9
法国	84.3
英国	81.5
意大利	79.5
韩国	77.1
墨西哥	71.8
加拿大	71.3

2010年

国家	分数
美国	100.0
日本	98.8
印度	98.8
德国	90.8
巴西	83.5
俄罗斯	82.0
英国	79.7
法国	78.3
意大利	71.3
墨西哥	70.6

2011年

国家	分数
斐济	99
巴拿马	99
尼日尔	98
瓦努阿图	98
毛里求斯	97
尼泊尔	96
格鲁吉亚	94
加纳	93
苏里南	93
布隆迪	91
巴拉圭	90
斯里兰卡	90
乌干达	90
肯尼亚	90
吉尔吉斯斯坦	90
叙利亚	88
多哥	88
卢旺达	87
柬埔寨	85
马拉维	84
博茨瓦纳	83
塞内加尔	81
中非共和国	80
巴哈马	79
埃塞俄比亚	78
莫桑比克	78
贝宁	77
马达加斯加	72

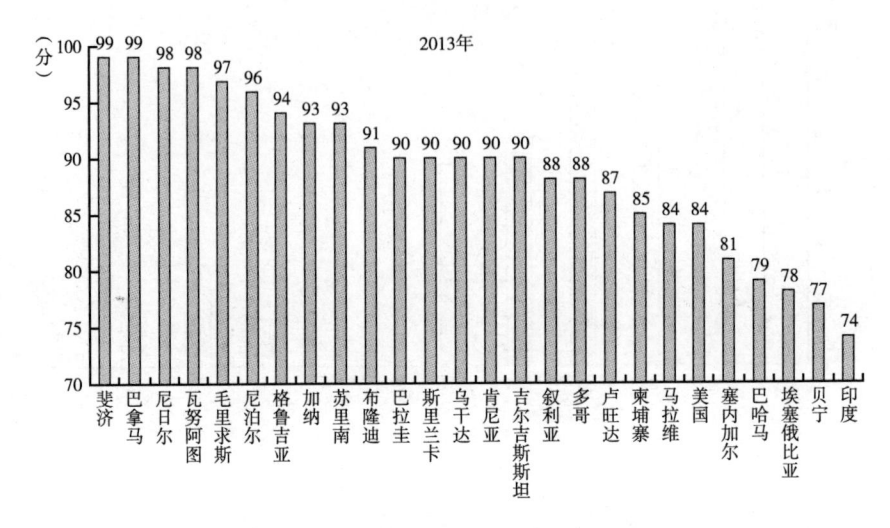

图 3-17 2009~2013（除2012）年市场寻求指数评估及预测
（得分70分以上的国家）

注：图中部分分值为四舍五入后的数据。

表 3-6 2009~2013（除2012）年各国家市场寻求指数评估和预测得分及排名

国家	2009年		2010年		2011年		2013年	
	得分	排名	得分	排名	得分	排名	得分	排名
斐济	17.2	96	38.0	73	99.1	1	99.1	1
巴拿马	12.7	99	36.0	88	98.7	2	98.7	2
尼日尔	5.2	101	45.0	29	98.4	3	98.4	3
瓦努阿图	24.5	90	43.6	35	98.2	4	98.2	4
毛里求斯	21.6	94	39.6	62	96.6	5	96.6	5
尼泊尔	18.8	95	39.4	64	96.0	6	96.0	6
格鲁吉亚	33.8	76	42.4	45	94.1	7	94.1	7
加纳	26.0	84	40.6	58	93.4	8	93.5	8
苏里南	33.2	77	42.0	49	92.6	9	92.6	9
布隆迪	24.7	89	44.7	30	91.5	10	91.5	10
巴拉圭	29.6	82	46.7	24	90.5	11	90.5	11
斯里兰卡	26.0	85	41.4	53	90.0	12	90.0	12
乌干达	29.3	83	43.0	38	89.8	13	89.8	13
肯尼亚	22.0	93	38.8	66	89.8	14	89.8	14
吉尔吉斯斯坦	15.7	97	29.7	101	89.8	15	89.8	15
叙利亚	13.6	98	36.9	80	88.3	16	88.3	16
多哥	22.7	92	36.1	84	87.9	17	87.9	17
卢旺达	42.3	61	47.0	23	86.7	18	86.7	18

续表

国家	2009年 得分	2009年 排名	2010年 得分	2010年 排名	2011年 得分	2011年 排名	2013年 得分	2013年 排名
柬埔寨	25.8	86	38.7	68	85.2	19	85.2	19
马拉维	36.3	69	45.3	28	84.0	20	84.0	20
博茨瓦纳	44.6	54	42.6	43	82.8	21	61.8	33
塞内加尔	31.6	80	38.9	65	81.1	22	81.1	22
中非共和国	51.7	39	44.3	32	80.1	23	62.8	32
巴哈马	7.2	100	35.4	90	78.6	24	78.6	23
埃塞俄比亚	31.8	79	42.1	48	78.2	25	78.2	24
莫桑比克	41.0	63	41.5	52	78.2	26	58.5	38
贝宁	25.0	88	33.7	99	77.2	27	77.2	25
马达加斯加	35.9	72	35.6	89	72.2	28	52.7	45
约旦	25.3	87	34.3	95	68.4	29	68.4	27
摩洛哥	35.0	73	37.7	74	68.4	30	68.4	28
玻利维亚	48.3	44	41.6	51	68.1	31	55.6	39
马里	36.3	70	42.1	47	67.6	32	67.6	29
美国	100.0	1	100.0	1	65.2	33	83.8	21
尼日利亚	37.1	68	45.4	27	64.8	34	64.8	30
土耳其	56.0	33	60.5	13	63.9	35	64.0	31
卡塔尔	48.1	47	53.0	18	61.4	36	61.4	34
加蓬	61.0	23	42.7	41	59.9	37	58.7	37
卢森堡	30.1	81	36.1	86	59.7	38	59.7	35
白俄罗斯	55.6	34	43.8	34	59.6	39	59.6	36
喀麦隆	47.6	48	37.6	77	54.1	40	54.1	42
波兰	48.4	42	49.4	19	51.8	41	51.8	46
保加利亚	41.6	62	36.1	85	51.5	42	51.5	47
乌拉圭	46.2	51	41.2	54	51.2	43	51.2	49
突尼斯	34.6	74	38.1	72	51.1	44	51.1	50
哥伦比亚	48.4	43	44.0	33	50.6	45	50.6	51
罗马尼亚	42.5	60	34.6	93	49.3	46	49.3	52
阿根廷	60.4	24	53.5	17	49.0	47	49.0	53
印度	96.2	3	98.8	3	47.3	48	74.2	26
埃及	40.2	64	46.0	25	43.7	49	43.7	55
巴基斯坦	44.0	55	42.5	44	43.5	50	43.5	56
乌克兰	55.3	35	40.0	60	42.7	51	44.1	54
克罗地亚	32.1	78	37.2	79	41.1	52	41.1	57
以色列	43.7	56	39.6	63	41.1	53	41.1	58

续表

国家	2009 年		2010 年		2011 年		2013 年	
	得分	排名	得分	排名	得分	排名	得分	排名
阿尔及利亚	39.2	65	38.6	70	38.0	54	38.0	59
赞比亚	61.8	20	42.6	42	37.4	55	37.4	60
捷克	42.6	59	37.3	78	35.4	56	35.4	63
毛里塔尼亚	58.2	27	40.1	59	35.2	57	35.2	64
墨西哥	71.8	11	70.6	10	33.7	58	53.7	43
匈牙利	43.1	57	33.9	97	33.7	59	35.9	61
阿拉伯联合王国	37.3	67	32.5	100	33.6	60	33.9	65
秘鲁	56.9	30	44.7	31	32.9	61	32.9	66
越南	38.8	66	38.5	71	32.1	62	35.6	62
希腊	34.5	75	33.7	98	31.3	63	31.3	68
葡萄牙	43.0	58	37.7	75	29.7	64	29.7	69
斯洛伐克	48.2	45	37.7	76	29.5	65	29.5	70
丹麦	48.1	46	34.7	92	28.3	66	28.3	71
芬兰	50.9	41	36.0	87	27.9	67	27.9	72
哈萨克斯坦	47.0	49	38.8	67	27.7	68	27.7	73
瑞典	57.6	28	42.9	40	26.3	69	26.3	74
挪威	53.5	38	36.7	82	25.2	70	25.2	75
荷兰	45.9	53	41.9	50	24.8	71	24.8	76
奥地利	62.0	19	40.9	55	23.4	72	23.4	77
西班牙	68.4	13	60.2	14	23.3	73	23.3	78
印度尼西亚	63.9	17	57.5	15	23.0	74	23.0	79
英国	81.5	8	79.7	7	22.4	75	53.4	44
爱尔兰	56.4	31	34.2	96	22.2	76	22.2	80
委内瑞拉	58.7	25	36.3	83	20.4	77	20.4	82
新西兰	51.2	40	34.5	94	20.0	78	20.0	83
智利	58.7	26	39.9	61	19.9	79	19.9	84
俄罗斯	88.9	5	82.0	6	19.7	80	19.7	85
刚果	56.4	32	43.3	36	19.0	81	19.0	86
法国	84.3	7	78.3	8	18.4	82	18.4	87
新加坡	46.0	52	45.9	26	17.7	83	32.8	67
菲律宾	54.6	36	43.0	37	17.5	84	17.5	88
意大利	79.5	9	71.3	9	16.8	85	16.8	89
加拿大	71.3	12	62.2	12	16.7	86	16.7	90
沙特阿拉伯	65.2	16	47.4	22	15.5	87	15.5	91

续表

国家	2009年		2010年		2011年		2013年	
	得分	排名	得分	排名	得分	排名	得分	排名
阿曼	61.6	21	38.7	69	14.1	88	14.1	92
德国	94.0	4	90.8	4	12.7	89	55.2	41
巴西	87.9	6	83.5	5	12.5	90	51.4	48
伊朗	67.1	15	56.6	16	10.5	91	10.5	93
马来西亚	57.5	29	42.3	46	10.4	92	10.5	94
瑞士	61.3	22	40.7	57	7.0	93	7.0	95
韩国	77.1	10	65.6	11	6.4	94	6.4	96
泰国	62.4	18	47.6	21	6.2	95	6.2	97
日本	99.1	2	98.8	2	5.8	96	55.5	40
澳大利亚	67.3	14	48.9	20	5.7	97	5.7	98
苏丹	53.8	37	34.7	91	3.9	98	3.9	99
也门	46.8	50	40.7	56	2.5	99	2.6	100
几内亚	23.0	91	36.8	81	#N/A	100	0.0	101
圭亚那	36.2	71	42.9	39	#N/A	101	21.3	81

注：#N/A 表示数值省缺。

数据来源：作者计算。

二 资源禀赋指数

资源禀赋指数是以国家原材料的净出口额（与该国家 GDP 的比率）以及矿产燃料资源的净出口额（与该国家 GDP 的比率）为依据，反映该国家的资源禀赋富裕程度。

图 3-18 给出了 2009 年、2010 年、2011 年、2013 年资源禀赋指数评估及预测得分 70 分以上的国家；表 3-7 给出了 2009 年、2010 年、2011 年、2013 年各国家资源禀赋指数评估和预测得分及排名。

2009 年资源禀赋指数评估得分 70 分以上的国家主要分布于非洲和亚洲的发展中国家，以下国家如刚果、沙特阿拉伯、阿曼、卡塔尔、阿尔及利亚、加蓬、尼日利亚、阿拉伯联合王国、哈萨克斯坦、挪威等，得分在 90 分以上。

2010 年、2011 年和 2009 年情况大体差不多，一些国家加入进来，如委内瑞拉和俄罗斯等，国家分布更多元化，如向发达国家转变。

2013 年资源禀赋指数预测得分在 70 分以上的国家与 2011 年差不多。

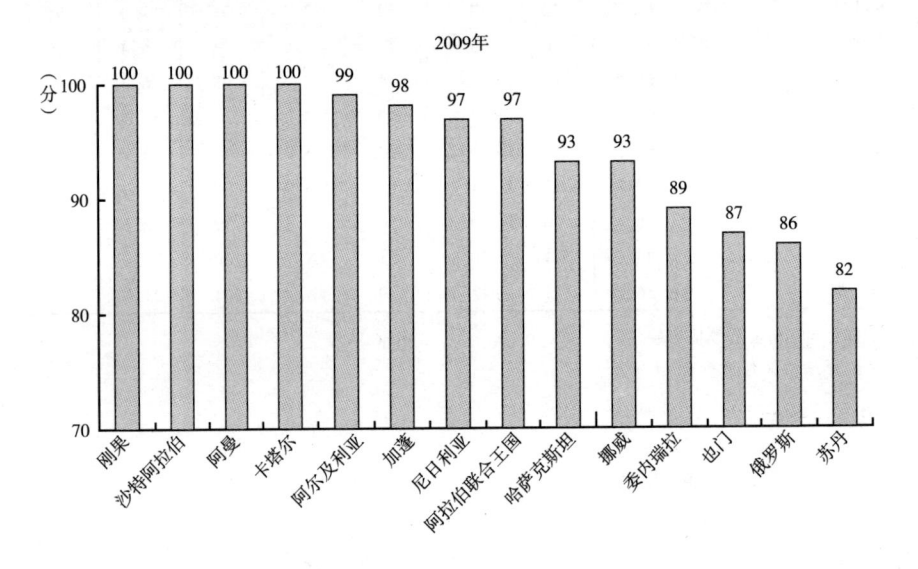

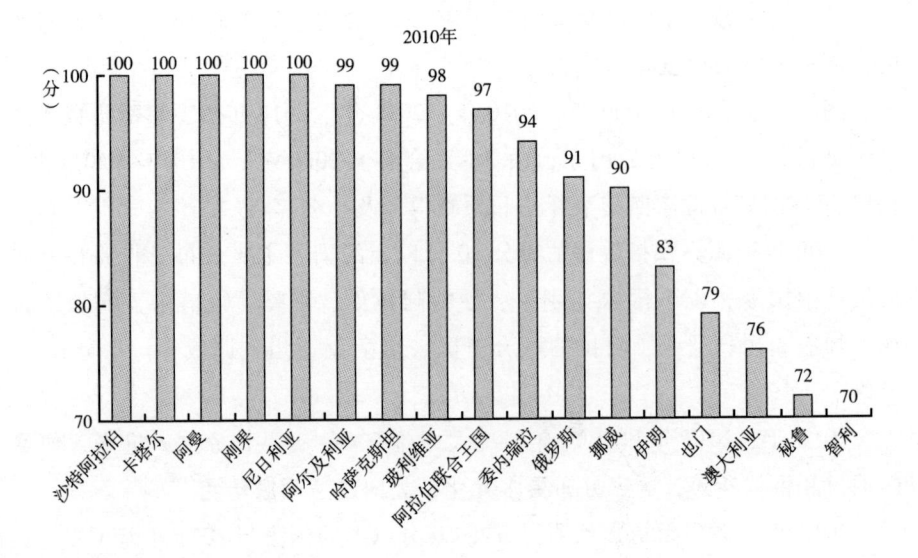

大体而言，2009~2013（除2012）年资源禀赋指数评估及预测得分在各国家间变化不是很大，只不过投资分布更加多元化，除集中在亚洲和非洲盛产石油和其他原材料资源的国家外，拉丁美洲和俄罗斯、澳大利亚也同样是中国的对外投资对象。

不同国家资源禀赋指数的变化主要取决于该国拥有的资源丰裕程度以及该国对资源出口的政策倾向，但同一国家资源禀赋指数的年度变化或政策变化反映到该国家净出口变化上。

2009年

国家	得分
刚果	100
沙特阿拉伯	100
阿曼	100
卡塔尔	100
阿尔及利亚	99
加蓬	98
尼日利亚	97
阿拉伯联合王国	97
哈萨克斯坦	93
挪威	93
委内瑞拉	89
也门	87
俄罗斯	86
苏丹	82

2010年

国家	得分
沙特阿拉伯	100
卡塔尔	100
阿曼	100
刚果	100
尼日利亚	100
阿尔及利亚	99
哈萨克斯坦	99
玻利维亚	98
阿拉伯联合王国	97
委内瑞拉	94
俄罗斯	91
挪威	90
伊朗	83
也门	79
澳大利亚	76
秘鲁	72
智利	70

2011年

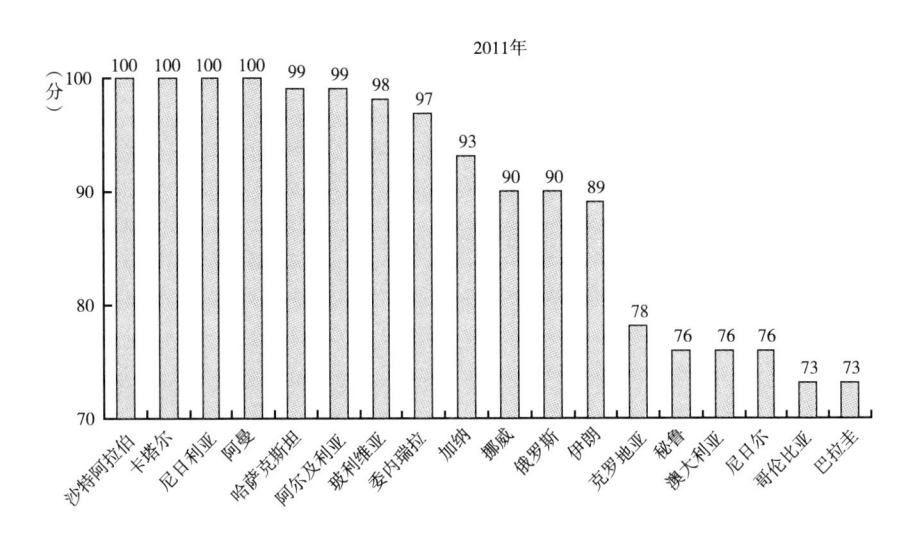

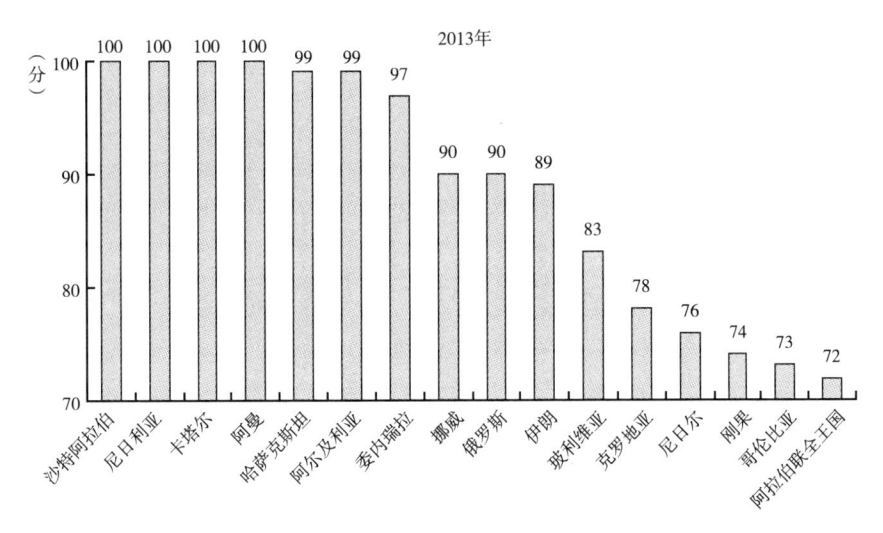

[柱状图数据：沙特阿拉伯 100、卡塔尔 100、尼日利亚 100、阿曼 100、哈萨克斯坦 99、阿尔及利亚 99、玻利维亚 98、委内瑞拉 97、加纳 93、挪威 90、俄罗斯 90、伊朗 89、克罗地亚 78、秘鲁 76、澳大利亚 76、尼日尔 76、哥伦比亚 73、巴拉圭 73]

2013年

[柱状图数据：沙特阿拉伯 100、尼日利亚 100、卡塔尔 100、阿曼 100、哈萨克斯坦 99、阿尔及利亚 99、委内瑞拉 97、挪威 90、俄罗斯 90、伊朗 89、玻利维亚 83、克罗地亚 78、尼日尔 76、刚果 74、哥伦比亚 73、阿拉伯联合王国 72]

图 3-18　2009~2013（除2012）年资源禀赋指数评估及预测（得分70分以上的国家）

注：图中分值为四舍五入后的数据。

表 3-7　2009~2013（除2012）年各国家资源禀赋指数评估和预测得分及排名

国家	2009 年		2010 年		2011 年		2013 年	
	得分	排名	得分	排名	得分	排名	得分	排名
沙特阿拉伯	99.9	2	100.0	1	100.0	1	100.0	1
卡塔尔	99.5	4	100.0	2	100.0	2	99.9	3
尼日利亚	97.4	7	99.5	5	99.9	3	100.0	2

续表

国家	2009年		2010年		2011年		2013年	
	得分	排名	得分	排名	得分	排名	得分	排名
阿曼	99.6	3	99.9	3	99.7	4	99.7	4
哈萨克斯坦	93.2	9	98.6	7	99.5	5	99.5	5
阿尔及利亚	99.2	5	99.5	6	99.3	6	99.3	6
玻利维亚	30.0	85	97.7	8	98.2	7	82.8	11
委内瑞拉	88.6	11	94.3	10	97.1	8	97.1	7
加纳	47.6	38	45.3	33	92.7	9	67.9	19
挪威	92.7	10	89.7	12	90.1	10	90.5	8
俄罗斯	86.4	13	90.6	11	90.1	11	89.5	9
伊朗	50.7	28	83.2	13	88.9	12	88.9	10
克罗地亚	55.8	21	69.8	18	77.7	13	77.7	12
秘鲁	23.7	92	71.9	16	76.4	14	62.7	21
澳大利亚	38.6	64	75.6	15	76.1	15	67.5	20
尼日尔	17.2	95	44.1	41	75.9	16	75.9	13
哥伦比亚	66.6	16	68.2	19	73.1	17	73.1	15
巴拉圭	11.0	97	65.3	20	72.9	18	56.0	27
也门	87.1	12	78.7	14	69.0	19	69.0	17
多哥	6.8	98	55.5	26	68.1	20	68.1	18
智利	6.7	99	70.1	17	66.1	21	54.8	29
中非共和国	33.0	79	62.4	22	63.6	22	56.3	25
马来西亚	69.9	15	63.4	21	62.3	23	62.3	22
加拿大	53.6	23	61.6	23	62.3	24	60.0	23
印度尼西亚	51.6	25	61.5	24	61.8	25	59.4	24
巴西	40.0	60	53.3	27	55.4	26	55.4	28
喀麦隆	41.3	55	60.5	25	51.8	27	51.8	31
卢旺达	42.0	52	43.1	44	50.4	28	50.4	32
阿根廷	49.7	32	52.8	29	48.1	29	48.1	34
墨西哥	57.5	20	47.7	30	47.6	30	49.8	33
丹麦	50.7	26	47.3	31	47.3	31	48.1	35
新西兰	35.3	76	46.5	32	46.9	32	44.1	39
马拉维	32.0	83	42.3	45	44.2	33	44.2	38
贝宁	33.8	78	33.1	63	43.8	34	38.2	52
布隆迪	49.0	34	43.7	42	43.8	35	44.9	37
刚果	100.0	1	99.8	4	43.8	36	73.8	14
斐济	25.3	90	17.4	94	43.8	37	43.8	40
加蓬	98.4	6	44.1	35	43.8	38	56.1	26

续表

国家	2009年		2010年		2011年		2013年	
	得分	排名	得分	排名	得分	排名	得分	排名
肯尼亚	26.2	89	26.3	81	43.8	39	34.4	59
马里	50.7	29	16.0	96	43.8	40	41.5	46
摩洛哥	32.0	82	22.7	89	43.8	41	43.8	41
苏丹	82.2	14	44.1	37	43.8	42	52.5	30
叙利亚	65.8	17	53.0	28	43.8	43	43.8	42
阿拉伯联合王国	96.7	8	96.8	9	43.8	44	72.1	16
乌拉圭	23.8	91	44.1	38	43.8	45	39.5	50
美国	50.6	30	44.1	39	43.7	46	45.5	36
瑞典	41.1	56	44.1	40	43.6	47	43.3	44
巴拿马	48.1	35	42.0	46	42.5	48	43.5	43
罗马尼亚	42.8	48	41.0	48	40.5	49	40.5	48
英国	50.3	31	41.4	47	39.7	50	39.7	49
瑞士	47.9	36	39.2	50	39.0	51	41.1	47
埃塞俄比亚	32.4	81	34.5	58	36.9	52	36.9	53
爱尔兰	42.6	50	37.3	55	36.6	53	38.3	51
荷兰	41.6	53	38.4	52	36.5	54	36.5	54
莫桑比克	38.0	68	40.8	49	36.4	55	36.4	55
埃及	59.5	19	39.2	51	36.3	56	42.7	45
博茨瓦纳	19.8	93	44.3	34	36.3	57	36.3	56
希腊	44.0	47	30.4	71	35.8	58	35.8	57
苏里南	38.9	63	43.6	43	34.7	59	34.7	58
法国	45.1	45	35.8	56	34.3	60	34.3	60
越南	61.1	18	38.3	53	33.9	61	33.9	62
格鲁吉亚	27.1	87	27.1	80	33.6	62	30.1	77
马达加斯加	37.8	69	37.4	54	33.5	63	33.5	63
泰国	28.3	86	30.9	68	32.6	64	32.6	66
捷克	40.9	57	34.4	59	32.1	65	32.1	67
葡萄牙	42.2	51	33.7	62	31.7	66	31.7	69
波兰	45.8	41	34.3	60	31.6	67	31.6	71
瓦努阿图	31.6	84	29.9	75	31.6	68	31.5	72
柬埔寨	40.0	61	35.8	57	31.2	69	31.3	74
突尼斯	55.4	22	34.0	61	30.6	70	30.6	75
德国	45.2	44	32.7	64	30.5	71	30.5	76
西班牙	45.4	43	31.5	67	30.3	72	34.2	61
菲律宾	40.7	58	29.2	78	30.0	73	32.0	68

续表

国家	2009 年		2010 年		2011 年		2013 年	
	得分	排名	得分	排名	得分	排名	得分	排名
芬兰	46.1	39	32.4	66	29.6	74	29.7	78
土耳其	49.6	33	27.7	79	29.3	75	33.0	65
意大利	45.0	46	30.8	70	29.1	76	33.3	64
匈牙利	40.3	59	29.6	77	28.7	77	31.7	70
以色列	39.1	62	29.9	74	28.5	78	31.4	73
奥地利	45.9	40	30.8	69	28.1	79	28.1	79
乌干达	38.1	67	29.6	76	27.4	80	27.4	80
日本	45.4	42	30.2	72	27.4	81	27.4	81
印度	38.1	66	30.2	73	27.1	82	27.1	82
斯里兰卡	36.2	73	32.5	65	26.0	83	26.0	87
毛里塔尼亚	0.0	101	23.8	85	25.4	84	19.1	95
圭亚那	3.8	100	16.1	95	23.8	85	23.8	88
斯洛伐克	38.5	65	24.0	84	23.5	86	27.1	83
保加利亚	37.6	70	23.5	86	22.0	87	26.1	86
巴基斯坦	42.7	49	21.8	91	21.6	88	26.4	85
赞比亚	32.6	80	26.0	82	21.5	89	21.5	89
乌克兰	15.5	96	20.6	92	21.2	90	19.7	93
尼泊尔	41.3	54	23.5	87	21.2	91	26.7	84
巴哈马	35.9	75	23.4	88	19.7	92	19.7	92
卢森堡	52.4	24	25.2	83	19.3	93	19.3	94
塞内加尔	36.8	72	22.4	90	18.0	94	18.0	97
白俄罗斯	35.3	77	15.3	98	17.8	95	20.4	91
毛里求斯	35.9	74	17.5	93	15.1	96	20.7	90
吉尔吉斯斯坦	47.8	37	8.1	101	12.8	97	18.3	96
新加坡	26.8	88	15.3	97	10.2	98	10.2	99
约旦	19.5	94	14.4	99	9.5	99	9.5	100
韩国	37.3	71	12.3	100	9.0	100	16.7	98
几内亚	50.7	27	44.1	36	#N/A	101	0.0	101

注：#N/A 表示数值省缺。

数据来源：作者计算。

三 效率寻求指数

效率寻求指数主要以人均 GDP 水平（对数值）测度一国家的劳动力成本。

图 3-19 给出了 2009 年、2010 年、2011 年、2013 年效率寻求指数评估

及预测得分 80 分以上的国家；表 3-8 给出了 2009 年、2010 年、2011 年、2013 年各国家效率寻求指数评估和预测得分及排名。

2009 年效率寻求指数评估得分 80 分以上的国家主要是全要素生产率进步较大的发达国家和发展中国家，依次为：瑞典、阿拉伯联合王国、圭亚那等，其中得分最高的是瑞典（100.0）。

与 2009 年不同，2010 年和 2011 年情况大体差不多，排名靠前的主要是发展中国家，如果进一步考察这些国家的人均收入水平和全要素生产率进步情况，则这类国家主要是劳动力成本低且全要素进步较快的发展中国家。

2013 年效率寻求指数预测得分 80 分以上的国家与 2011 年差不多，但是发达国家如瑞典仍是效率寻求指数得分较高的国家。

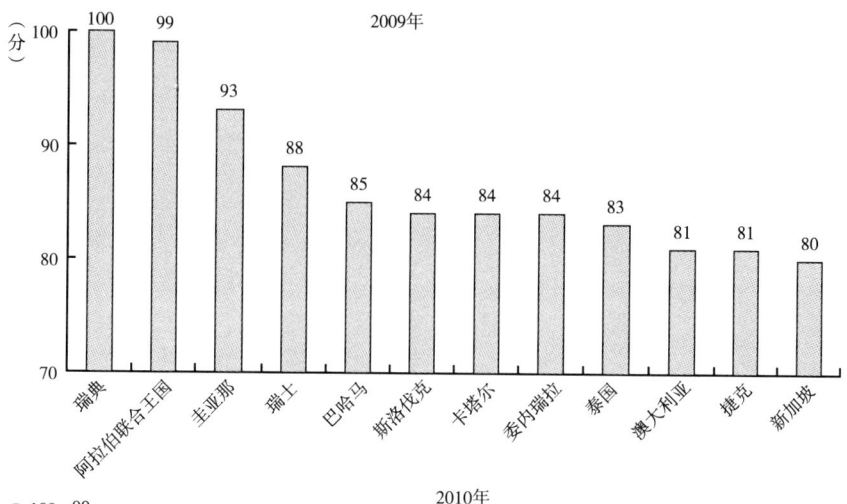

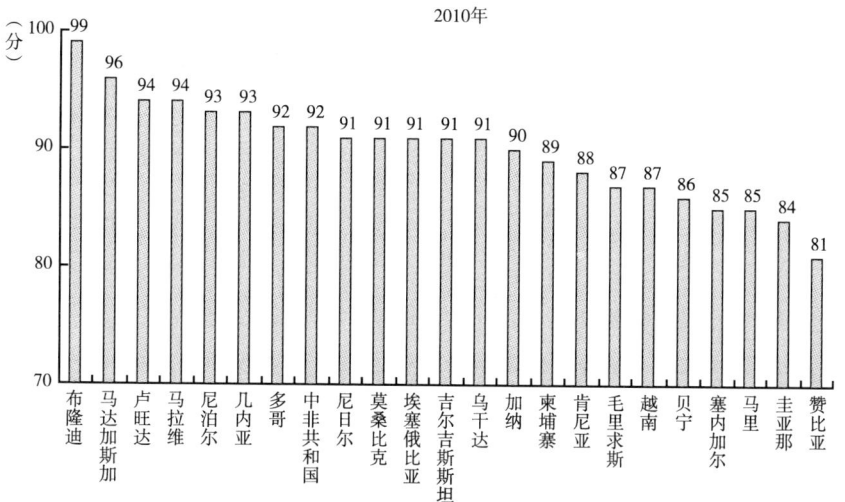

2011年

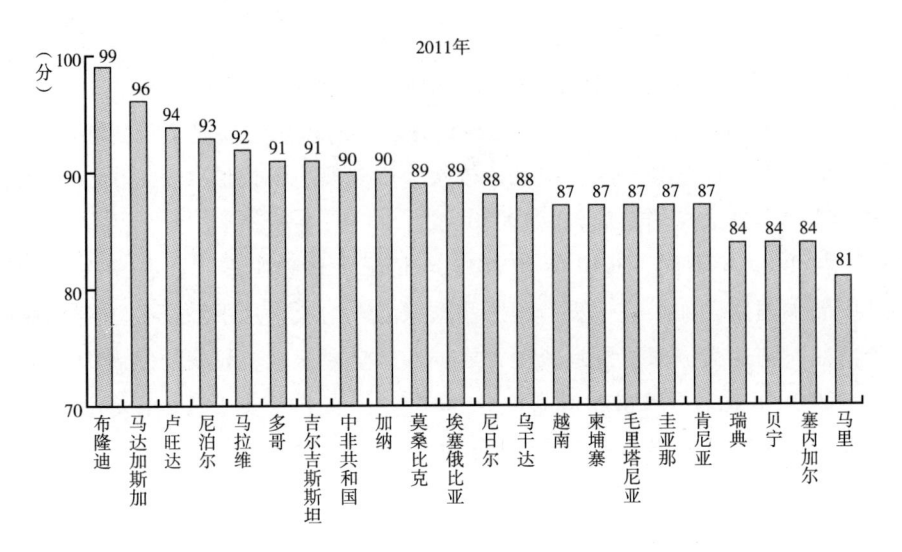

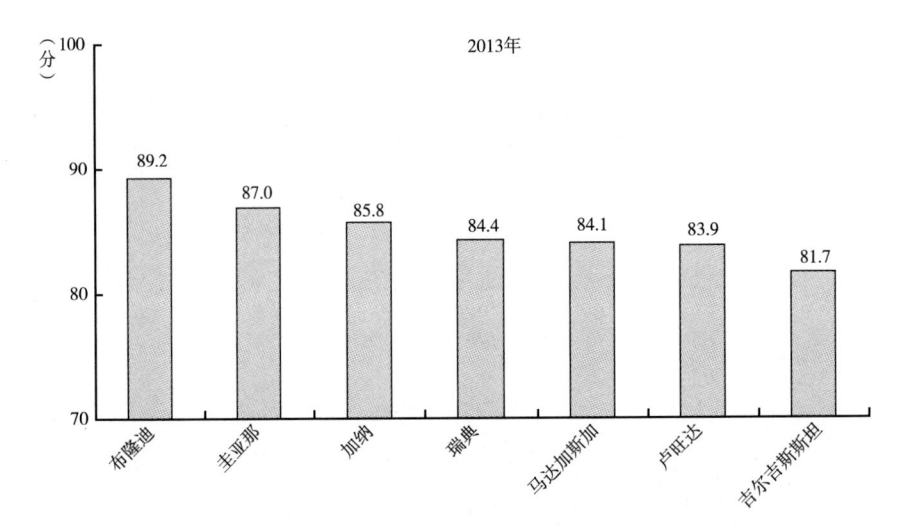

得分(分)从高到低：布隆迪99、马达加斯加96、卢旺达94、尼泊尔93、马拉维92、多哥91、吉尔吉斯斯坦91、中非共和国90、加纳90、莫桑比克89、埃塞俄比亚89、尼日尔88、乌干达88、越南87、柬埔寨87、毛里塔尼亚87、肯尼亚87、瑞典84、贝宁84、塞内加尔84、马里81。

2013年

布隆迪89.2、圭亚那87.0、加纳85.8、瑞典84.4、马达加斯加84.1、卢旺达83.9、吉尔吉斯斯坦81.7。

图3-19　2009~2013（除2012）年效率寻求指数评估及预测（得分80分以上的国家）

注：图中部分分值为四舍五入后的数据。

2010年和2011年效率寻求指数评估得分与2009年效率寻求指数评估得分相比有较大变化，2009年效率寻求指数评估得分高的国家有一部分为发达国家，而2010年和2011年效率寻求指数评估得分高的国家多为发展中国家，表明2008年全球金融危机之后，中国对外直接投资面临的国家环境发生了很大变化，发展中国家的劳动力成本低和效率指数得分提升较快使得中国对外直接投资有所调整。估计未来一定时期内,中国有可能加大对效率指数得分提升较快的国家投资,且这一趋势有可能保持下去。

表 3-8　2009~2013（除 2012）年各国家效率寻求指数评估和预测得分及排名

国家	2009 年 得分	2009 年 排名	2010 年 得分	2010 年 排名	2011 年 得分	2011 年 排名	2013 年 得分	2013 年 排名
布隆迪	54.7	46	99.1	1	99.1	1	89.2	1
马达加斯加	41.4	63	96.3	2	96.4	2	84.1	5
卢旺达	48.1	55	94.4	3	93.8	3	83.9	6
尼泊尔	22.5	82	93.5	5	93.1	4	77.6	12
马拉维	11.8	93	94.1	4	92.1	5	75.2	17
多哥	29.5	74	92.2	7	91.1	6	77.9	10
吉尔吉斯斯坦	50.1	52	90.8	12	90.7	7	81.7	7
中非共和国	13.5	92	91.8	8	89.6	8	73.7	22
加纳	71.8	29	89.9	14	89.5	9	85.8	3
莫桑比克	17.4	89	91.3	10	89.1	10	74.3	18
埃塞俄比亚	24.9	78	91.3	11	89.1	11	75.8	15
尼日尔	7.7	97	91.4	9	88.0	12	71.7	24
乌干达	14.4	91	90.6	13	87.7	13	72.7	23
越南	52.8	50	87.1	18	87.4	14	79.6	8
柬埔寨	26.1	77	88.6	15	87.1	15	74.2	19
毛里塔尼亚	38.0	68	87.4	17	87.0	16	76.3	14
圭亚那	93.1	3	83.7	22	87.0	17	87.0	2
肯尼亚	34.4	69	88.3	16	86.7	18	75.8	16
瑞典	100.0	1	62.7	42	84.4	19	84.4	4
贝宁	20.5	85	86.5	19	84.3	20	71.1	26
塞内加尔	38.0	67	85.0	20	83.9	21	74.2	20
马里	7.6	98	84.9	21	80.6	22	66.4	31
格鲁吉亚	77.7	17	77.5	26	79.4	23	78.4	9
赞比亚	19.4	87	80.6	23	78.7	24	66.4	30
印度尼西亚	63.5	37	75.5	30	77.8	25	77.8	11
巴拉圭	76.7	21	74.7	31	77.1	26	77.1	13
玻利维亚	40.3	65	75.9	28	76.1	27	68.1	28
印度	19.8	86	78.5	24	75.8	28	64.6	32
喀麦隆	16.3	90	77.9	25	74.8	29	63.3	33
克罗地亚	9.5	95	75.6	29	74.8	30	60.6	37
巴基斯坦	8.8	96	77.3	27	74.6	31	61.1	36
乌克兰	64.3	35	72.4	32	74.2	32	74.2	21
瓦努阿图	54.0	47	72.0	33	73.9	33	68.7	27
刚果	53.7	48	69.5	38	71.6	34	66.7	29

续表

国家	2009 年		2010 年		2011 年		2013 年	
	得分	排名	得分	排名	得分	排名	得分	排名
泰国	83.3	9	67.2	40	71.5	35	71.7	25
菲律宾	34.0	70	71.6	34	71.0	36	63.1	34
苏丹	10.2	94	70.0	36	70.5	37	56.9	41
也门	5.1	99	71.3	35	70.1	38	56.1	42
斯里兰卡	38.9	66	69.7	37	68.9	39	62.6	35
埃及	28.6	75	63.0	41	63.5	40	55.5	43
尼日利亚	4.2	100	68.1	39	61.4	41	51.9	50
阿尔及利亚	44.6	60	56.2	44	59.0	42	59.0	38
摩洛哥	31.4	73	59.7	43	57.5	43	52.7	48
保加利亚	74.0	25	53.1	46	56.6	44	58.7	39
哈萨克斯坦	78.7	15	49.9	50	55.2	45	57.7	40
伊朗	50.5	51	51.4	47	54.5	46	54.5	44
斐济	21.6	83	53.6	45	53.7	47	46.5	57
秘鲁	43.9	61	51.2	48	51.6	48	49.7	54
巴西	76.7	20	44.7	57	50.9	49	53.4	46
俄罗斯	77.7	16	45.2	56	50.8	50	53.9	45
白俄罗斯	58.0	42	50.8	49	50.6	51	52.3	49
哥伦比亚	45.3	58	48.6	51	50.1	52	50.1	53
罗马尼亚	66.0	32	45.4	55	49.4	53	51.0	51
博茨瓦纳	57.3	44	45.7	54	49.0	54	49.0	56
约旦	23.0	81	48.2	52	48.5	55	42.7	61
加蓬	65.3	33	44.6	58	48.4	56	50.2	52
突尼斯	27.6	76	48.0	53	47.6	57	43.4	60
委内瑞拉	83.8	8	42.4	60	46.3	58	52.8	47
苏里南	64.9	34	44.6	59	46.1	59	49.6	55
阿根廷	57.4	43	39.3	61	40.4	60	43.7	59
马来西亚	46.0	57	37.8	63	39.7	61	40.1	64
毛里求斯	42.4	62	38.4	62	39.4	62	39.5	65
乌拉圭	57.2	45	34.9	65	37.5	63	40.6	62
斯洛伐克	84.4	6	30.9	68	35.0	64	44.0	58
智利	53.4	49	32.1	66	34.1	65	37.5	68
巴拿马	33.9	71	34.9	64	33.6	66	33.7	70
墨西哥	32.5	72	31.0	67	31.1	67	31.4	72
阿拉伯联合王国	98.5	2	19.7	75	30.5	68	40.3	63
捷克	80.6	11	25.9	70	29.7	69	39.2	66

续表

国家	2009年 得分	2009年 排名	2010年 得分	2010年 排名	2011年 得分	2011年 排名	2013年 得分	2013年 排名
巴哈马	84.8	5	24.3	72	28.4	70	39.0	67
波兰	44.9	59	26.6	69	27.1	71	30.8	73
葡萄牙	79.6	14	22.3	74	27.1	72	36.5	69
匈牙利	50.1	53	25.8	71	26.8	73	31.5	71
土耳其	20.6	84	24.0	73	21.8	74	21.8	90
新西兰	66.0	31	15.0	79	18.5	75	27.4	77
希腊	63.2	38	14.4	82	18.0	76	26.3	80
韩国	40.7	64	16.7	77	17.8	77	22.4	88
西班牙	75.6	23	14.8	80	17.6	78	29.2	74
沙特阿拉伯	23.6	80	16.3	78	16.8	79	18.1	96
阿曼	24.5	79	14.6	81	16.2	80	17.2	99
澳大利亚	81.4	10	10.8	86	15.5	81	27.9	75
新加坡	80.2	12	11.5	83	14.8	82	27.8	76
日本	76.8	19	10.9	85	14.0	83	26.5	79
加拿大	73.0	26	10.4	87	13.3	84	25.2	81
以色列	47.3	56	11.1	84	12.0	85	19.4	94
意大利	62.7	39	10.2	88	11.6	86	22.3	89
德国	72.8	27	9.8	89	11.3	87	24.2	84
瑞士	87.7	4	7.6	95	11.0	88	26.5	78
荷兰	77.3	18	8.8	91	10.6	89	24.6	83
奥地利	75.0	24	8.9	90	10.6	90	24.1	86
卡塔尔	83.9	7	7.5	97	9.7	91	25.2	82
芬兰	72.2	28	8.4	92	9.7	92	22.9	87
丹麦	79.8	13	7.5	96	9.6	93	24.2	85
法国	63.7	36	8.3	94	9.5	94	21.0	92
英国	49.5	54	8.3	93	9.3	95	17.8	98
美国	62.5	40	7.1	98	8.4	96	19.8	93
爱尔兰	61.5	41	6.5	99	7.6	97	19.0	95
挪威	76.2	22	4.7	100	6.8	98	21.3	91
卢森堡	71.1	30	2.4	101	3.1	99	17.9	97
叙利亚	0.0	101	19.2	76	0.0	100	0.5	100
几内亚	19.4	88	92.7	6	#N/A	101	0.0	101

注：#N/A 表示数值省缺。

数据来源：作者计算。

四 政府治理指数

政府治理指数反映了东道国国家政策对中国对外直接投资的影响。

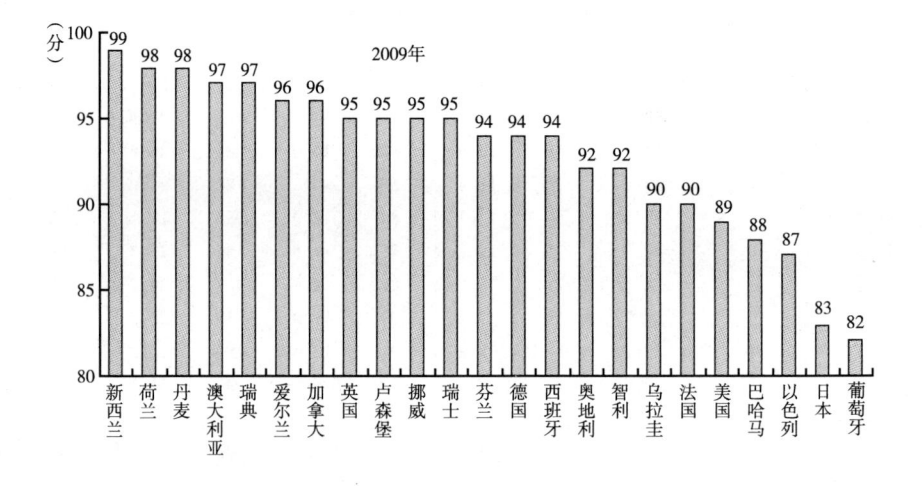

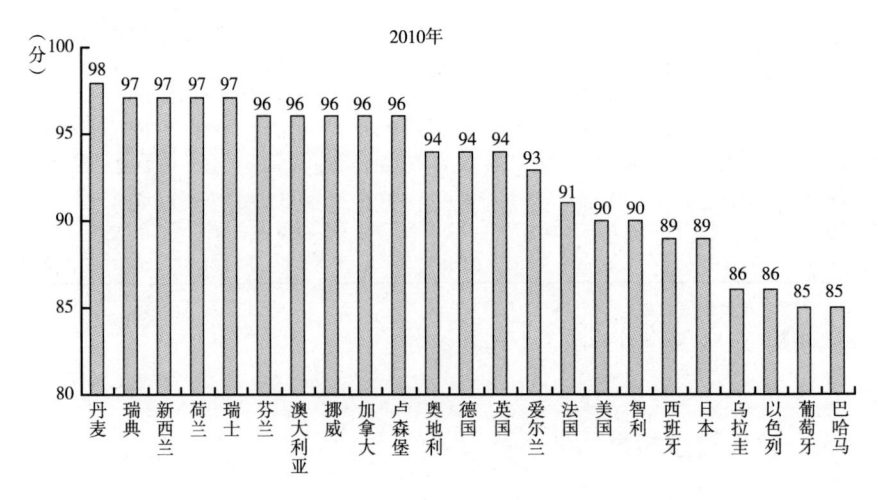

图 3-20 给出了 2009~2011 年政府治理指数评估得分 80 分以上的国家；表 3-9 给出了 2009~2011 年各国家政府治理指数评估得分及排名。

2009 年和 2010 年政府治理指数评估得分 80 分以上的国家主要是发达国家，到了 2011 年政府治理指数评估得分 80 分以上的国家主要是发展中国家，特别是落后的发展中国家。

上述变化的原因是发达国家治理水平高有可能抑制中国对外投资，这是因为制度质量高也有可能增加中国对外投资的其他"隐性"成本；而发展中国家则因治理水平低，有利于中国的对外投资。

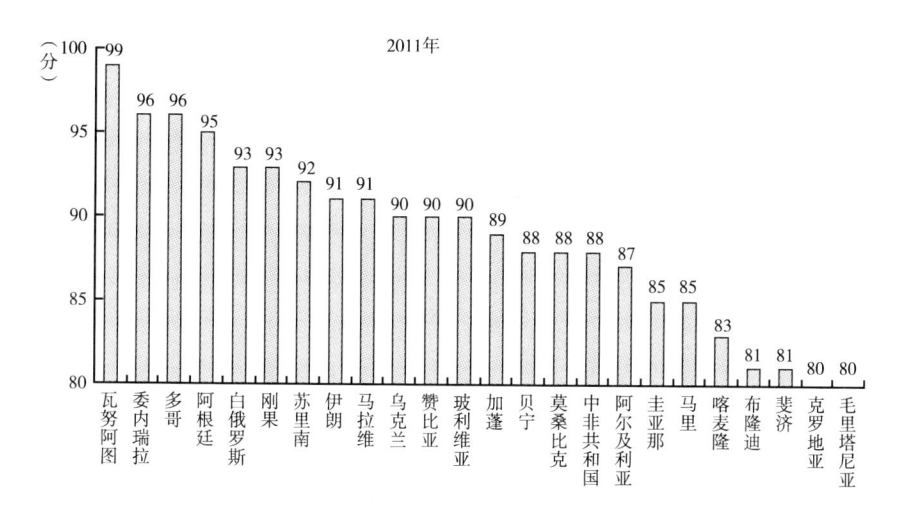

图 3-20 2009~2011 年政府治理指数评估（得分 80 分以上的国家）

注：图中分值为四舍五入后的数据。

表 3-9 2009~2011 年各国家政府治理指数评估得分及排名

国家	2009 年		2010 年		2011 年	
	得分	排名	得分	排名	得分	排名
瓦努阿图	61.3	34	51.8	42	98.6	1
委内瑞拉	11.5	93	13.9	88	96.1	2
多哥	17.8	85	10.7	94	95.5	3
阿根廷	34.8	57	43.7	47	94.7	4
白俄罗斯	7.8	97	6.7	101	93.4	5
刚果	17.5	86	9.0	97	92.5	6
苏里南	34.6	58	43.6	48	91.9	7
伊朗	7.2	98	10.3	95	90.9	8
马拉维	35.5	55	30.9	64	90.5	9
乌克兰	29.4	70	24.1	74	90.3	10
赞比亚	27.2	76	23.8	75	90.3	11
玻利维亚	32.3	64	36.4	55	89.7	12
加蓬	9.6	94	12.2	91	88.5	13
贝宁	32.2	65	34.8	57	88.0	14
莫桑比克	31.2	67	32.0	61	87.8	15
中非共和国	41.5	51	19.4	78	87.6	16
阿尔及利亚	23.1	78	22.0	76	86.6	17
圭亚那	33.7	61	39.5	52	85.2	18
马里	43.7	48	36.1	56	85.1	19

续表

国家	2009 年		2010 年		2011 年	
	得分	排名	得分	排名	得分	排名
喀麦隆	11.9	92	12.2	92	83.4	20
布隆迪	21.7	79	17.1	81	81.4	21
斐济	23.9	77	11.8	93	80.5	22
克罗地亚	18.7	83	13.4	89	80.4	23
毛里塔尼亚	30.8	68	20.0	77	80.3	24
巴拉圭	44.3	47	34.8	58	79.6	25
尼日尔	34.8	56	27.6	69	79.0	26
尼泊尔	46.0	45	32.2	60	77.5	27
马达加斯加	41.9	50	28.3	67	77.4	28
苏丹	18.5	84	9.1	96	77.1	29
乌拉圭	90.3	17	86.0	20	73.8	30
柬埔寨	12.6	90	12.3	90	72.0	31
尼日利亚	38.0	53	24.4	73	71.5	32
越南	6.0	99	8.8	98	71.1	33
塞内加尔	29.2	71	28.5	66	70.5	34
加纳	64.4	32	60.2	34	70.2	35
印度	54.3	40	57.6	36	68.5	36
印度尼西亚	28.5	73	37.0	54	67.9	37
埃塞俄比亚	14.4	88	17.8	80	67.9	38
巴西	53.4	42	60.2	35	66.3	39
巴哈马	87.7	20	84.7	23	63.2	40
突尼斯	8.4	95	16.2	82	61.5	41
也门	28.9	72	15.5	85	60.5	42
博茨瓦纳	70.1	26	68.4	32	57.5	43
叙利亚	2.8	100	6.9	100	55.8	44
肯尼亚	31.6	66	33.9	59	54.5	45
俄罗斯	8.2	96	15.4	86	53.2	46
哈萨克斯坦	2.6	101	8.2	99	53.0	47
菲律宾	38.5	52	42.9	49	52.2	48
摩洛哥	27.8	74	30.3	65	51.5	49
吉尔吉斯斯坦	12.2	91	15.5	84	51.2	50
斯里兰卡	34.3	60	31.9	62	50.0	51
巴基斯坦	33.7	62	27.7	68	49.5	52
葡萄牙	82.0	23	85.1	22	49.3	53
保加利亚	53.4	41	53.3	39	48.7	54

续表

国家	2009年		2010年		2011年	
	得分	排名	得分	排名	得分	排名
埃及	19.3	82	18.4	79	48.6	55
乌干达	29.7	69	27.2	70	48.3	56
巴拿马	49.0	44	55.0	37	47.5	57
卢旺达	27.5	75	25.7	72	45.1	58
意大利	64.7	31	67.5	33	44.1	59
希腊	67.3	28	69.4	30	42.6	60
波兰	71.4	25	73.8	27	41.1	61
罗马尼亚	59.2	36	52.1	40	41.1	62
毛里求斯	74.4	24	75.1	25	37.2	63
日本	83.3	22	89.1	19	33.9	64
秘鲁	67.1	29	52.0	41	31.7	65
沙特阿拉伯	20.5	80	15.3	87	31.5	66
卡塔尔	49.8	43	45.9	46	30.6	67
墨西哥	44.9	46	50.7	43	29.6	68
斯洛伐克	54.5	39	68.5	31	29.6	69
约旦	34.5	59	31.0	63	28.0	70
匈牙利	69.8	27	71.1	29	27.3	71
阿曼	17.2	87	27.0	71	27.1	72
阿拉伯联合王国	32.6	63	39.0	53	26.8	73
泰国	37.3	54	40.1	51	25.2	74
法国	89.6	18	91.1	15	22.5	75
挪威	95.1	10	96.3	8	22.2	76
捷克	62.4	33	72.1	28	20.3	77
哥伦比亚	56.5	37	49.1	44	20.3	78
土耳其	55.2	38	54.3	38	20.2	79
西班牙	93.6	14	89.5	18	19.8	80
奥地利	92.4	15	93.8	11	16.2	81
韩国	60.5	35	74.8	26	15.3	82
格鲁吉亚	42.6	49	48.6	45	12.2	83
瑞士	94.5	11	96.6	5	12.1	84
马来西亚	13.8	89	40.6	50	11.8	85
德国	93.8	13	93.8	12	11.7	86
爱尔兰	96.4	6	93.1	14	10.2	87
智利	91.8	16	90.3	17	9.8	88
美国	88.6	19	90.5	16	8.6	89

续表

国家	2009 年		2010 年		2011 年	
	得分	排名	得分	排名	得分	排名
卢森堡	95.2	9	95.7	10	8.5	90
加拿大	95.9	7	96.0	9	7.8	91
瑞典	97.0	5	97.4	2	7.1	92
荷兰	97.7	2	96.8	4	6.9	93
芬兰	94.3	12	96.5	6	6.4	94
新西兰	98.5	1	97.3	3	6.3	95
澳大利亚	97.1	4	96.4	7	6.3	96
英国	95.3	8	93.7	13	5.8	97
丹麦	97.7	3	97.9	1	4.2	98
以色列	86.6	21	85.7	21	1.7	99
新加坡	66.2	30	78.8	24	0.6	100
几内亚	19.8	81	16.2	83	#N/A	101

注：#N/A 表示数值省缺。
数据来源：作者计算。

五 汇率变动指数

汇率变动指数采用中国与其他国家之间的双边实际汇率（real exchange rate）来测算汇率变动（升值或贬值）对中国对外投资存量的影响。

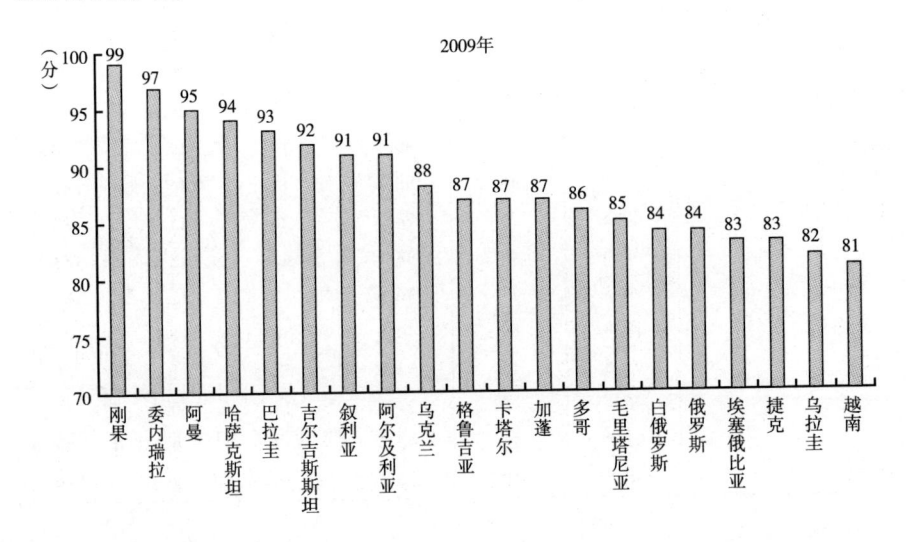

图 3-21 给出了 2009~2011 年汇率变动指数评估及预测得分 80 分以上的国家，表 3-10 给出了 2009~2011 年各国家汇率变动指数评估和预测预测得分及排名。

2009年

刚果 99 / 委内瑞拉 97 / 阿曼 95 / 哈萨克斯坦 94 / 巴拉圭 93 / 吉尔吉斯斯坦 92 / 叙利亚 91 / 阿尔及利亚 91 / 乌克兰 88 / 格鲁吉亚 87 / 卡塔尔 87 / 加蓬 87 / 多哥 86 / 毛里塔尼亚 85 / 白俄罗斯 84 / 俄罗斯 84 / 埃塞俄比亚 83 / 捷克 83 / 乌拉圭 82 / 越南 81

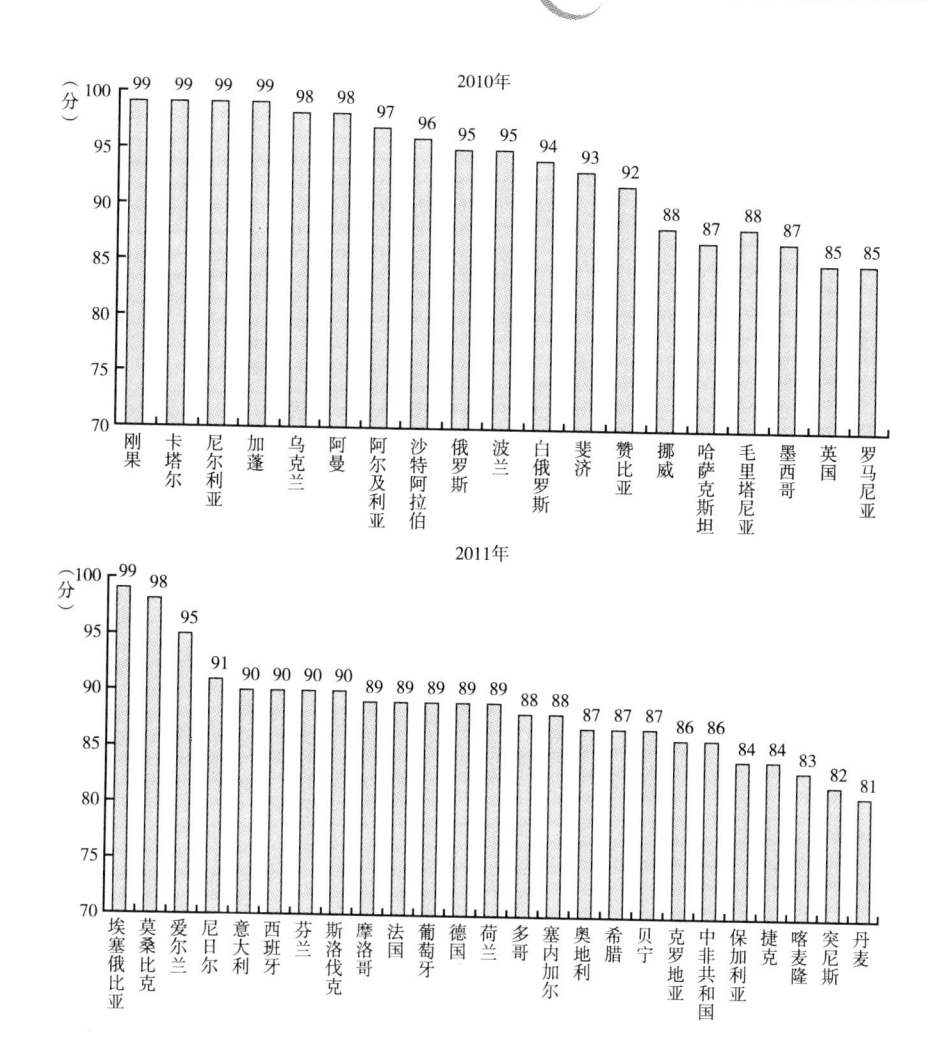

图 3-21 2009~2011 年汇率变动指数评估及预测（得分 80 分以上的国家）

注：图中分值为四舍五入后的数据。

2009 年汇率变动指数评估得分 80 分以上的国家主要是非洲发展中国家和其他地区，得分在 90 分以上的有刚果、委内瑞拉、阿曼、哈萨克斯坦、巴拉圭、吉尔吉斯斯坦、叙利亚、阿尔及利亚。

2010 年和 2011 年情况有所变化，更多的国家加入高分行列，新加入的国家主要是欧洲发达国家，可以推论汇率变动更加有利于中国对外投资。

上述汇率指数变化表明 2008 年全球金融危机之后，中国对外直接投资面临的汇率环境是有利于中国对外投资的，特别是欧债危机发生后，欧洲国家汇率变动更有利于中国对外投资,可以估计,未来一定时期内,除发展中国家外,欧洲有可能成为中国对外投资的热点地区之一。

表 3-10 2009~2011 年各国家汇率变动指数评估和预测得分及排名

国家	2009 年		2010 年		2011 年	
	得分	排名	得分	排名	得分	排名
埃塞俄比亚	83.1	17	22.4	83	99.4	1
莫桑比克	61.2	41	56.1	38	98.2	2
爱尔兰	13.2	91	63.2	33	94.5	3
尼日尔	56.6	47	26.9	77	90.7	4
意大利	36.0	71	34.3	64	90.0	5
西班牙	35.2	72	42.5	50	90.0	6
芬兰	37.9	68	36.8	60	89.9	7
斯洛伐克	37.6	69	48.1	43	89.8	8
摩洛哥	46.0	60	31.7	67	88.6	9
法国	36.0	70	39.9	53	88.5	10
葡萄牙	31.5	75	39.1	55	88.5	11
德国	29.1	78	38.3	57	88.5	12
荷兰	34.0	73	42.5	51	88.5	13
多哥	86.2	13	34.8	63	88.2	14
塞内加尔	57.6	46	49.2	42	87.6	15
奥地利	32.1	74	36.7	61	87.1	16
希腊	46.8	58	31.6	68	86.9	17
贝宁	59.0	44	34.9	62	86.5	18
克罗地亚	62.8	37	42.9	49	86.4	19
中非共和国	58.2	45	28.7	73	86.0	20
保加利亚	64.0	35	25.4	80	84.4	21
捷克	82.8	18	59.3	35	83.7	22
喀麦隆	52.4	51	57.6	37	83.4	23
突尼斯	38.6	66	46.5	44	82.0	24
丹麦	43.1	64	37.5	58	80.9	25
马里	66.6	32	28.8	72	79.7	26
肯尼亚	38.0	67	30.6	69	79.4	27
卢旺达	49.2	53	7.1	95	77.8	28
卢森堡	45.2	61	42.4	52	77.4	29
乌干达	42.2	65	45.3	46	77.3	30
匈牙利	47.9	55	73.4	24	76.2	31
巴哈马	8.2	94	28.3	75	75.4	32
马拉维	29.4	77	5.7	98	74.6	33
美国	9.8	93	19.8	86	72.3	34

续表

国家	2009年		2010年		2011年	
	得分	排名	得分	排名	得分	排名
马达加斯加	78.3	25	43.3	48	70.8	35
格鲁吉亚	87.3	10	75.9	21	70.7	36
罗马尼亚	44.4	62	80.9	19	70.6	37
柬埔寨	47.9	56	20.9	84	70.1	38
英国	1.0	99	81.7	18	69.8	39
巴拿马	19.1	86	19.0	88	68.4	40
越南	81.4	20	18.6	89	67.2	41
吉尔吉斯斯坦	92.4	6	71.0	26	66.6	42
白俄罗斯	84.3	15	94.0	11	60.2	43
日本	48.7	54	3.7	100	59.7	44
瑞士	55.3	48	25.6	79	56.8	45
波兰	74.2	28	95.2	10	56.6	46
毛里求斯	69.7	30	70.3	27	53.6	47
以色列	64.6	34	38.5	56	53.4	48
新加坡	17.9	87	27.1	76	48.6	49
圭亚那	29.8	76	16.7	90	47.9	50
苏里南	62.5	38	6.9	96	45.6	51
瑞典	19.9	84	73.6	23	43.7	52
阿拉伯联合王国	63.5	36	78.5	20	43.3	53
叙利亚	91.2	7	32.3	66	42.8	54
巴基斯坦	3.5	98	9.5	94	41.7	55
约旦	78.6	23	14.6	91	41.0	56
埃及	66.2	33	4.6	99	40.3	57
玻利维亚	78.5	24	20.6	85	39.3	58
土耳其	47.0	57	72.0	25	38.6	59
斯里兰卡	75.4	26	23.2	82	37.1	60
阿根廷	69.7	31	50.0	39	35.2	61
伊朗	60.7	42	29.6	70	34.3	62
菲律宾	46.3	59	39.8	54	33.8	63
斐济	14.2	90	93.3	12	33.2	64
挪威	61.8	39	87.5	14	31.7	65
墨西哥	15.6	89	81.8	17	30.1	66
巴拉圭	93.0	5	66.7	30	29.5	67
秘鲁	27.4	79	25.2	81	28.9	68
卡塔尔	87.2	11	98.8	2	27.6	69
乌克兰	88.0	9	98.5	5	27.6	70
泰国	26.8	80	25.8	78	26.1	71
布隆迪	51.7	52	11.2	93	25.9	72

续表

国家	2009年		2010年		2011年	
	得分	排名	得分	排名	得分	排名
加蓬	86.8	12	98.5	4	23.0	73
瓦努阿图	20.4	83	37.0	59	22.6	74
阿尔及利亚	91.1	8	97.0	7	21.6	75
马来西亚	54.6	49	69.7	28	20.6	76
加拿大	16.7	88	58.1	36	19.6	77
韩国	0.0	100	68.5	29	18.9	78
加纳	21.7	82	75.5	22	18.3	79
也门	79.1	22	65.6	32	18.2	80
刚果	98.8	1	99.0	1	17.1	81
沙特阿拉伯	75.1	27	96.5	8	17.0	82
毛里塔尼亚	85.2	14	83.0	16	16.3	83
俄罗斯	83.5	16	95.5	9	13.4	84
阿曼	95.4	3	98.5	6	12.8	85
赞比亚	79.5	21	91.6	13	11.6	86
印度	10.4	92	43.6	47	11.1	87
哥伦比亚	53.9	50	45.5	45	11.0	88
智利	6.8	95	34.0	65	10.3	89
乌拉圭	82.5	19	29.4	71	9.4	90
新西兰	4.4	97	61.0	34	8.9	91
哈萨克斯坦	94.2	4	86.6	15	7.7	92
苏丹	61.2	40	49.5	41	7.1	93
博茨瓦纳	19.7	85	65.7	31	6.4	94
委内瑞拉	97.1	2	5.8	97	5.6	95
尼泊尔	6.5	96	11.3	92	4.9	96
巴西	60.3	43	28.5	74	4.0	97
印度尼西亚	43.4	63	19.2	87	3.5	98
澳大利亚	23.9	81	49.8	40	3.3	99
尼日利亚	71.7	29	98.7	3	2.3	100
几内亚	0.0	101	0.5	101	#N/A	101

注：#N/A表示数值省缺。
数据来源：作者计算。

六 双边合作指数

双边合作指数以中国是否与其他国家签署的双边投资协定为计算基础。图3-22给出了2009~2011年双边合作指数评估及预测得分80分以上的国家，表3-11给出了2009~2011年各国家双边合作指数评估预测得分及排名。

2009年

国家	得分
阿尔及利亚	92.6
巴哈马	92.6
俄罗斯	92.6
瓦努阿图	92.6
挪威	90.5
芬兰	89.5
德国	83.9
奥地利	83.3
新西兰	82.5
丹麦	81.3
澳大利亚	80.3

2010年

国家	得分
阿尔及利亚	97.0
巴哈马	97.0
瓦努阿图	97.0
挪威	84.8
俄罗斯	84.6
芬兰	82.6

2011年

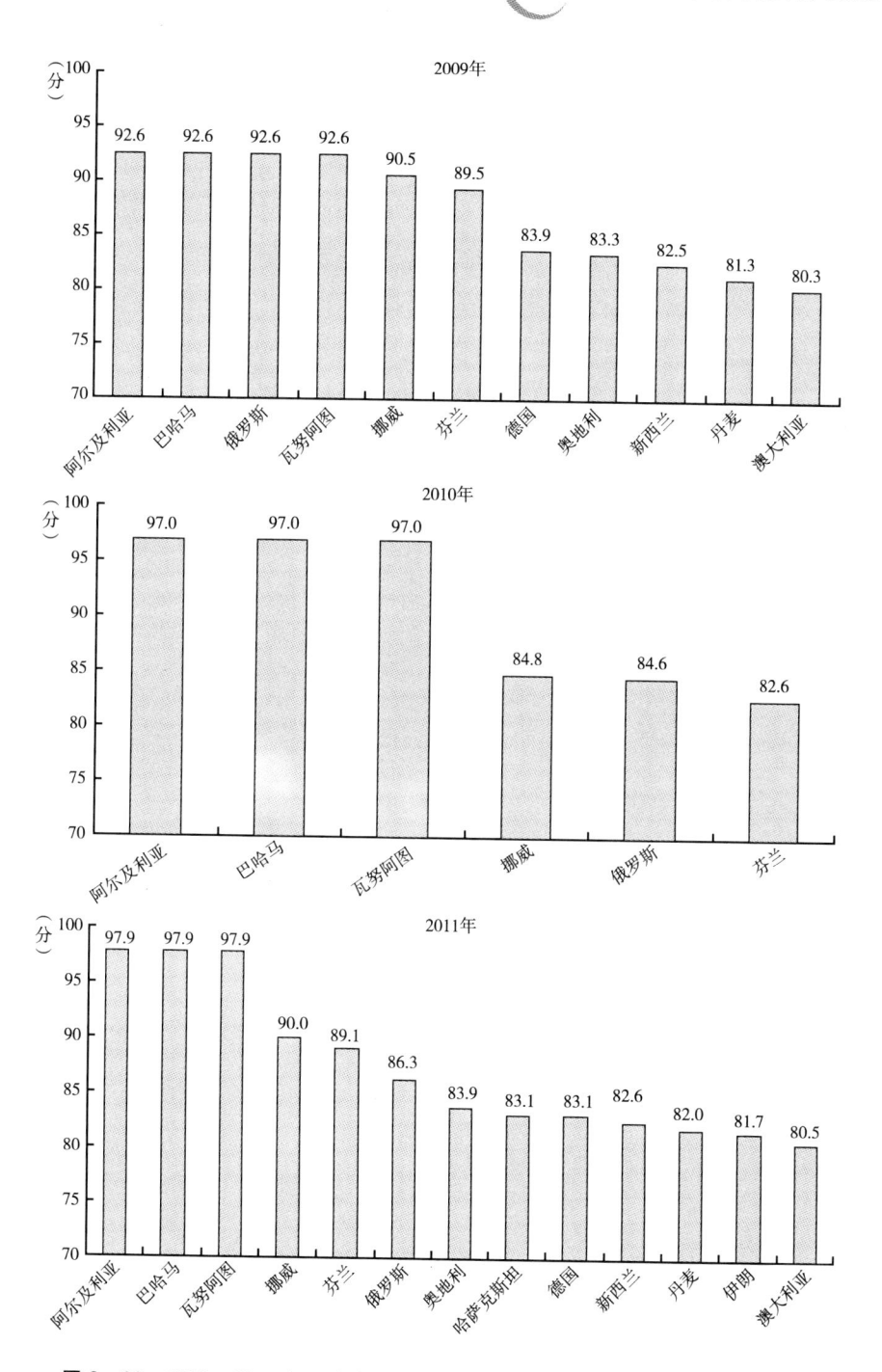

国家	得分
阿尔及利亚	97.9
巴哈马	97.9
瓦努阿图	97.9
挪威	90.0
芬兰	89.1
俄罗斯	86.3
奥地利	83.9
哈萨克斯坦	83.1
德国	83.1
新西兰	82.6
丹麦	82.0
伊朗	81.7
澳大利亚	80.5

图 3-22　2009~2011 年双边合作指数评估及预测（得分 80 分以上的国家）

表 3-11　2009~2011 年各国家双边合作指数评估预测得分及排名

国家	2009 年		2010 年		2011 年	
	得分	排名	得分	排名	得分	排名
阿尔及利亚	92.6	1	97.0	1	97.9	1
巴哈马	92.6	2	97.0	2	97.9	2
瓦努阿图	92.6	4	97.0	3	97.9	3
挪威	90.5	5	84.8	4	90.0	4
芬兰	89.5	6	82.6	6	89.1	5
俄罗斯	92.6	3	84.6	5	86.3	6
奥地利	83.3	8	75.4	11	83.9	7
哈萨克斯坦	61.4	21	79.1	8	83.1	8
德国	83.9	7	76.3	10	83.1	9
新西兰	82.5	9	71.8	14	82.6	10
丹麦	81.3	10	71.0	15	82.0	11
伊朗	60.6	65	79.4	7	81.7	12
澳大利亚	80.3	11	72.0	13	80.5	13
荷兰	78.3	12	68.4	20	79.8	14
叙利亚	56.9	69	73.8	12	76.6	15
英国	77.8	13	68.8	19	75.8	16
新加坡	72.7	15	64.4	23	75.4	17
也门	56.0	71	77.6	9	74.9	18
韩国	74.2	14	69.6	17	74.0	19
白俄罗斯	49.5	73	70.5	16	72.5	20
西班牙	70.9	17	64.9	22	72.1	21
苏丹	46.9	75	69.5	18	71.6	22
葡萄牙	72.6	16	67.1	21	71.5	23
智利	59.9	67	52.5	69	64.8	24
毛里求斯	66.3	18	59.2	64	64.4	25
匈牙利	64.1	19	59.5	63	63.4	26
阿曼	63.0	20	59.1	65	61.0	27
爱尔兰	61.2	37	62.8	38	58.7	41
巴拉圭	61.2	51	62.8	50	58.7	52
巴拿马	61.2	50	62.8	49	58.7	51
巴西	61.2	25	62.8	27	58.7	31
贝宁	61.2	22	62.8	24	58.7	28
玻利维亚	61.2	23	62.8	25	58.7	29
博茨瓦纳	61.2	24	62.8	26	58.7	30
布隆迪	61.2	26	62.8	28	58.7	32
多哥	61.2	58	62.8	57	58.7	58
法国	61.2	34	62.8	36	58.7	40
斐济	61.2	33	62.8	35	58.7	39

续表

国家	2009年		2010年		2011年	
	得分	排名	得分	排名	得分	排名
刚果	61.2	31	62.8	33	58.7	37
哥伦比亚	61.2	30	62.8	32	58.7	36
加拿大	61.2	28	62.8	30	58.7	34
喀麦隆	61.2	27	62.8	29	58.7	33
克罗地亚	61.2	32	62.8	34	58.7	38
肯尼亚	61.2	40	62.8	40	58.7	43
卢森堡	61.2	41	62.8	41	58.7	44
卢旺达	61.2	53	62.8	52	58.7	53
马拉维	61.2	42	62.8	42	58.7	45
毛里塔尼亚	61.2	44	62.8	44	58.7	46
美国	61.2	61	62.8	60	58.7	61
摩洛哥	61.2	46	62.8	45	58.7	47
尼泊尔	61.2	47	62.8	46	58.7	48
尼日利亚	61.2	49	62.8	48	58.7	50
尼日尔	61.2	48	62.8	47	58.7	49
瑞典	61.2	56	62.8	55	58.7	56
瑞士	61.2	57	62.8	56	58.7	57
塞内加尔	61.2	54	62.8	53	58.7	54
苏里南	61.2	55	62.8	54	58.7	55
突尼斯	61.2	59	62.8	58	58.7	59
委内瑞拉	61.2	62	62.8	61	58.7	62
乌干达	61.2	60	62.8	59	58.7	60
约旦	61.2	39	62.8	39	58.7	42
赞比亚	61.2	63	62.8	62	58.7	63
中非共和国	61.2	29	62.8	31	58.7	35
希腊	60.7	64	56.9	66	58.6	64
日本	56.6	70	48.1	71	58.3	65
波兰	54.8	72	52.3	70	57.9	66
以色列	61.2	38	48.0	72	57.8	67
乌拉圭	57.0	68	53.0	67	57.3	68
卡塔尔	60.0	66	52.6	68	56.2	69
捷克	46.4	76	39.4	74	50.0	70
阿拉伯联合王国	49.4	74	44.9	73	49.8	71
斯洛伐克	38.8	78	35.6	77	43.1	72
马来西亚	40.1	77	37.5	76	42.3	73
意大利	33.8	80	31.8	78	36.8	74
泰国	36.0	79	38.7	75	35.3	75
加纳	30.5	83	31.4	80	31.8	76

续表

国家	2009年		2010年		2011年	
	得分	排名	得分	排名	得分	排名
斯里兰卡	30.9	82	31.4	79	31.5	77
沙特阿拉伯	29.5	86	30.7	81	30.4	78
土耳其	30.1	85	29.0	84	30.2	79
保加利亚	30.5	84	30.4	82	30.1	80
罗马尼亚	61.2	52	62.8	51	28.5	81
阿根廷	23.7	88	29.5	83	25.9	82
埃塞俄比亚	22.6	89	27.9	85	23.6	83
格鲁吉亚	20.7	90	21.5	88	22.8	84
埃及	27.7	87	27.0	86	20.6	85
圭亚那	17.8	91	21.9	87	20.4	86
菲律宾	17.3	92	20.1	89	18.9	87
越南	17.3	93	18.5	90	17.7	88
印度	16.4	94	15.1	92	16.9	89
墨西哥	61.2	45	14.7	93	15.3	90
巴基斯坦	13.5	95	18.5	91	13.7	91
加蓬	61.2	35	13.6	94	13.5	92
秘鲁	9.2	96	11.5	95	11.1	93
吉尔吉斯斯坦	5.7	97	9.0	96	6.8	94
乌克兰	32.7	81	6.4	97	5.8	95
马达加斯加	5.7	98	6.0	98	5.7	96
马里	61.2	43	62.8	43	5.3	97
柬埔寨	0.0	99	0.0	99	0.0	98
印度尼西亚	0.0	100	0.0	100	0.0	99
莫桑比克	0.0	101	0.0	101	0.0	100
几内亚	61.2	36	62.8	37	#N/A	101

注：#N/A 表示数值省缺。
数据来源：作者计算。

2009年双边合作指数评估得分80分以上的国家依次为：阿尔及利亚、巴哈马、俄罗斯、瓦努阿图、挪威、芬兰等，多数为欧洲发达国家。

2010年、2011年与2009年的情况大体差不多，排名变化也不大。

双边合作指数评估得分变化不大主要原因是政府投资协定的签署以及执行在年度间变化不大，不过，中国仍然需要加大对周边国家在投资方面的合作力度，更好地促进中国对外投资。

七 经营环境指数

经营环境指数采用世界银行 Doing Business 数据库中的一些指标变量来测量各国家的企业投资经营环境。

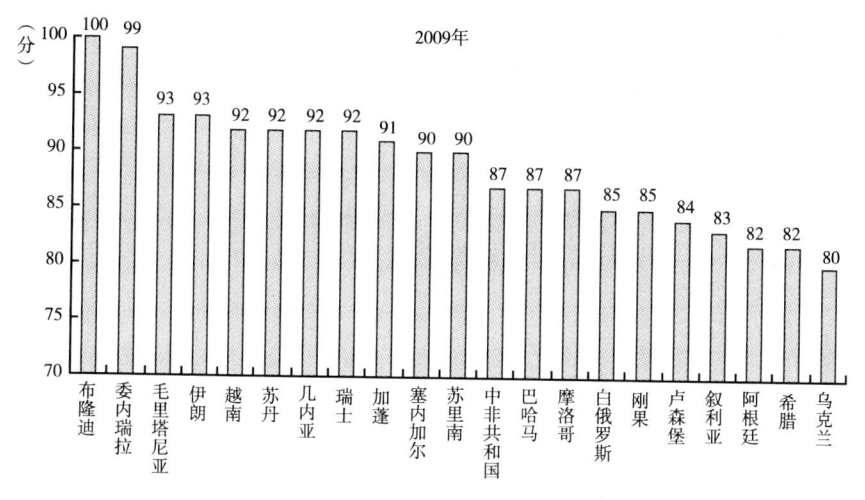

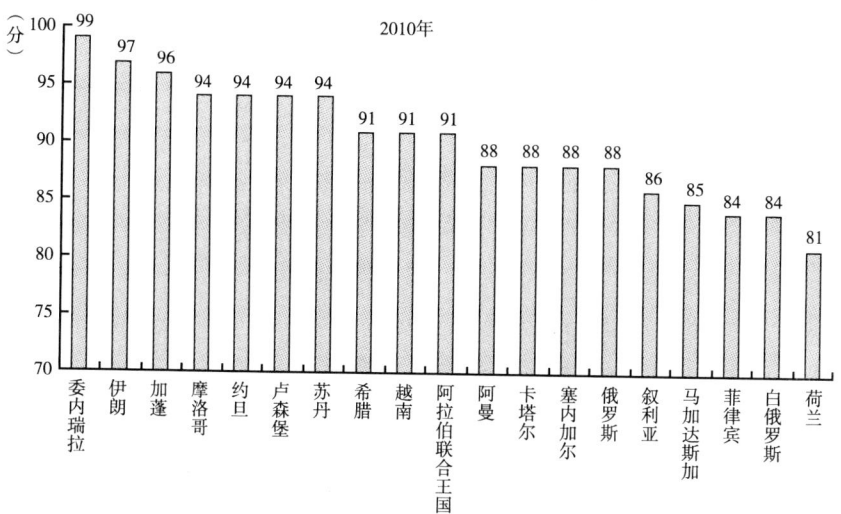

图 3-23 给出了 2009~2011 年经营环境指数评估得分 80 分以上的国家，表 3-12 给出了 2009~2011 年各国家经营环境指数评估得分及排名。

2009 年经营环境指数评估得分 80 分以上的国家主要是发展中国家，环境质量改善程度较大，特别是一些发展中国家，如越南、菲律宾，而发达国

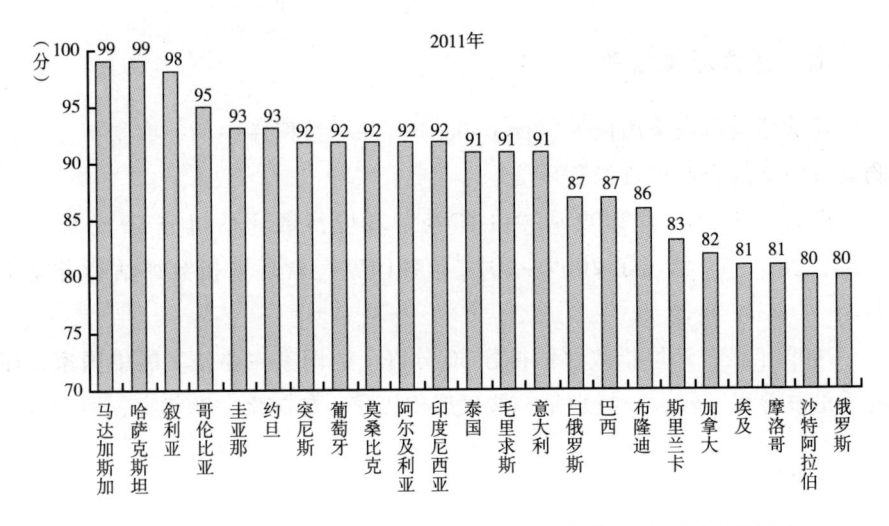

图 3-23 2009～2011 年经营环境指数评估（得分 80 分以上的国家）

注：图中分值为四舍五入后的数据。

家则改善程度不大，这主要与它们较好的基础有关。

2010 年、2011 年与 2009 年情况大体差不多。

大体而言，发达国家经营环境好但却不太有利于中国的投资，而发展中国家特别是落后国家经营环境不理想却有利于中国对外投资，这可能与中国对外投资的结构有关。

表 3-12 2009～2011 年各国家经营环境指数评估得分及排名

国家	2009 年		2010 年		2011 年	
	得分	排名	得分	排名	得分	排名
马达加斯加	60.07	38	84.69	16	99.27	1
哈萨克斯坦	34.49	70	74.75	26	98.97	2
叙利亚	82.80	18	85.90	15	97.73	3
哥伦比亚	11.41	90	9.77	88	95.18	4
圭亚那	71.28	31	79.67	21	92.97	5
约旦	73.40	29	93.97	5	92.60	6
突尼斯	42.94	56	65.31	35	92.42	7
葡萄牙	32.31	71	68.52	30	92.31	8
莫桑比克	29.53	74	60.62	43	92.16	9
阿尔及利亚	76.72	23	76.80	23	91.98	10
印度尼西亚	29.34	75	59.52	45	91.86	11
泰国	7.87	91	26.73	78	91.27	12

续表

国家	2009 年		2010 年		2011 年	
	得分	排名	得分	排名	得分	排名
毛里求斯	11.41	89	29.78	76	90.84	13
意大利	41.68	58	54.80	50	90.56	14
白俄罗斯	85.03	15	83.66	18	87.44	15
巴西	59.64	39	74.77	25	86.77	16
布隆迪	99.98	1	24.35	80	86.21	17
斯里兰卡	49.80	51	52.02	51	82.53	18
加拿大	2.83	98	9.44	89	81.68	19
埃及	35.61	66	75.41	24	80.84	20
摩洛哥	87.07	14	94.42	4	80.71	21
沙特阿拉伯	6.64	92	41.38	64	80.28	22
俄罗斯	63.49	36	87.76	14	80.26	23
土耳其	37.07	65	60.96	41	79.41	24
挪威	27.55	79	43.65	58	77.21	25
阿曼	61.76	37	88.35	11	76.70	26
卢森堡	83.94	17	93.74	6	76.50	27
委内瑞拉	99.02	2	98.74	1	76.00	28
巴拉圭	15.45	87	40.26	65	75.98	29
毛里塔尼亚	93.37	3	79.76	20	75.84	30
卡塔尔	55.34	44	88.19	12	75.45	31
也门	66.56	35	66.86	31	75.44	32
巴基斯坦	28.84	77	47.45	56	68.25	33
菲律宾	76.53	24	83.94	17	68.23	34
苏丹	92.03	6	93.63	7	66.19	35
玻利维亚	53.42	47	42.49	61	65.21	36
新西兰	0.88	101	1.30	100	64.10	37
智利	24.56	83	61.27	40	63.52	38
新加坡	2.72	99	2.74	97	63.39	39
阿根廷	82.25	19	62.84	37	60.27	40
乌拉圭	35.13	68	55.10	49	58.49	41
阿拉伯联合王国	52.42	49	90.68	10	57.45	42
爱尔兰	4.11	97	8.92	90	54.59	43
日本	18.37	85	23.28	83	54.22	44
巴拿马	43.53	55	63.75	36	53.94	45
以色列	4.56	96	7.40	92	53.40	46
秘鲁	14.80	88	26.03	79	52.23	47

续表

国家	2009 年		2010 年		2011 年	
	得分	排名	得分	排名	得分	排名
墨西哥	30.36	73	48.65	55	50.79	48
博茨瓦纳	29.18	76	55.97	48	50.68	49
斐济	39.45	61	38.80	67	50.06	50
美国	5.22	95	6.07	95	48.42	51
伊朗	93.30	4	97.05	2	44.35	52
瑞典	56.38	41	37.54	72	42.63	53
卢旺达	39.32	63	42.78	60	41.95	54
西班牙	59.52	40	60.93	42	41.54	55
法国	69.36	32	59.44	46	40.92	56
捷克	56.32	42	66.48	32	40.74	57
格鲁吉亚	17.95	86	36.58	74	38.42	58
喀麦隆	45.92	54	77.87	22	37.46	59
希腊	82.24	20	91.39	8	37.30	60
吉尔吉斯斯坦	20.15	84	6.96	93	36.51	61
保加利亚	26.10	81	42.95	59	36.00	62
马来西亚	1.71	100	1.77	99	34.41	63
马拉维	34.99	69	12.23	85	34.32	64
尼泊尔	39.29	64	38.07	69	33.35	65
芬兰	52.49	48	51.43	53	31.77	66
加纳	53.46	46	40.02	66	31.06	67
荷兰	67.46	34	81.00	19	29.77	68
加蓬	91.30	9	95.66	3	28.57	69
英国	5.58	94	6.84	94	28.51	70
丹麦	31.41	72	37.40	73	27.40	71
巴哈马	87.34	13	66.43	33	24.20	72
瑞士	91.59	8	66.17	34	22.67	73
匈牙利	75.83	25	72.73	27	22.59	74
奥地利	56.00	43	59.87	44	22.35	75
德国	51.21	50	61.44	39	22.27	76
瓦努阿图	46.02	53	37.94	70	20.88	77
埃塞俄比亚	5.68	93	2.28	98	20.12	78
马里	78.38	22	69.47	29	19.30	79
印度	27.33	80	9.91	87	18.49	80
罗马尼亚	39.40	62	35.26	75	18.09	81
柬埔寨	24.72	82	4.91	96	16.62	82

续表

国家	2009 年		2010 年		2011 年	
	得分	排名	得分	排名	得分	排名
塞内加尔	89.97	10	88.08	13	16.27	83
澳大利亚	47.16	52	41.41	63	15.37	84
韩国	35.21	67	47.01	57	12.93	85
刚果	84.84	16	49.99	54	12.48	86
波兰	27.55	78	24.13	82	11.25	87
尼日尔	73.68	28	51.96	52	10.18	88
斯洛伐克	72.99	30	62.05	38	9.61	89
苏里南	89.82	11	70.01	28	9.41	90
乌克兰	80.32	21	57.63	47	9.38	91
尼日利亚	42.42	57	8.41	91	9.21	92
克罗地亚	68.35	33	42.35	62	7.57	93
赞比亚	40.69	59	37.61	71	6.92	94
贝宁	74.44	26	24.28	81	5.89	95
乌干达	74.25	27	27.24	77	5.46	96
多哥	39.45	60	11.08	86	4.92	97
中非共和国	87.43	12	0.06	101	4.76	98
越南	92.41	5	91.03	9	3.89	99
肯尼亚	54.23	45	21.52	84	2.57	100
几内亚	91.96	7	38.24	68	#N/A	101

注：#N/A 表示数值省缺。
数据来源：作者计算。

第四章
中国周边投资环境评估与预测

第一节 中国周边投资环境指数评估

一 周边投资环境现状评估

表 4-1 给出了 2009~2011 年中国对周边国家的投资现状的评估结果，2009~2011 年中国对大多数周边国家的投资存量处在合理的水平上。

表 4-1 2009~2011 年中国对周边国家的投资现状的评估

国家	2009 年	2010 年	2011 年
澳大利亚	0	0	0
巴基斯坦	0	0	0
俄罗斯	0	0	0
菲律宾	0	0	0
斐济	1	0	0
哈萨克斯坦	0	0	0
韩国	0	-1	0
吉尔吉斯斯坦	0	0	0
柬埔寨	0	0	0
马来西亚	0	0	0
尼泊尔	0	0	0
日本	-1	0	0
斯里兰卡	0	1	1

续表

国家	2009年	2010年	2011年
泰国	-1	0	0
新加坡	0	0	0
新西兰	0	0	0
印度	0	0	0
印度尼西亚	0	0	0
越南	-1	0	0

说明：-1、1、0分别表示中国对该周边国家的实际对外直接投资水平不足、过度和合适。
数据来源：作者计算。

二 周边投资环境指数评估

图4-1给出了2009~2011年周边国家投资环境指数评估得分；图4-2给出了2009~2011年周边国家投资环境指数在世界中的排名；表4-2给出了2009~2011年周边国家投资环境指数评估得分及排名，该指数是综合了市场、政府两方面指数后的评估得分。

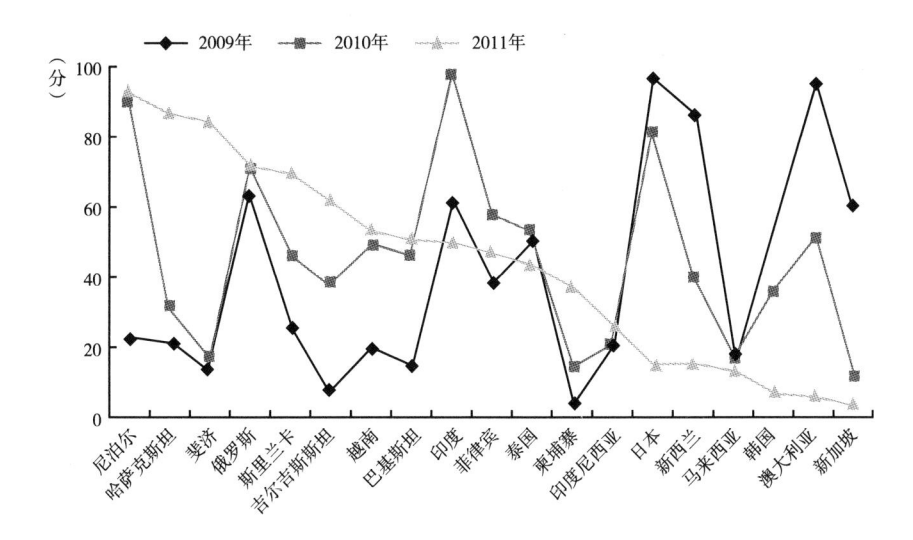

图4-1　2009~2011年周边国家投资环境指数评估得分

2011年对中国对外直接投资有利的周边国家主要是发展中国家，如尼泊尔、哈萨克斯坦、斐济、俄罗斯、斯里兰卡等，对中国对外直接投资不利的周边国家主要是印度尼西亚、日本、新西兰、马来西亚、韩国、澳大利亚

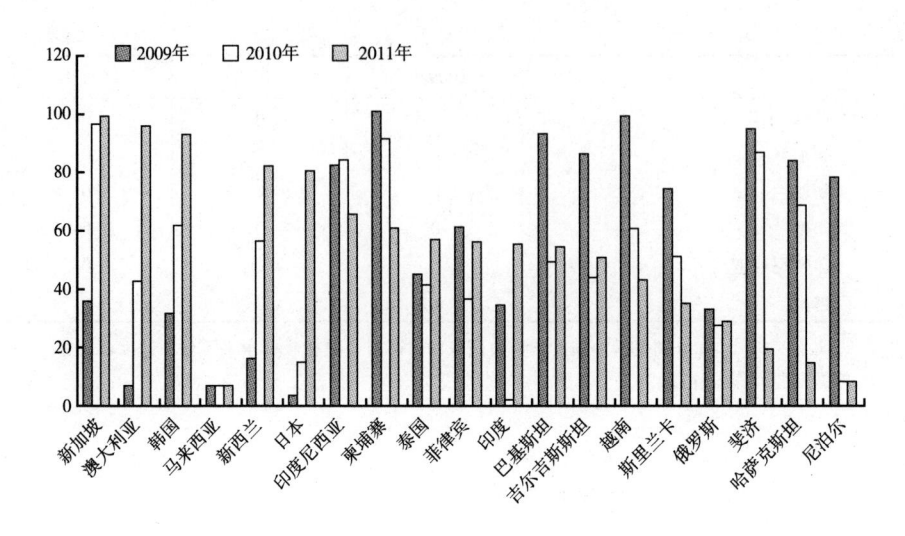

图 4-2 2009~2011 年周边国家投资环境指数在世界中的排名

和新加坡等，其中主要是发达国家。

2009 年和 2010 年周边国家投资环境指数得分大体相似，但 2011 年情况变化较大，部分周边国家有利于中国投资，如斐济、哈萨克斯坦、吉尔吉斯斯坦和斯里兰卡，部分周边国家变化不大，如俄罗斯、菲律宾、马来西亚、泰国、印度尼西亚等，另一部分周边国家则有所恶化，如澳大利亚、韩国、日本、新加坡和印度。

表 4-2 2009~2011 年周边国家投资环境指数评估得分及排名

国家	2009 年		2010 年		2011 年	
	得分	排名	得分	排名	得分	排名
澳大利亚	95.1	6	50.2	43	5.8	96
巴基斯坦	14.4	93	45.9	50	50.1	54
俄罗斯	62.4	33	70.8	27	71.7	29
菲律宾	38.7	61	56.8	36	46.9	56
斐济	13.1	95	16.8	87	84.0	19
哈萨克斯坦	20.8	84	30.9	69	86.1	14
韩国	63.2	31	35.3	62	6.8	93
吉尔吉斯斯坦	7.8	99	37.4	60	62.0	43
柬埔寨	3.6	101	13.4	91	36.7	61
马来西亚	18.1	87	16.5	88	12.8	83

续表

国家	2009年		2010年		2011年	
	得分	排名	得分	排名	得分	排名
尼泊尔	22.7	78	89.3	8	92.0	8
日本	95.7	4	81.1	14	15.0	81
斯里兰卡	25.2	74	45.7	51	69.7	35
泰国	49.7	45	52.6	41	43.7	57
新加坡	59.4	35	11.4	96	3.6	99
新西兰	86.4	16	39.0	56	14.6	82
印度	61.2	34	98.7	2	49.7	55
印度尼西亚	21.3	82	20.6	84	26.6	66
越南	19.2	86	49.5	44	52.9	51

数据来源：作者计算。

如果加入周边国家的个体效应项，周边国家的个体效应项对中国对外直接投资的影响还是很大的，因此考察个体效应项的异质性影响是对投资环境评估体系的补充。

图4-3给出了2009~2011年包括个体效应项后周边国家投资环境评估得分；图4-4给出了2009~2011年包括个体效应项后周边国家投资环境指数在世界中的排名；表4-3给出了2009~2011年包括个体效应项后周边国家投资环境评估得分及排名。

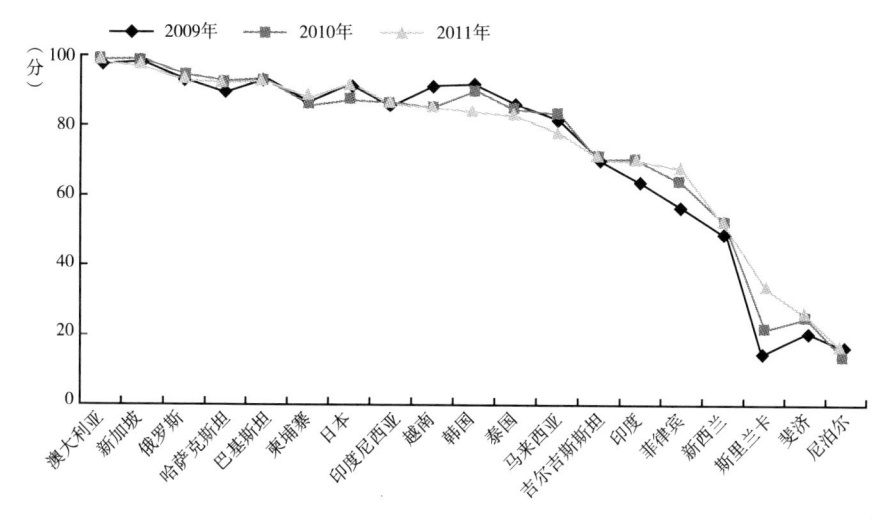

图4-3 2009~2011年包括个体效应项后周边国家投资环境评估得分

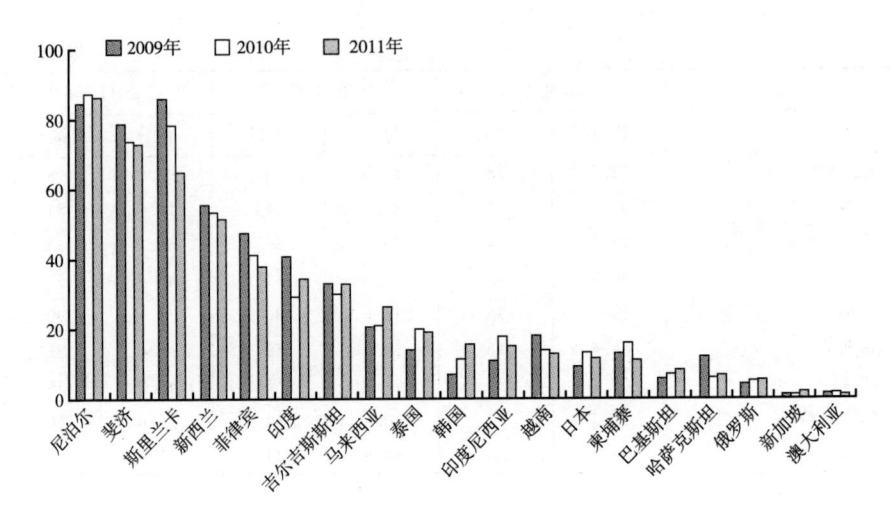

图 4-4 2009~2011 年包括个体效应项后周边国家投资环境指数在世界中的排名

表 4-3 2009~2011 年包括个体效应项后周边国家投资环境评估得分及排名

国家	2009 年		2010 年		2011 年	
	得分	排名	得分	排名	得分	排名
澳大利亚	97.7	2	98.5	2	98.2	1
巴基斯坦	93.2	6	92.9	7	91.6	8
俄罗斯	94.0	4	94.5	5	94.0	5
菲律宾	56.5	47	62.5	41	67.5	38
斐济	20.4	79	25.5	74	25.4	72
哈萨克斯坦	89.3	12	93.3	6	92.2	7
韩国	92.1	7	89.4	12	84.1	16
吉尔吉斯斯坦	68.6	33	69.4	30	70.9	33
柬埔寨	87.9	13	86.0	16	87.5	11
马来西亚	82.3	21	83.1	21	78.1	26
尼泊尔	16.7	84	12.5	87	14.1	86
日本	91.6	9	87.5	13	86.8	12
斯里兰卡	15.1	86	21.6	78	34.0	65
泰国	86.9	14	84.9	20	83.1	19
新加坡	98.0	1	98.6	1	97.8	2
新西兰	48.9	55	52.9	53	49.7	51
印度	63.1	40	70.3	29	70.8	34
印度尼西亚	85.7	18	87.0	14	86.5	13
越南	91.1	11	85.6	18	85.1	15

数据来源：作者计算。

由图 4-3 可知，包括个体效应项后周边国家投资环境评估得分在 2009~2011 年变化不大，高分国家集中在较大规模的经济体上，得分偏低的国家集中在规模较小的周边国家上。图 4-4 则是展现 2009~2011 年包括个体效应项后周边国家投资环境指数在世界中的排名，其变化规律与其评分一样。

三 周边国家市场因素指数评估

图 4-5 给出了 2009~2011 年周边国家市场因素指数评估得分情况；图 4-6 给出了 2009~2011 年周边国家市场因素指数在世界中的排名情况；表 4-4 给出了 2009~2011 年周边国家市场因素指数评估得分及排名。

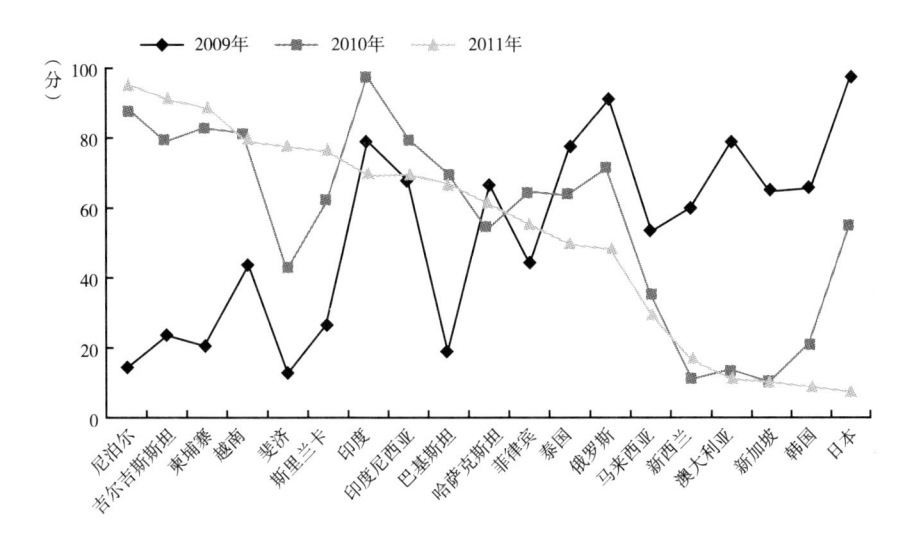

图 4-5 2009~2011 年周边国家市场因素指数评估得分

2011 年对中国对外直接投资有利的周边国家主要是发展中国家，如尼泊尔、吉尔吉斯斯坦、柬埔寨、越南、斐济等，对中国对外直接投资不利的周边国家主要是日本、韩国、新加坡、澳大利亚、新西兰和马来西亚等发达国家。

2010 年和 2011 年周边国家市场因素指数得分大体相似，但 2009 年情况变化较大，与 2011 年的情况恰好相反，即有利于中国对外直接投资的国家主要是发达国家，不利于中国对外直接投资的国家主要是发展中国家。

2009~2011 年市场条件变好的或有利于中国对外直接投资的周边国家是发展中国家，市场条件变差的或不利于中国对外直接投资的是发达国家。

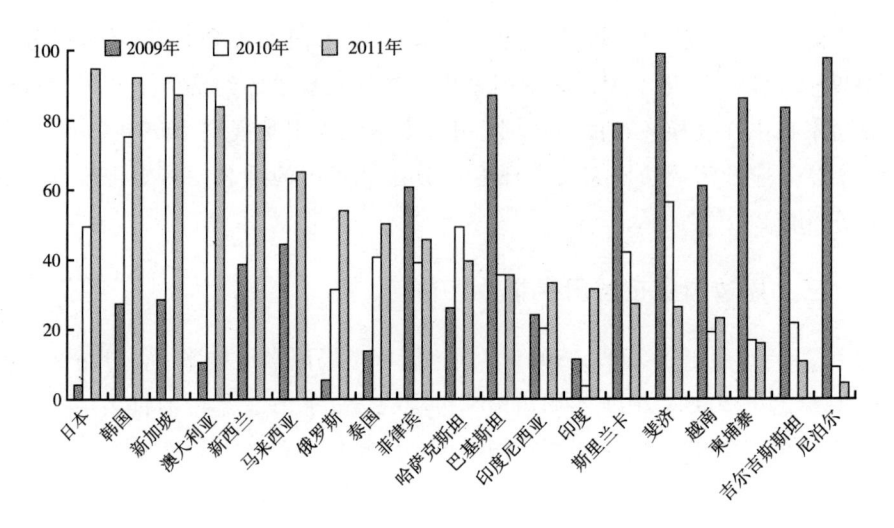

图 4-6　2009~2011 年周边国家市场因素指数在世界中的排名

表 4-4　2009~2011 年周边国家市场因素指数评估得分及排名

国家	2009 年		2010 年		2011 年	
	得分	排名	得分	排名	得分	排名
澳大利亚	79.3	10	13.2	89	11.4	83
巴基斯坦	19.0	87	69.5	35	66.3	35
俄罗斯	91.0	5	72.0	31	48.0	54
菲律宾	44.0	60	64.7	39	55.8	45
斐济	12.7	99	42.0	56	76.9	26
哈萨克斯坦	66.5	26	52.6	49	61.1	39
韩国	65.6	27	21.1	75	8.4	92
吉尔吉斯斯坦	23.1	83	78.5	21	91.0	10
柬埔寨	20.1	86	82.4	16	88.5	15
马来西亚	53.8	44	35.4	63	29.9	65
尼泊尔	14.1	98	88.4	9	95.2	4
日本	98.3	3	55.2	48	7.6	95
斯里兰卡	26.2	79	62.1	42	76.0	27
泰国	77.5	13	63.0	40	49.9	50
新加坡	65.0	28	9.5	91	9.6	87
新西兰	59.6	38	10.9	90	15.9	78
印度	79.1	11	98.0	3	69.3	31
印度尼西亚	67.5	24	78.9	20	68.7	33
越南	43.6	61	80.6	18	78.7	23

数据来源：作者计算。

四 周边国家政府因素指数评估

图 4-7 给出了 2009~2011 年周边国家政府因素指数评估得分情况；图 4-8 给出了 2009~2011 年周边国家政府因素指数在世界中的排名情况；表 4-5 给出了 2009~2011 年周边国家政府因素指数评估得分及排名。

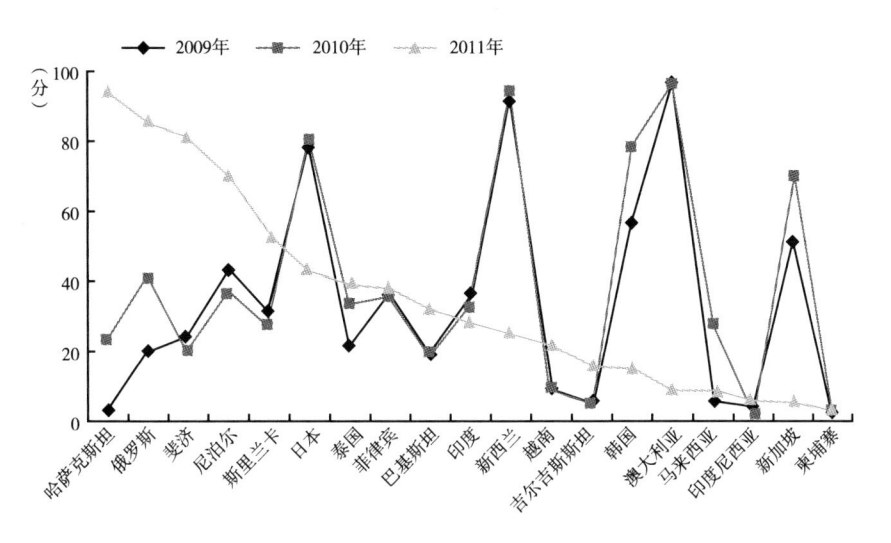

图 4-7 2009~2011 年周边国家政府因素指数评估得分

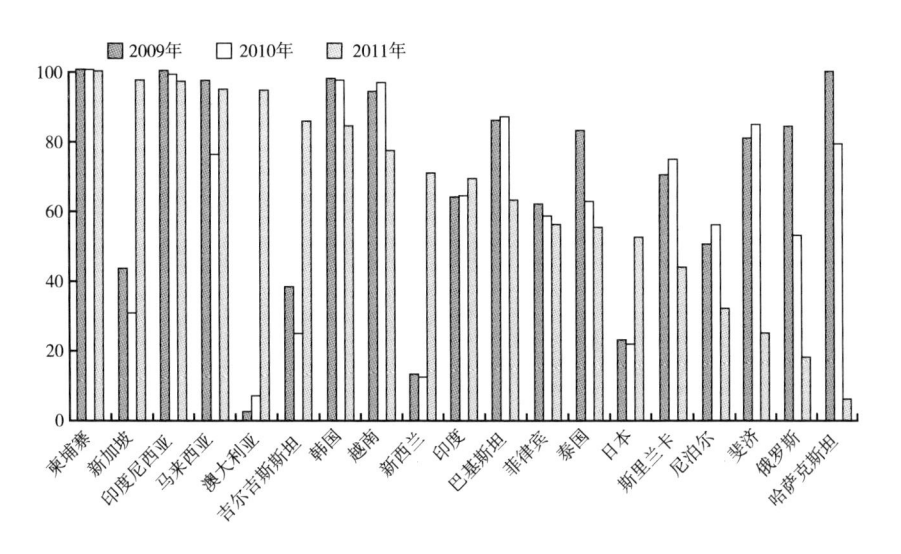

图 4-8 2009~2011 年周边国家政府因素指数在世界中的排名

表4-5 2009~2011年对周边国家政府因素指数评估得分及排名

国家	2009年		2010年		2011年	
	得分	排名	得分	排名	得分	排名
澳大利亚	97.5	3	95.8	7	8.8	94
巴基斯坦	18.6	86	18.2	87	31.5	63
俄罗斯	20.0	85	40.9	53	84.9	18
菲律宾	37.2	62	35.5	59	37.9	56
斐济	23.6	81	19.5	85	80.8	25
哈萨克斯坦	3.5	101	23.9	79	93.8	6
韩国	56.2	38	78.1	24	15.1	85
吉尔吉斯斯坦	5.1	98	5.4	98	16.0	84
柬埔寨	1.4	102	0.3	101	2.6	100
马来西亚	5.1	97	27.0	76	8.5	95
尼泊尔	43.5	51	37.5	56	70.4	32
日本	76.6	23	80.9	22	42.7	53
斯里兰卡	31.7	71	27.2	75	53.3	44
泰国	21.6	83	33.3	63	38.8	55
新加坡	50.4	43	70.8	30	5.1	98
新西兰	94.6	13	94.1	12	24.2	71
印度	36.4	64	32.5	64	27.7	69
印度尼西亚	3.6	100	1.3	99	5.1	97
越南	9.6	94	9.0	97	21.7	77

数据来源：作者计算。

2011年对中国对外直接投资有利的周边国家主要是发展中国家，如哈萨克斯坦、俄罗斯、斐济、尼泊尔；其他国家政府因素指数均显示周边国家对中国对外直接投资为不利影响。

2009年和2010年周边国家政府因素指数得分大体相似，但与2011年情况变化较大，有利于中国投资的国家主要是发达国家，不利于中国投资的主要是发展中国家。

2009~2011年市场条件变好的或有利于中国投资的周边国家是发展中国家，市场条件变差的或不利于中国投资的是发达国家，变化不大的则是部分发展中国家，如越南等。

第二节 中国对外直接投资环境指数预测

图4-9给出了2013年周边国家投资环境（包括异质性）预测得分情

况；图 4-10 给出了 2013 年周边国家投资环境（包括异质性）预测排名情况；图 4-11 给出了 2013 年周边国家市场和政府因素指数预测得分情况；图 4-12 给出了 2013 年周边国家市场和政府因素指数预测排名情况；表 4-6 给出了 2013 年周边国家投资环境指数预测得分及排名。

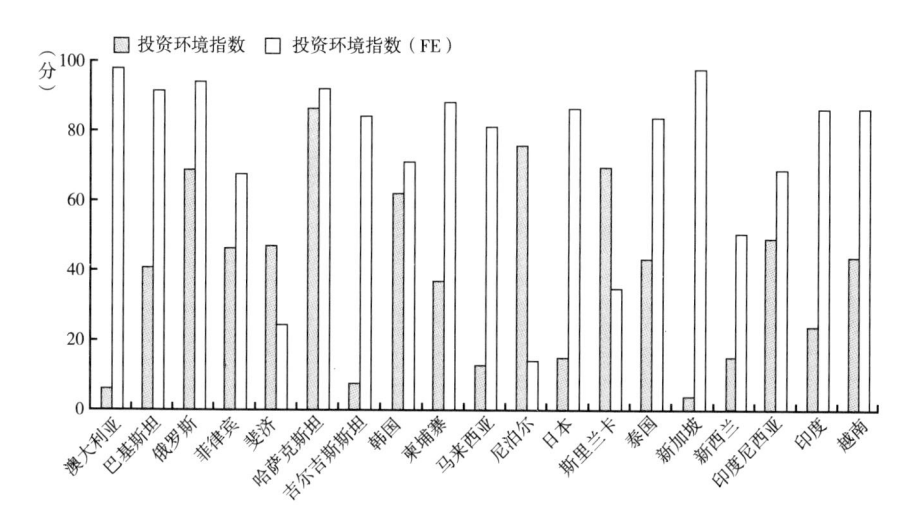

图 4-9 2013 年周边国家投资环境（包括异质性）预测得分

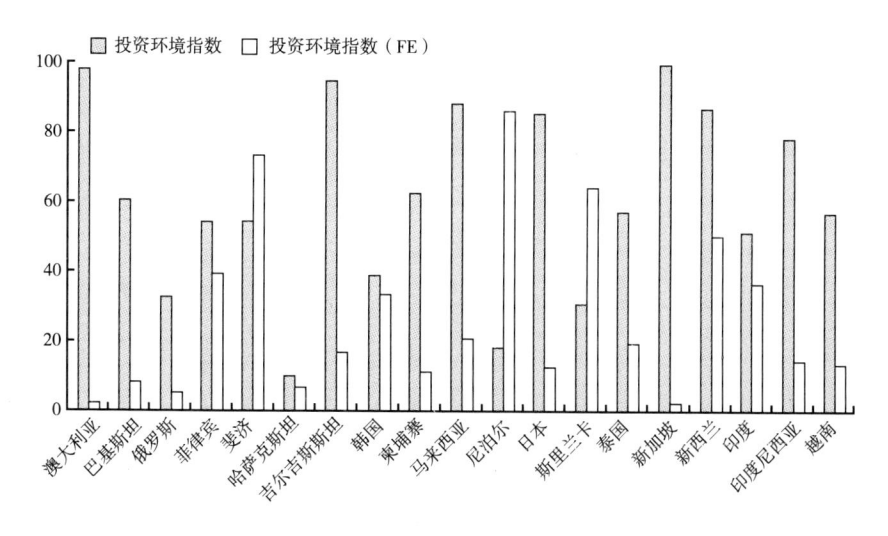

图 4-10 2013 年周边国家投资环境（包括异质性）预测排名

2013 年对中国对外直接投资有利的周边国家主要是发展中国家，如尼泊尔、哈萨克斯坦等，对中国对外直接投资不利的周边国家主要是日本、新

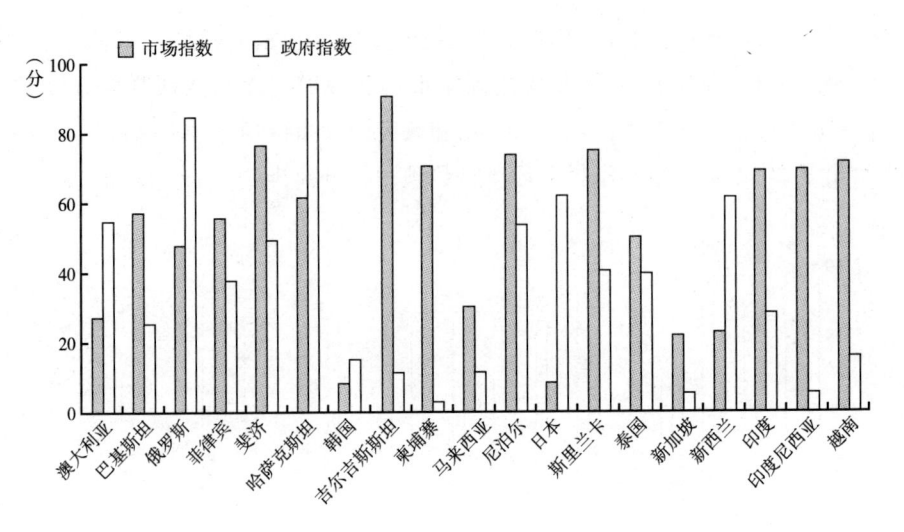

图 4-11　2013 年周边国家市场和政府因素指数预测得分

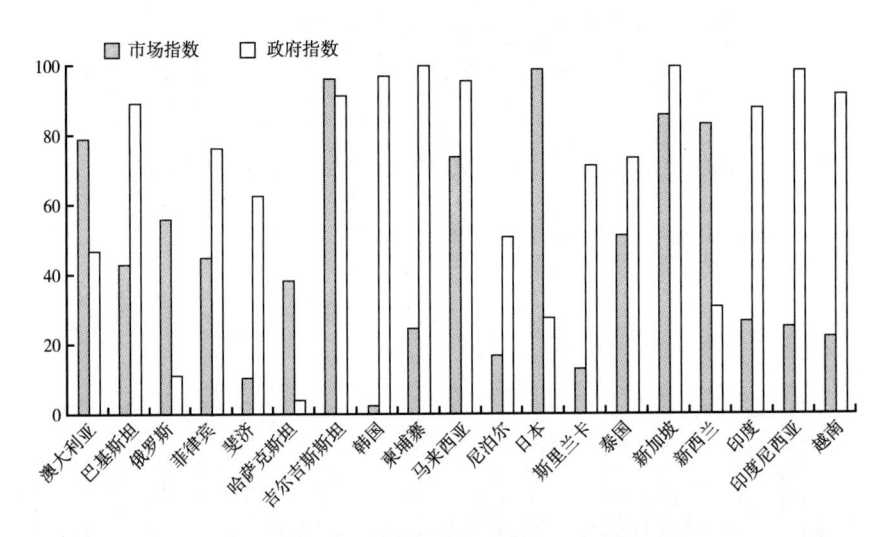

图 4-12　2013 年周边国家市场和政府因素指数预测排名

西兰、马来西亚、韩国、澳大利亚和新加坡等发达国家。

从市场和政府因素指数来看，2013 年市场因素指数和政府因素指数对中国对外直接投资是否有利大体呈现相反情况，即市场因素指数显示有利于中国投资的则政府因素指数显示为不利，反之亦如此。两者均显示对中国对外直接投资有利的是部分周边发展中国家，如哈萨克斯坦、尼泊尔等，两者均显示对中国对外直接投资不利的是新加坡、韩国、马来西亚等经济发展水平较高的国家。

表4-6　2013年周边国家投资环境指数预测得分及排名

国家	投资环境指数		投资环境指数(FE)		市场因素指数		政府因素指数	
	得分	排名	得分	排名	得分	排名	得分	排名
澳大利亚	5.84	98	98.23	1	27.26	79	55.66	46
巴基斯坦	40.38	61	91.61	8	57.27	43	24.45	89
俄罗斯	69.22	33	93.96	5	48.04	56	84.86	11
菲律宾	46.94	55	67.48	39	55.8	45	37.94	77
斐济	47.24	54	24.33	73	76.93	10	49	63
哈萨克斯坦	86.09	10	92.16	7	61.07	37	93.83	4
韩国	6.75	95	84.1	16	8.43	96	15.07	91
吉尔吉斯斯坦	61.97	40	70.91	34	90.99	2	10.26	97
柬埔寨	36.69	63	87.37	11	70.66	24	2.59	100
马来西亚	12.81	88	80.57	21	29.94	74	10.66	96
尼泊尔	75.4	18	14.1	86	74.22	16	54.28	50
日本	15.04	86	86.75	12	7.64	99	62.08	27
斯里兰卡	69.7	31	34.01	64	75.97	12	40.48	71
泰国	43.66	58	83.07	19	49.93	52	38.84	74
新加坡	3.61	100	97.83	2	21.83	86	5.07	99
新西兰	14.6	87	49.92	51	23.2	83	61.62	30
印度	49.65	52	68.89	36	69.27	26	27.68	88
印度尼西亚	23.56	79	86.48	14	69.7	25	5.1	98
越南	43.97	57	86.65	13	71.79	22	15.05	92

注：投资环境指数（FE）表示包括了个体效应项后周边国家投资环境的评估得分及排名。

第三节　中国周边投资环境的结构性分析

本书为更详细地讨论中国面临的周边国家投资环境差异情况，有必要对周边国家的投资环境做进一步的分析。本节将从分项指标入手，分析影响中国对外投资的周边国家环境因素差异，以更好地促进中国对外投资。

一　市场寻求指数

图4-13给出了2009～2013（除2012）年周边国家市场寻求指数评估及预测得分情况；图4-14给出了2009～2013（除2012）年周边国家市场寻求指数在世界中的排名情况；表4-7给出了2009年、2010年、2011年、2013年周边国家市场寻求指数评估和预测得分及排名情况。

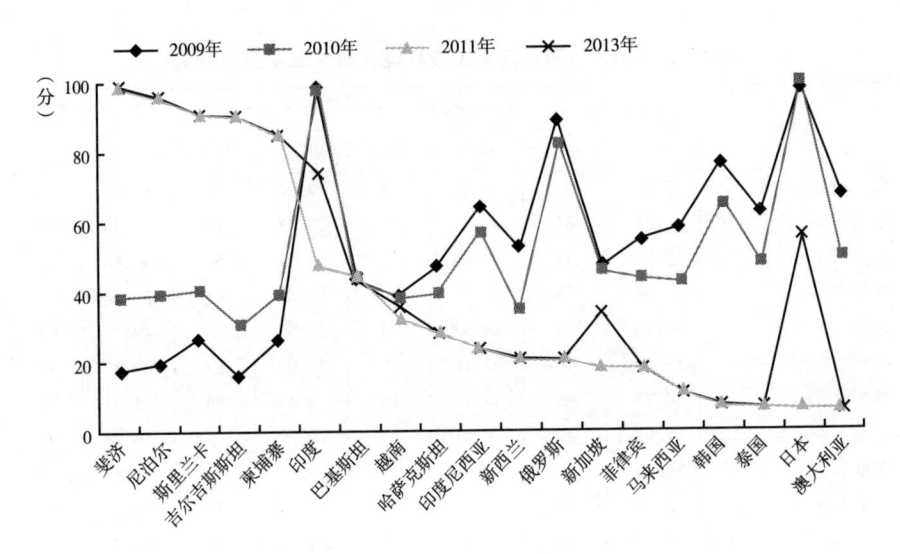

图 4-13 2009~2013（除 2012）年周边国家市场寻求指数评估及预测得分

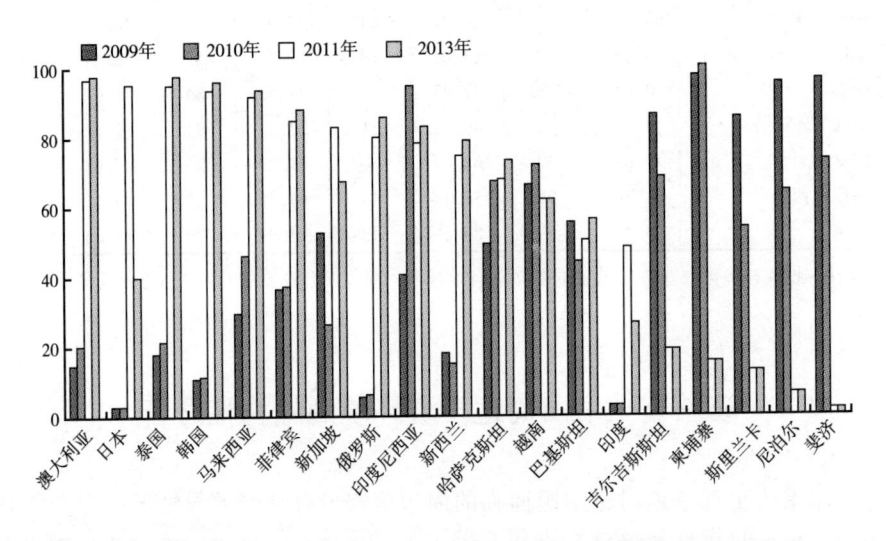

图 4-14 2009~2013（除 2012）年周边国家市场寻求指数在世界中的排名

市场寻求指数显示，2011年多数周边国家对中国对外直接投资不利，对中国对外直接投资有利的周边国家主要是少数几个发展中国家。

2009年和2010年周边国家市场寻求指数得分大体相似，但与2011年比情况变化较大，有利于中国投资的国家主要是大国，如印度、俄罗斯、日本等，不利于中国投资的国家主要是发展中国家。

2009~2011年市场条件变好的或有利于中国投资的周边国家是发展中

国家，如斐济、尼泊尔等；市场条件变差的或不利于中国投资的是大国和部分经济发展水平较高的周边国家；市场寻求指数显示变化不大的是巴基斯坦、越南等。

2013 年变化情况和 2011 年类似，多数周边国家对中国对外直接投资不利，对中国对外直接投资有利的周边国家主要是少数几个发展中国家。

表 4-7 2009~2013（除 2012）年周边国家市场寻求指数评估和预测得分及排名

国家	2009 年		2010 年		2011 年		2013 年	
	得分	排名	得分	排名	得分	排名	得分	排名
澳大利亚	67.3	14	48.9	20	5.7	97	5.7	98
巴基斯坦	44	55	42.5	44	43.5	50	43.5	56
俄罗斯	88.9	5	82	6	19.7	80	19.7	85
菲律宾	54.6	36	43	37	17.5	84	17.5	88
斐济	17.2	96	38	73	99.1	1	99.1	1
哈萨克斯坦	47	49	38.8	67	27.7	68	27.7	73
韩国	77.1	10	65.6	11	6.4	94	6.4	96
吉尔吉斯斯坦	15.7	97	29.7	101	89.8	15	89.8	15
柬埔寨	25.8	86	38.7	68	85.2	19	85.2	19
马来西亚	57.5	29	42.3	46	10.4	92	10.5	94
尼泊尔	18.8	95	39.4	64	96	6	96	6
日本	99.1	2	98.8	2	5.8	96	55.5	40
斯里兰卡	26	85	41.4	53	90	12	90	12
泰国	62.4	18	47.6	21	6.2	95	6.2	97
新加坡	46	52	45.9	26	17.7	83	32.8	67
新西兰	51.2	40	34.5	94	20	78	20	83
印度	96.2	3	98.8	3	47.3	48	74.2	26
印度尼西亚	63.9	17	57.5	15	23	74	23	79
越南	38.8	66	38.5	71	32.1	62	35.6	62

数据来源：作者计算。

二 资源禀赋指数

图 4-15 给出了 2009~2013（除 2012）年周边国家资源禀赋指数评估及预测得分情况；图 4-16 给出了 2009~2013（除 2012）年周边国家资源禀赋指数在世界中的排名情况；表 4-8 给出了 2009 年、2010 年、2011 年、2013 年周边国家资源禀赋指数评估和预测得分及排名情况。

资源禀赋指数显示，2009～2011年多数周边国家对中国对外直接投资不利，对中国对外直接投资有利的周边国家主要是少数几个资源类型的国家，如哈萨克斯坦、俄罗斯和澳大利亚。

2013年预测值也与2011年类似。

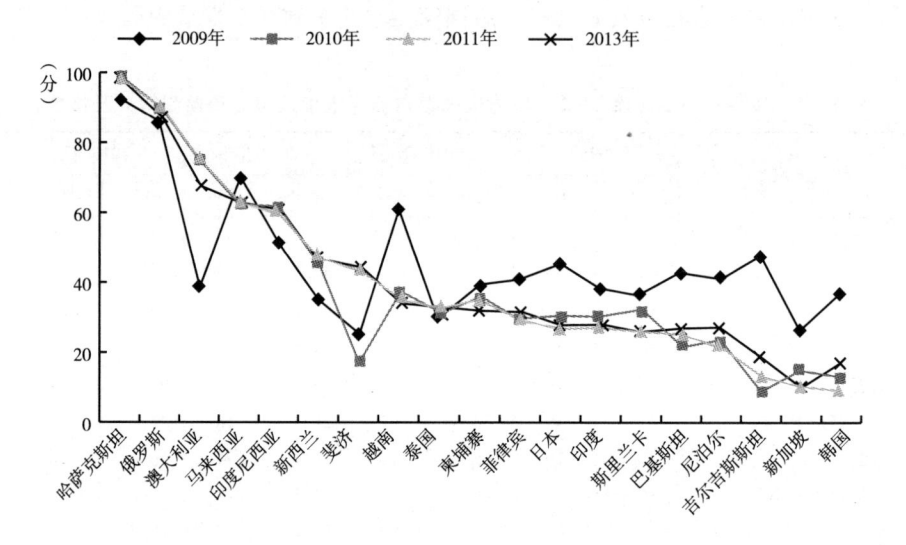

图4-15 2009～2013（除2012）年周边国家资源禀赋指数评估及预测得分

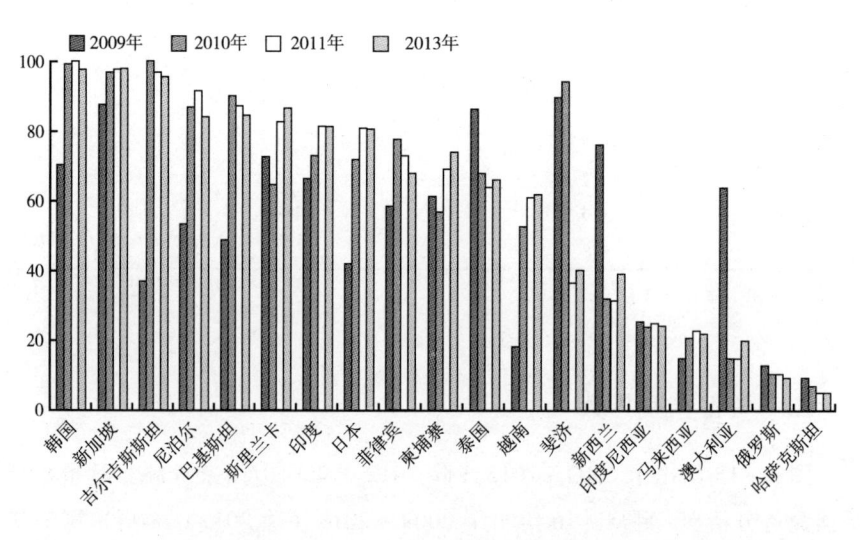

图4-16 2009～2013（除2012）年周边国家资源禀赋指数在世界中的排名

表4-8 2009~2013（除2012）年周边国家资源禀赋指数评估和预测得分及排名

国家	2009年		2010年		2011年		2013年	
	得分	排名	得分	排名	得分	排名	得分	排名
澳大利亚	38.6	64	75.6	15	76.1	15	67.5	20
巴基斯坦	42.7	49	21.8	91	21.6	88	26.4	85
俄罗斯	86.4	13	90.6	11	90.1	11	89.5	9
菲律宾	40.7	58	29.2	78	30	73	32	68
斐济	25.3	90	17.4	94	43.8	37	43.8	40
哈萨克斯坦	93.2	9	98.6	7	99.5	5	99.5	5
韩国	37.3	71	12.3	100	9	100	16.7	98
吉尔吉斯斯坦	47.8	37	8.1	101	12.8	97	18.3	96
柬埔寨	40	61	35.8	57	31.2	69	31.3	74
马来西亚	69.9	15	63.4	21	62.3	23	62.3	22
尼泊尔	41.3	54	23.5	87	21.2	91	26.7	84
日本	45.4	42	30.2	72	27.4	81	27.4	81
斯里兰卡	36.2	73	32.5	65	26	83	26	87
泰国	28.3	86	30.9	68	32.6	64	32.6	66
新加坡	26.8	88	15.3	97	10.2	98	10.2	99
新西兰	35.3	76	46.5	32	46.9	32	44.1	39
印度	38.1	66	30.2	73	27.1	82	27.1	82
印度尼西亚	51.6	25	61.5	24	61.8	25	59.4	24
越南	61.1	18	38.3	53	33.9	61	33.9	62

数据来源：作者计算。

三 效率寻求指数

表4-9给出了2009年、2010年、2011年、2013年周边国家效率寻求指数评估和预测得分及排名情况；图4-17给出了2009~2013（除2012）年周边国家效率寻求指数评估及预测得分情况；图4-18给出了2009~2013（除2012）年周边国家效率寻求指数在世界中的排名情况。

效率寻求指数显示，2010~2011年发达国家对中国对外直接投资不利，对中国对外直接投资有利的周边国家主要是发展中国家。2009年情况与上述两年情况相反，发展中国家对中国对外直接投资不利，对中国对外直接投资有利的周边国家主要是发达国家。

2013年预测值也与2011年类似。

表 4-9 2009~2013（除 2012）年周边国家效率寻求指数评估和预测得分及排名

国家	2009 年		2010 年		2011 年		2013 年	
	得分	排名	得分	排名	得分	排名	得分	排名
澳大利亚	81.4	10	10.8	86	15.5	81	27.9	75
巴基斯坦	8.6	96	77.3	27	74.6	31	61.1	36
俄罗斯	77.7	16	45.2	56	50.8	50	53.9	45
菲律宾	34	70	71.6	34	71	36	63.1	34
斐济	21.6	83	53.6	45	53.7	47	46.5	57
哈萨克斯坦	78.7	15	49.9	50	55.2	45	57.7	40
韩国	40.7	64	16.7	77	17.8	77	22.4	88
吉尔吉斯斯坦	50.1	52	90.8	12	90.7	7	81.7	7
柬埔寨	26.1	77	88.6	15	87.1	15	74.2	19
马来西亚	46	57	37.8	63	39.7	61	40.1	64
尼泊尔	22.5	82	93.5	5	93.1	4	77.6	12
日本	76.8	19	10.9	85	14	83	26.5	79
斯里兰卡	38.9	66	69.7	37	68.9	39	62.6	35
泰国	83.3	9	67.2	40	71.5	35	71.7	25
新加坡	80.2	12	11.5	83	14.8	82	27.8	76
新西兰	66	31	15	79	18.5	75	27.4	77
印度	19.8	86	78.5	24	75.8	28	64.6	32
印度尼西亚	63.5	37	75.5	30	77.8	25	77.8	11
越南	52.8	50	87.1	18	87.4	14	79.6	8

数据来源：作者计算。

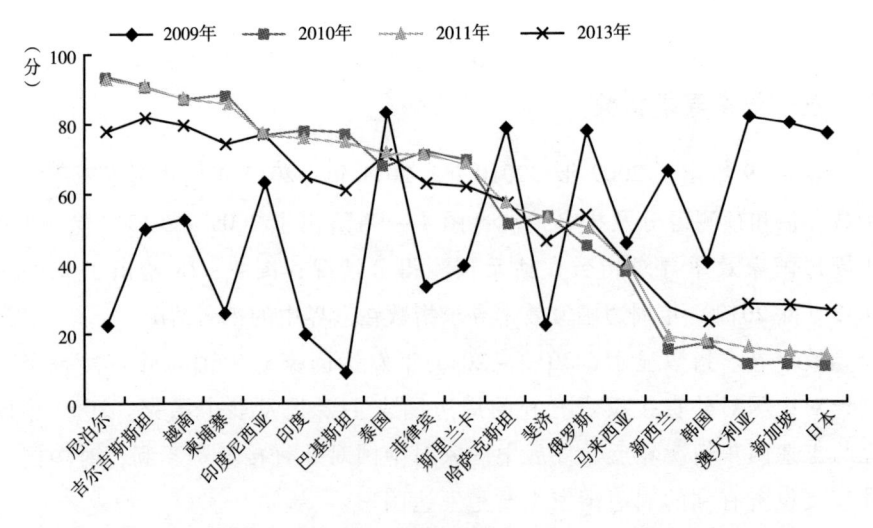

图 4-17 2009~2013（除 2012）年周边国家效率寻求指数评估及预测得分

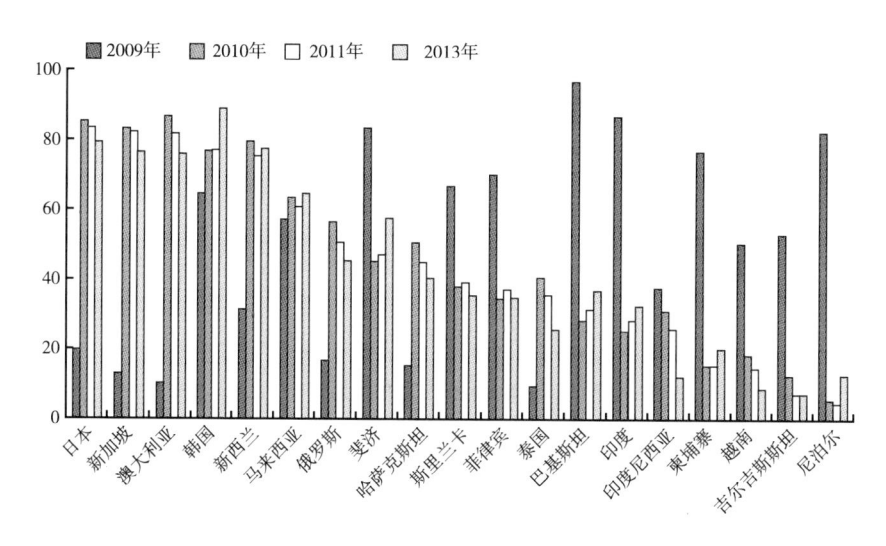

图 4-18　2009~2013（除 2012）年周边国家效率寻求指数在世界中的排名

四　政府治理指数

图 4-19 给出了 2009~2011 年周边国家政府治理指数评估得分情况；图 4-20 给出了 2009~2011 年周边国家政府治理指数在世界中的排名情况；表 4-10 给出了 2009~2011 年周边国家政府治理指数评估得分及排名。

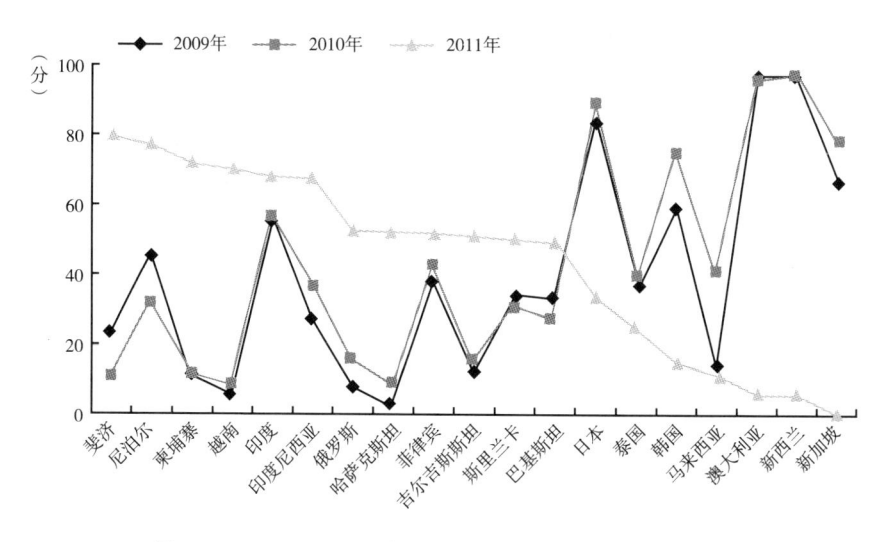

图 4-19　2009~2011 年周边国家政府治理指数评估得分

```
        □ 2009年  ■ 2010年  □ 2011年
```

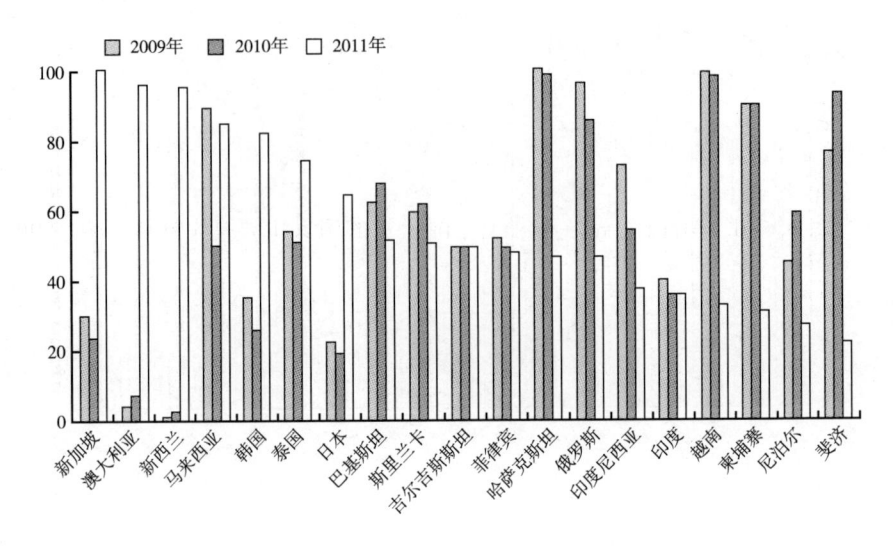

图 4-20 2009~2011 年周边国家政府治理指数在世界中的排名

表 4-10 2009~2011 年周边国家政府治理指数评估得分及排名

国家	2009 年		2010 年		2011 年	
	得分	排名	得分	排名	得分	排名
澳大利亚	97.1	4	96.4	7	6.3	96
巴基斯坦	33.7	62	27.7	68	49.5	52
俄罗斯	8.2	96	15.4	86	53.2	46
菲律宾	38.5	52	42.9	49	52.2	48
斐济	23.9	77	11.8	93	80.5	22
哈萨克斯坦	2.6	101	8.2	99	53	47
韩国	60.5	35	74.8	26	15.3	82
吉尔吉斯斯坦	12.2	91	15.5	84	51.2	50
柬埔寨	12.6	90	12.3	90	72	31
马来西亚	13.8	89	40.6	50	11.8	85
尼泊尔	46	45	32.2	60	77.5	27
日本	83.3	22	89.1	19	33.9	64
斯里兰卡	34.3	60	31.9	62	50	51
泰国	37.3	54	40.1	51	25.2	74
新加坡	66.2	30	78.8	24	0.6	100
新西兰	98.5	1	97.3	3	6.3	95
印度	54.3	40	57.6	36	68.5	36
印度尼西亚	28.5	73	37	54	67.9	37
越南	6	99	8.8	98	71.1	33

数据来源：作者计算。

政府治理指数显示，2011年多数周边国家对中国对外直接投资不利，对中国对外直接投资有利的周边国家主要是少数几个发展中国家。

2009年和2010年周边国家市场寻求指数得分大体相似，但与2011年比情况变化较大，有利于中国投资的国家主要是大国如印度或发达国家如日本、澳大利亚、新西兰等，不利于中国投资的国家主要是发展中国家，如哈萨克斯坦、越南、吉尔吉斯斯坦、斐济等。

2009~2011年市场条件变好的或有利于中国投资的周边国家是发展中国家，如斐济、尼泊尔、越南等；市场条件变差的或不利于中国投资的是部分经济发展水平较高的周边国家；变化不大的是印度、菲律宾、泰国等。

五 汇率变动指数

图4-21给出了2009~2011年周边国家汇率变动指数评估得分情况；图4-22给出了2009~2011年周边国家汇率变动指数在世界中的排名情况；表4-11给出了2009~2011年周边国家汇率变动指数评估得分及排名。

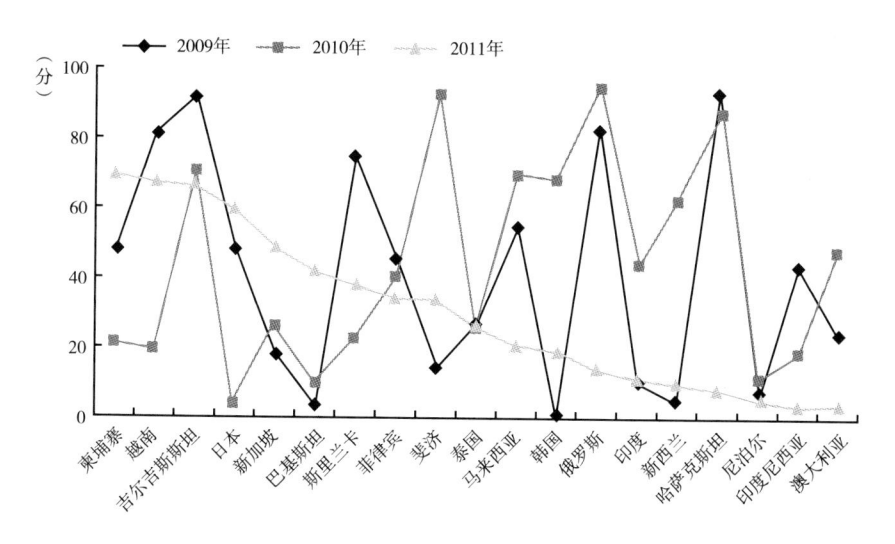

图4-21 2009~2011年周边国家汇率变动指数评估得分

汇率变动指数显示，2011年多数周边国家对中国对外直接投资不利，对中国对外直接投资有利的周边国家主要是少数几个发展中国家，如柬埔寨、越南。

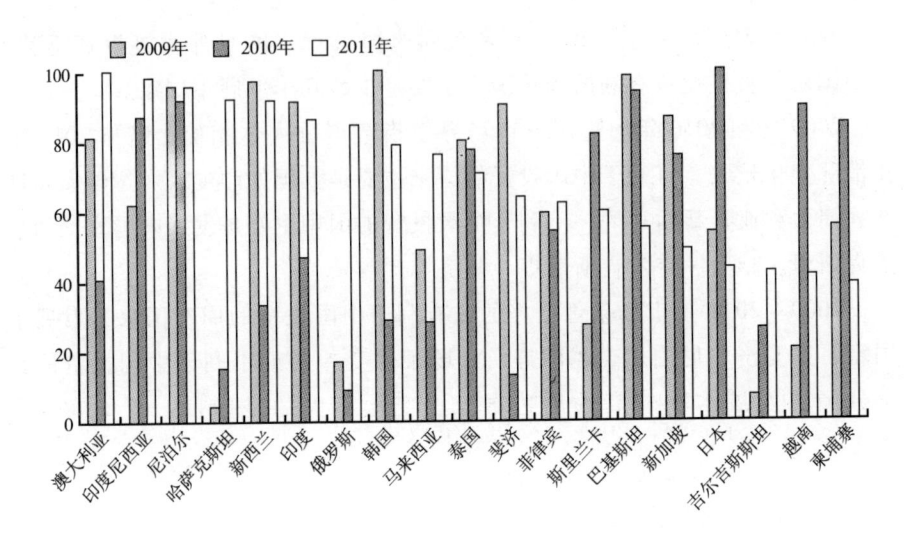

图 4-22　2009~2011 年周边国家汇率变动指数在世界中的排名

表 4-11　2009~2011 年周边国家汇率变动指数评估得分及排名

国家	2009 年		2010 年		2011 年	
	得分	排名	得分	排名	得分	排名
澳大利亚	23.9	81	49.8	40	3.3	99
巴基斯坦	3.5	98	9.5	94	41.7	55
俄罗斯	83.5	16	95.5	9	13.4	84
菲律宾	46.3	59	39.8	54	33.8	63
斐济	14.2	90	93.3	12	33.2	64
哈萨克斯坦	94.2	4	86.6	15	7.7	92
韩国	0	100	68.5	29	18.9	78
吉尔吉斯斯坦	92.4	6	71	26	66.6	42
柬埔寨	47.9	56	20.9	84	70.1	38
马来西亚	54.6	49	69.7	28	20.6	76
尼泊尔	6.5	96	11.3	92	4.9	96
日本	48.7	54	3.7	100	59.7	44
斯里兰卡	75.4	26	23.2	82	37.1	60
泰国	26.8	80	25.8	78	26.1	71
新加坡	17.9	87	27.1	76	48.5	49
新西兰	4.4	97	61	34	8.9	91
印度	10.4	92	43.6	47	11.1	87
印度尼西亚	43.4	63	19.2	87	3.5	98
越南	81.4	20	18.6	89	67.2	41

数据来源：作者计算。

2009年和2010年周边国家市场寻求指数得分大体相似,但与2011年情况变化较大,有利于中国投资的国家主要是大国,如印度、俄罗斯等,不利于中国投资的主要是发展中国家。

2009~2011年市场条件变好的或有利于中国投资的周边国家是发展中国家,如柬埔寨等;市场条件变差的或不利于中国投资的是多数周边国家;变化不大的是菲律宾、泰国等。

六 双边合作指数

图4-23给出了2009~2011年周边国家双边合作指数评估得分情况;图4-24给出了2009~2011年周边国家双边合作指数在世界中的排名情况;表4-12给出了2009~2011年周边国家双边合作指数评估得分及排名。

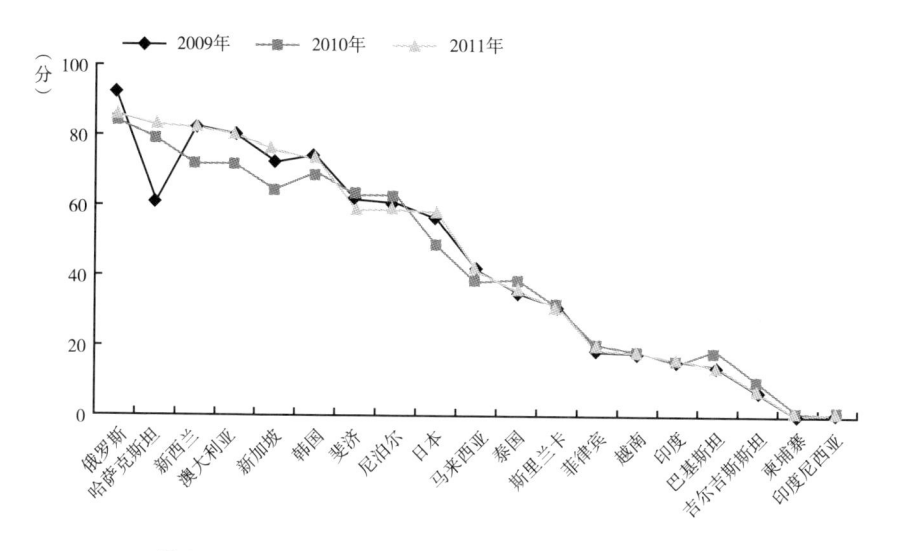

图4-23 2009~2011年周边国家双边合作指数评估得分

双边合作指数显示,2009~2011年得分高度相似,多数周边国家对中国对外直接投资不利,对中国对外直接投资有利的周边国家主要是少数国家,如俄罗斯、哈萨克斯坦、新西兰等。年度间变化不大。

七 经营环境指数

图4-25给出了2009~2011年周边国家经营环境指数评估得分情况;图4-26给出了2009~2011年周边国家经营环境指数在世界中的排名情况;表4-13给出了2009~2011年周边国家经营环境指数评估得分及排名。

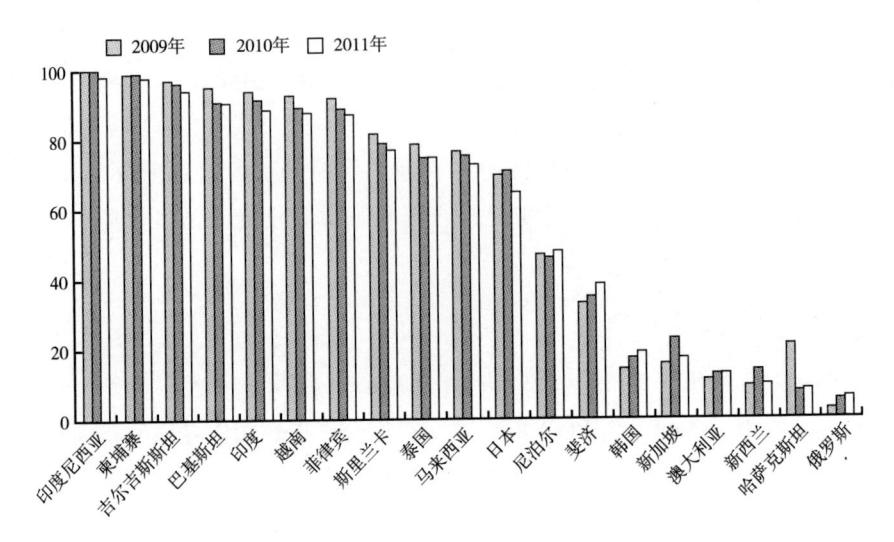

图 4-24 2009~2011 年周边国家双边合作指数在世界中的排名情况

表 4-12 2009~2011 年周边国家双边合作指数评估得分及排名

国家	2009 年		2010 年		2011 年	
	得分	排名	得分	排名	得分	排名
澳大利亚	80.3	11	72.0	13	80.5	13
巴基斯坦	13.5	95	18.5	91	13.7	91
俄罗斯	92.6	3	84.6	5	86.3	6
菲律宾	17.3	92	20.1	89	18.9	87
斐济	61.2	33	62.8	35	58.7	39
哈萨克斯坦	61.4	21	79.1	8	83.1	8
韩国	74.2	14	69.6	17	74.0	19
吉尔吉斯斯坦	5.7	97	9.0	96	6.8	94
柬埔寨	0.0	99	0.0	99	0.0	98
马来西亚	40.1	77	37.5	76	42.3	73
尼泊尔	61.2	47	62.8	46	58.7	48
日本	56.6	70	48.1	71	58.3	65
斯里兰卡	30.9	82	31.4	79	31.5	77
泰国	36.0	79	38.7	75	35.3	75
新加坡	72.7	15	64.4	23	75.4	17
新西兰	82.5	9	71.8	14	82.6	10
印度	16.4	94	15.1	92	16.9	89
印度尼西亚	0.0	100	0.0	100	0.0	99
越南	17.3	93	18.5	90	17.7	88

数据来源：作者计算。

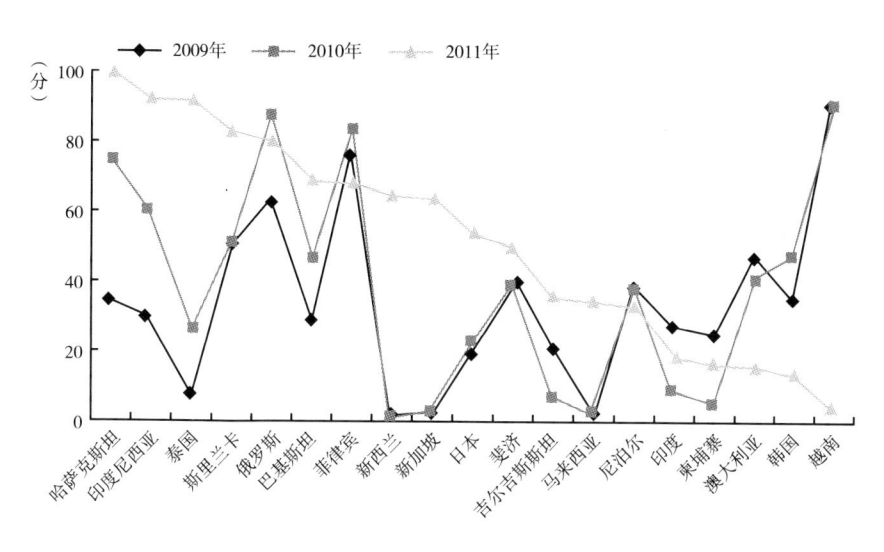

图 4-25 2009~2011 年周边国家经营环境指数评估得分

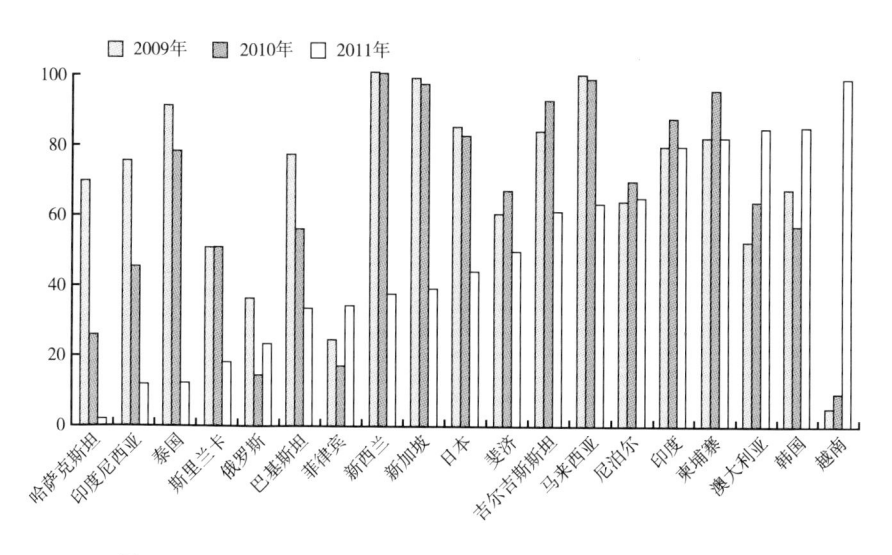

图 4-26 2009~2011 年周边国家经营环境指数在世界中的排名

经营环境指数显示，2011 年 2/3 左右的周边国家对中国对外直接投资不利，对中国对外直接投资有利的周边国家主要是少数几个发展中国家，如哈萨克斯坦、印度尼西亚、泰国、斯里兰卡、俄罗斯。

2009 年和 2010 年周边国家经营环境指数得分大体相似，但与 2011 年情况变化较大，有利于中国投资的国家主要是发展中国家，如菲律宾、俄罗斯、哈萨克斯坦、越南等，不利于中国投资的主要是发达国家。

2009~2011年市场条件变好的或有利于中国投资的周边国家是经济发展水平相对较高的国家,如泰国、新西兰、新加坡等;市场条件变差的或不利于中国投资的是越南;经营环境指数显示变化不大的是俄罗斯、斐济等。

表4-13 2009~2011年周边国家经营环境指数评估得分及排名

国家	2009年		2010年		2011年	
	得分	排名	得分	排名	得分	排名
澳大利亚	47.2	52	41.4	63	15.4	84
巴基斯坦	28.8	77	47.5	56	68.3	33
俄罗斯	63.5	36	87.8	14	80.3	23
菲律宾	76.5	24	83.9	17	68.2	34
斐济	39.5	61	38.8	67	50.1	50
哈萨克斯坦	34.5	70	74.8	26	99.0	2
韩国	35.2	67	47.0	57	12.9	85
吉尔吉斯斯坦	20.2	84	7.0	93	36.5	61
柬埔寨	24.7	82	4.9	96	16.6	82
马来西亚	1.7	100	1.8	99	34.4	63
尼泊尔	39.3	64	38.1	69	33.4	65
日本	18.4	85	23.3	83	54.2	44
斯里兰卡	49.8	51	52.0	51	82.5	18
泰国	7.9	91	26.7	78	91.3	12
新加坡	2.7	99	2.7	97	63.4	39
新西兰	0.9	101	1.3	100	64.1	37
印度	27.3	80	9.9	87	18.5	80
印度尼西亚	29.3	75	59.5	45	91.9	11
越南	92.4	5	91.0	9	3.9	99

数据来源:作者计算。

国别篇

第五章
东北亚地区

第一节　投资环境指数评估与预测：日本

（1）图5-1给出了2007～2011年中国对日本直接投资存量和流量金额（单位：亿美元）。2007年中国对日本直接投资流量为0.39亿美元，2010年达到3.38亿美元，2011年又降低到1.49亿美元。2007年中国对日本直接投资存量为5.5827亿美元，到2011年达到13.6622亿美元；2007年中国对日本直接投资存量占中国对外直接投资存量总量的0.47%，到2010年下降到0.35%，到2011年进一步下降到0.32%；2007～2011年中国对日本直接投资存量年几何平均增长率达到19.6%（见图5-2）。

（2）日本市场规模大，由图5-3可见，2009年其市场因素指数高达98.33分，另外，随着社会老龄化趋势的加深，医疗健康领域的需求大幅增加，约690万人的"团块世代"（1947～1949年之间第一个生育高峰期出生的一代人）已进入退休年龄，其潜在的市场消费能力不容忽视。但2008年全球金融危机以来，日本经济受到很大影响，增长持续走低，2011年3月的大地震及其引发的海啸和核泄漏事故，对日本造成重大冲击，2010年、2011年其市场因素指数得分大幅下降，分别为55.24分、7.64分。

（3）日本在战后建立起非常完备的法律制度，政局比较稳定，2005年制定了新的公司法，给外国企业投资创造了较好的环境。中国与日本签署了双边投资保护协定（1989年生效）以及避免双重征税协定（1985年生效）。尽管日本在积极采取措施吸引外商来日本投资，但对于后进入日本市场的企

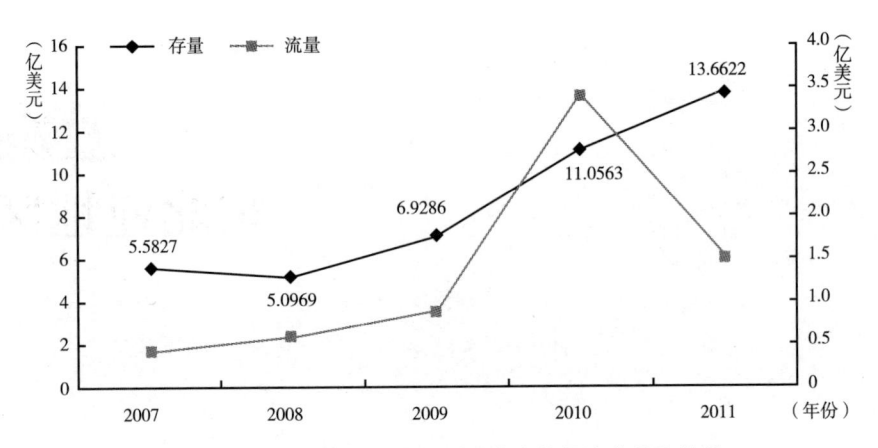

图 5-1　2007~2011 年中国对日本直接投资存量和流量

注：左坐标轴代表直接投资存量，右坐标轴代表直接投资流量。图中数字标签是直接投资存量。

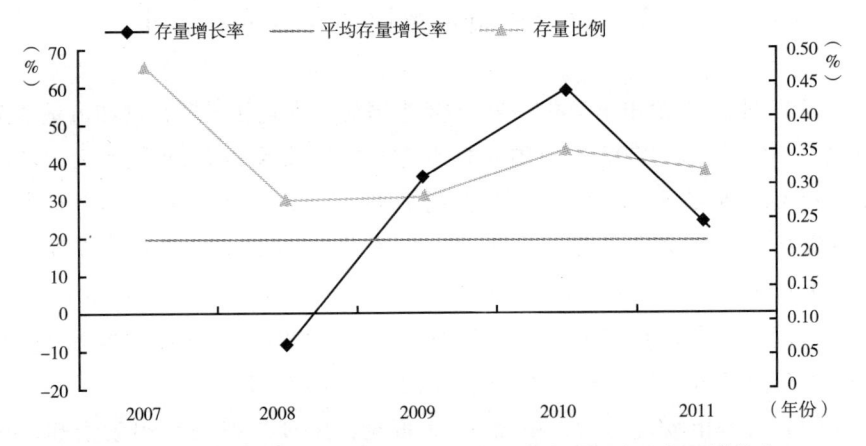

图 5-2　2007~2011 年中国对日本直接投资存量所占比例及增长率

注：左坐标轴代表存量增长率，平均存量增长率为 2007~2011 年几何平均增长率；右坐标轴代表该国家直接投资存量占中国总直接投资存量的比例（存量比例）。

业而言，要面临更大的困难，如市场封闭性较强，运营成本高，据日本贸易振兴机构测算，在日本投资约为法国的 11 倍，美国的 7 倍，德国的 5 倍。并购日本企业困难大，优惠政策少，融资难，日本虽然制定了一些外资优惠政策，但仅限于放宽原有限制条件。对外企来日资格限制严格，日本签证审查非常严格，对外企要求必须雇用日本全职人员才向外方人员发放签证。2009 年其政府因素指数得分 76.60 分，但到 2011 年下降到 42.74 分。

（4）从日本异质性效应对中国直接投资的影响结果（见图 5-4）来看，

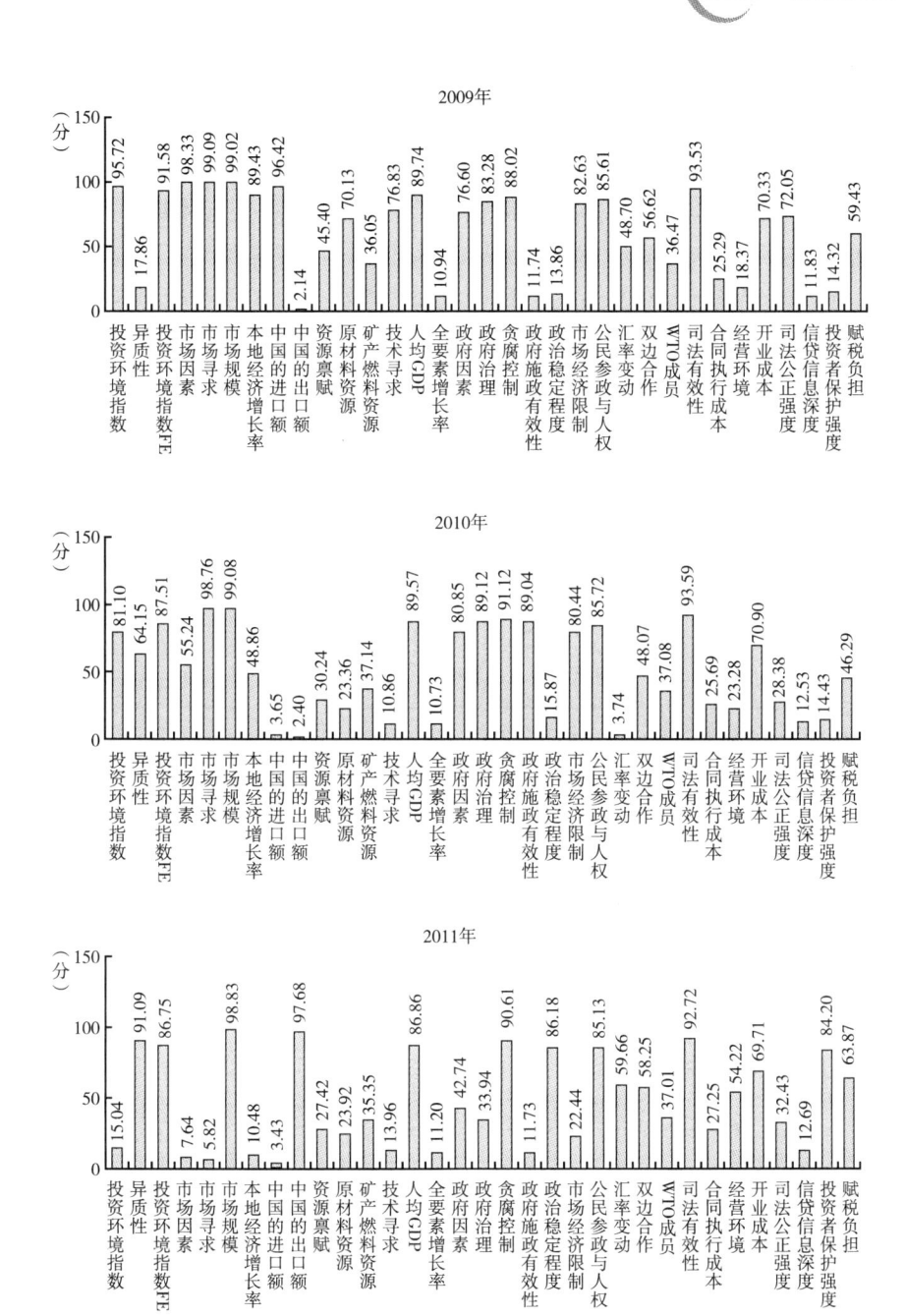

图 5-3　2009~2011 年中国对日本直接投资环境各分项指数评估得分

注：投资环境指数（FE）表示包括了个体效应项后各国投资环境的评估得分。

对中国直接投资的进入，最初日本人心理上并未做好准备，2009年日本固定效应项的估计结果为 -3.7，日本具有独特的商业文化，重视长期稳定的合作关系，排外性比较强。随着国际金融危机的加深，许多日本企业陷入经营困境，中国投资并购日本企业的情况增多，中资的进入也对解决日企资金困境有所帮助，因此对中国企业进入日本的态度有所转变，到2011年日本固定效应项的估计结果为3.63，对中国的投资有所促进。

（5）预计2013年日本市场因素指数维持在7.64分，但政府因素指数会有所提升，达到62.08分，投资环境指数会维持在15.04分（见图5-5），但由于看好日本经济的长期发展，中国整体对日本的投资还是会持续增加。

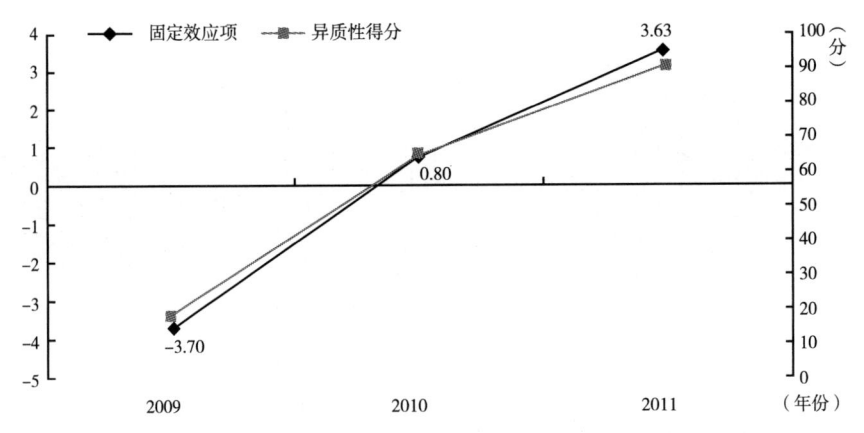

图5-4 2009~2011年日本异质性效应对中国直接投资的影响

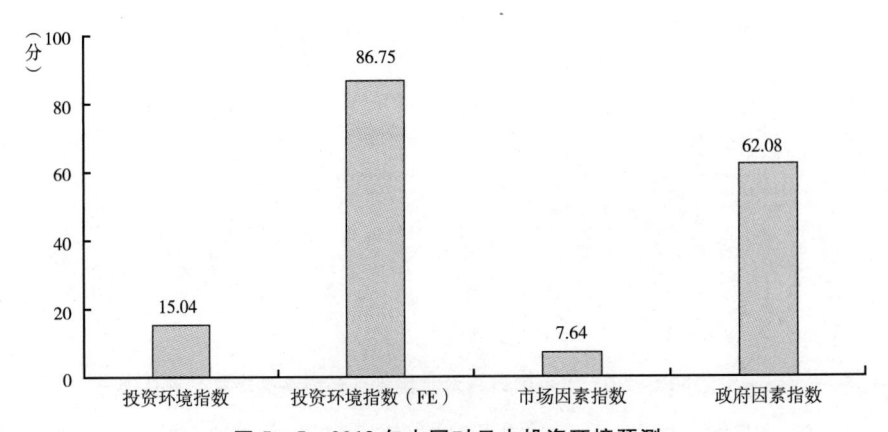

图5-5 2013年中国对日本投资环境预测

注：投资环境指数（FE）表示包括了个体效应项后各国投资环境的评估得分。

第二节　投资环境指数评估与预测：韩国

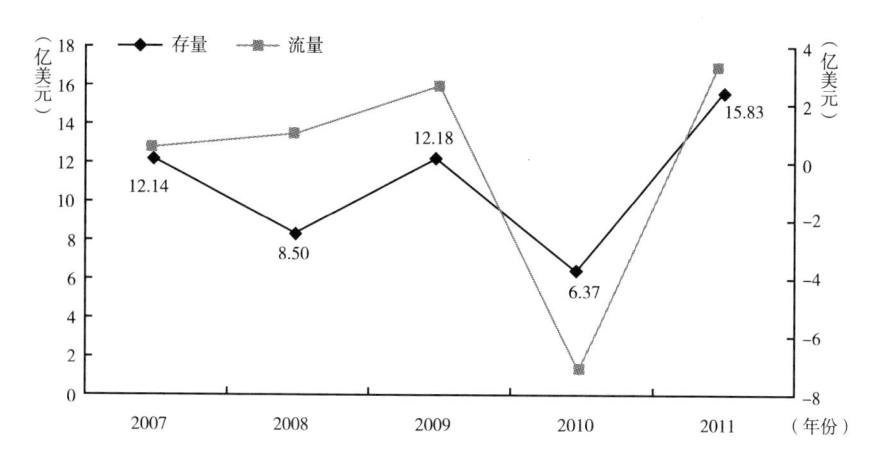

（1）图5-6给出了2007~2011年中国对韩国直接投资存量和流量金额（单位：亿美元）。2007年中国对韩国直接投资流量为0.57亿美元，2010年发生大规模撤资，金额高达7.22亿美元，2011年对韩国直接投资流量为3.42亿美元。2007年中国对韩国直接投资存量为12.14亿美元，到2010年降低到6.37亿美元，到2011年又增加到15.83亿美元；2007年中国对韩国直接投资存量占中国对外直接投资存量总量的1.03%，到2010年下降到0.2%，到2011年又提高到0.37%；2007~2011年中国对韩国直接投资存量年几何平均增长率只有5.44%（见图5-7）。

图5-6　2007~2011年中国对韩国直接投资存量和流量

注：左坐标轴代表直接投资存量，右坐标轴代表直接投资流量。图中数字标签是直接投资存量。

（2）近年来韩国经济发展态势较好，市场消费潜力较大，中国对韩投资总体上处于起步阶段，整体规模较小，单项大型项目较少，国企项目数量比重较大，投资大部分集中在首都圈以及贸易和办事机构。韩国的市场因素对促进中国对其直接投资作用有限，市场因素指数得分较低，2009年为65.58分，2010年降低为21.12分，2011年进一步降低为8.43分（见图5-8）。

（3）韩国政府积极鼓励利用外资并出台了一系列有利于外商投资的措

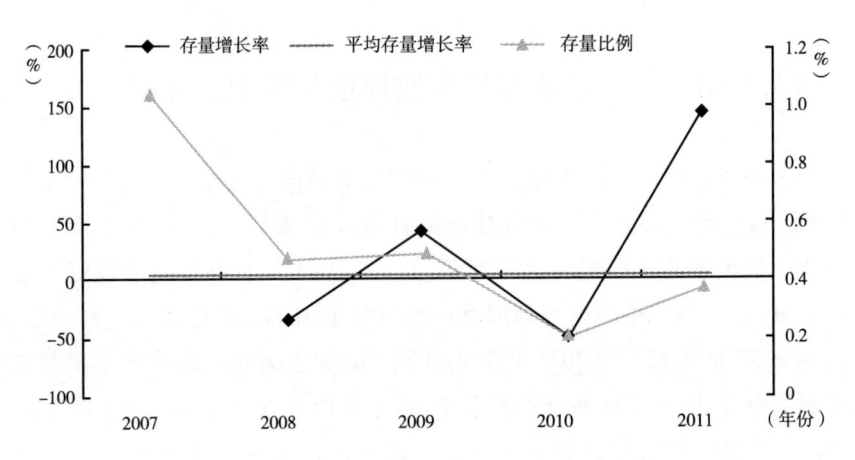

图 5-7　2007～2011 年中国对韩国直接投资存量所占比例及增长率

注：左坐标轴代表存量增长率，平均存量增长率为 2007～2011 年几何平均增长率；右坐标轴代表该国家直接投资存量占中国总直接投资存量的比例（存量比例）。

施和政策。在韩国投资的外商可减免法人税、所得税、购置税、财产税和综合土地税等；为鼓励外资设立高科技企业和研发中心，2010 年韩国修改后的《外国人投资促进法》降低了外资企业获得韩国现金支持的条件；韩国在大韩贸易投资振兴公社专门设立外商投资支援中心，负责向外商提供投资手续等服务事宜；为吸引可提升产业结构的先进技术、增加就业的大型外资项目，韩国专门设立了外国人投资区，在该区域内实行宽松的行政管理。

（4）2010 年韩国修改后的《外国人投资促进法》也存在一定的投资壁垒，如规定外商投资持股的比例、对外资的优惠政策仅限于高技术产业等。韩国的政府因素对促进中国对其直接投资发挥了一定作用，政府因素指数得分在 2009 年为 56.24 分，2010 年提高到 78.07 分，但 2011 年又降低为 15.07 分。

（5）2009～2011 年韩国固定效应项的估计结果均为正（见图 5-9），促进了中国对其直接投资。

（6）韩国社会各种民主力量比较强大，企业对职工的权益是否负责受到广泛的社会关注，在韩国有韩国劳动组合总联盟（Federation of Korean Trade Unions，FKTU）和全国民主劳动组合总联盟（Korean Confederation of Trade Unions，KCTU）两个全国性工会，其他为产业和企业工会，韩国工会运行的斗争性和对抗性非常明显，每年会定期向资方要求更多的工资福利，显示工会力量。

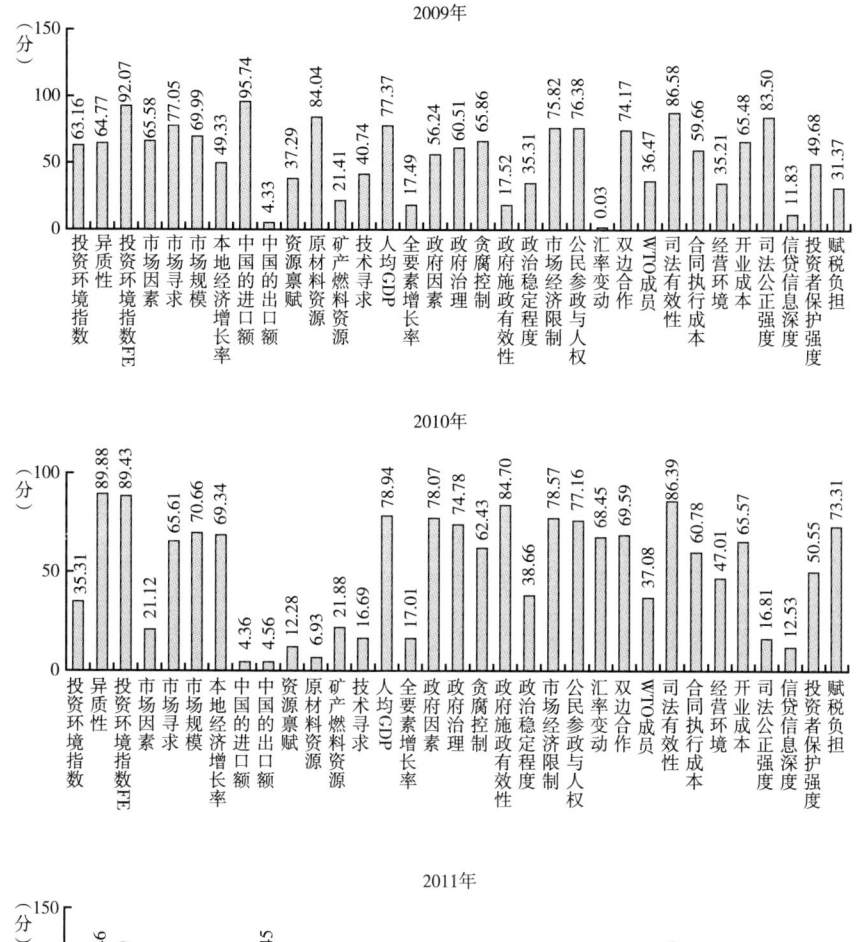

图 5-8　2009~2011年中国对韩国直接投资环境各分项指数评估得分

注：投资环境指数（FE）表示包括了个体效应项后各国投资环境的评估得分。

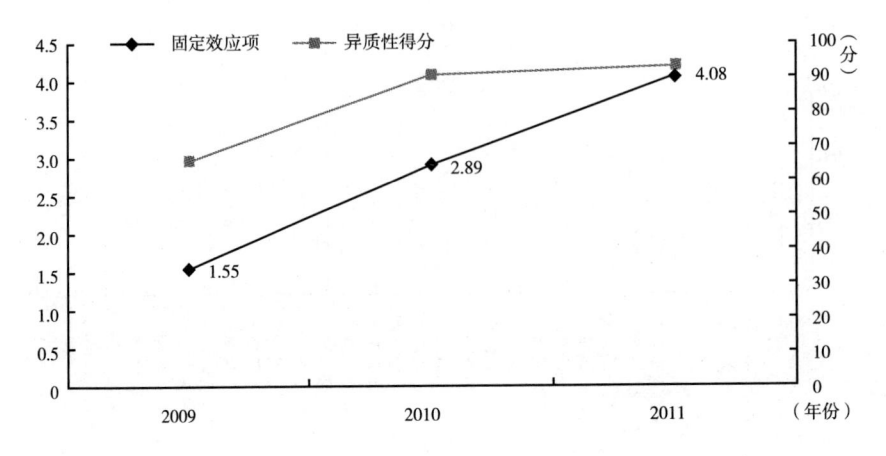

图 5-9 2009~2011 年韩国异质性效应对直接投资的影响

（7）预计 2013 年韩国市场因素指数维持在 8.43 分，政府因素指数保持在 15.07 分，投资环境指数会维持在 6.75 分（见图 5-10），但由于看好韩国经济的长期发展和其地理位置的优越，中国对韩国的投资还是会持续增加。

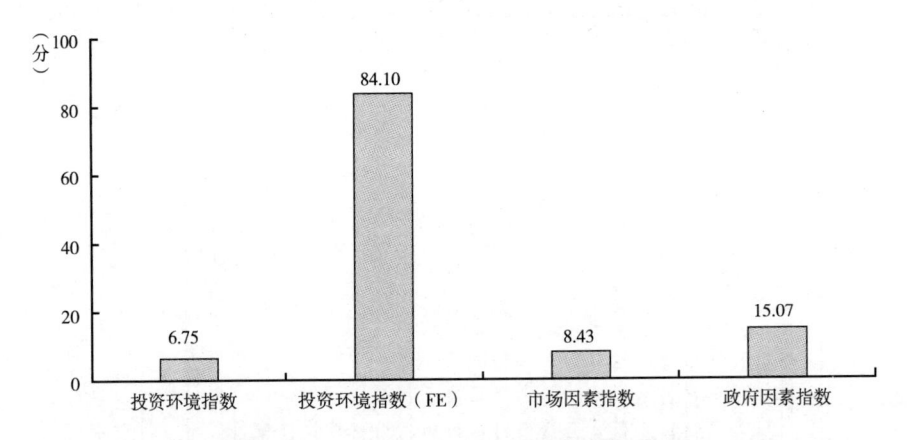

图 5-10 2013 年中国对韩国投资环境预测

注：投资环境指数（FE）表示包括了个体效应项后各国投资环境的评估得分。

第六章

东南亚地区

第一节 投资环境指数评估与预测：印度尼西亚

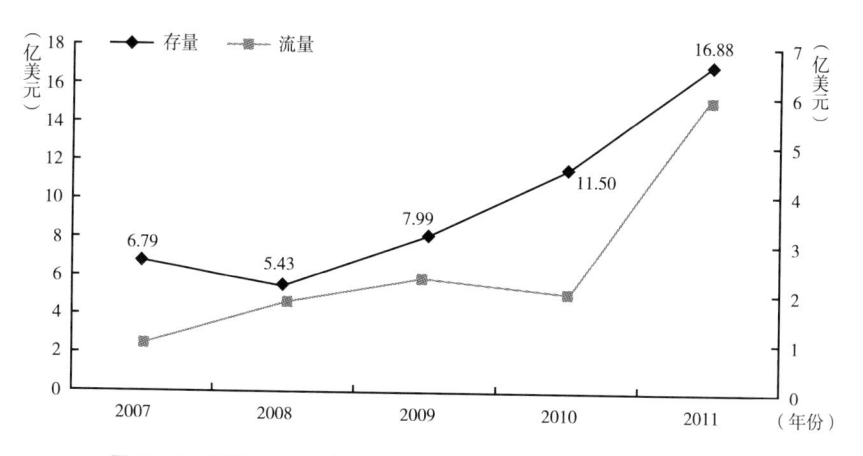

（1）图 6-1 给出了 2007~2011 年中国对印度尼西亚直接投资存量和流量金额（单位：亿美元）。2007 年中国对印度尼西亚直接投资流量为 1 亿美元，2009 年增加为 2.26 亿美元，2011 年继续增加到 5.92 亿美元。2007 年中国对印度尼西亚直接投资存量为 6.79 亿美元，2008 年下降为 5.43 亿美元，到 2011 年则增加到 16.88 亿美元；2007 年中国对印度尼西亚直接投资

图 6-1 2007~2011 年中国对印度尼西亚直接投资存量和流量

注：左坐标轴代表直接投资存量，右坐标轴代表直接投资流量。图中数字标签是直接投资存量。

存量占中国对外直接投资存量总量的 0.58%，到 2010 年下降到 0.36%，到 2011 年稍有提升，达到 0.40%；2007~2011 年中国对印度尼西亚直接投资存量年几何平均增长率达到 19.96%（见图 6-2）。

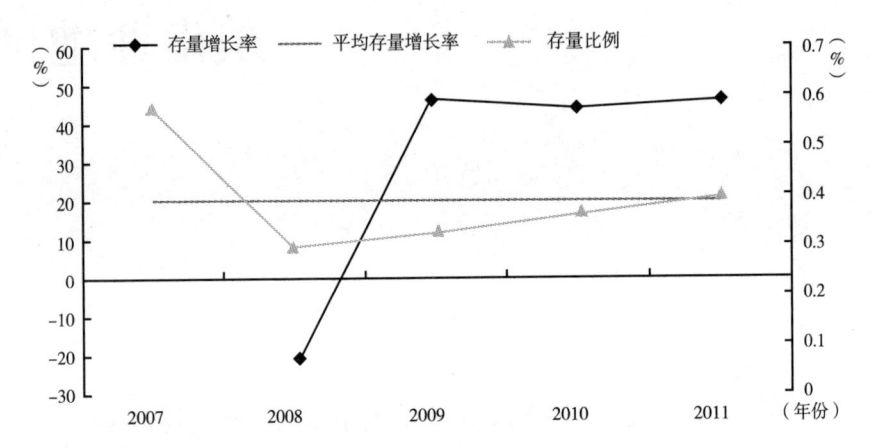

图 6-2 2007~2011 年中国对印度尼西亚直接投资存量所占比例及增长率

注：左坐标轴代表存量增长率，平均存量增长率为 2007~2011 年几何平均增长率；右坐标轴代表该国家直接投资存量占中国总直接投资存量的比例（存量比例）。

（2）印度尼西亚的自然资源非常丰富，经济增长前景看好，市场潜力大，人口众多，有大量廉价的劳动力；市场化程度较高，金融市场充分开放。印度尼西亚的市场因素促进了中国对其直接投资，市场因素指数得分在 2009 年为 67.47 分，2010 年提高为 78.85 分，2011 年又下降为 68.73 分（见图 6-3）。

（3）中国企业到印度尼西亚投资首先要注意法律环境问题，印度尼西亚法律体系比较完整，但也有很多法律规定模糊、可操作性差。为了吸引外国投资，印度尼西亚出台了一些鼓励投资政策，但力度并不大。印度尼西亚的政府因素抑制了中国对其直接投资，政府因素指数得分非常低，2009 年为 3.55 分，2010 年降低为 1.27 分，2011 年为 5.10 分。

（4）政治稳定，地理位置重要，控制着关键的国际海洋交通线。印度尼西亚的工资成本整体来说相对较低，但由于《劳工法》对于劳工保护比较苛刻，对资方比较不利。2009~2011 年印度尼西亚固定效应项的估计结果均为正（见图 6-4），促进了中国对其直接投资。

（5）如图 6-5 所示，预计 2013 年印度尼西亚市场因素指数会上升为

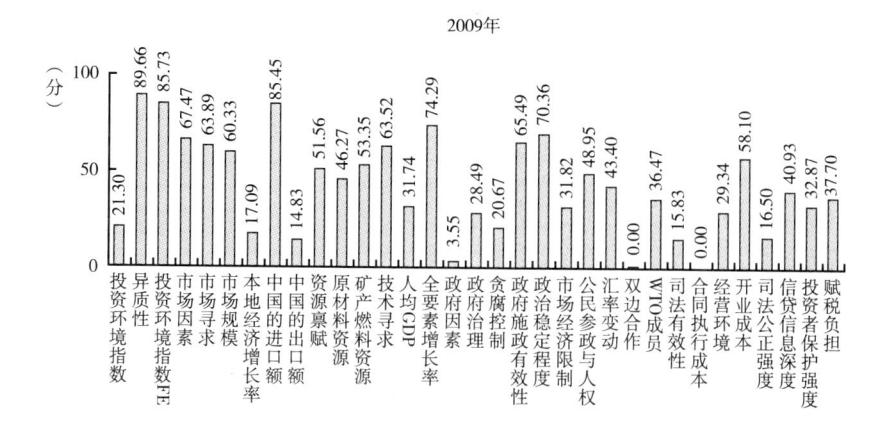

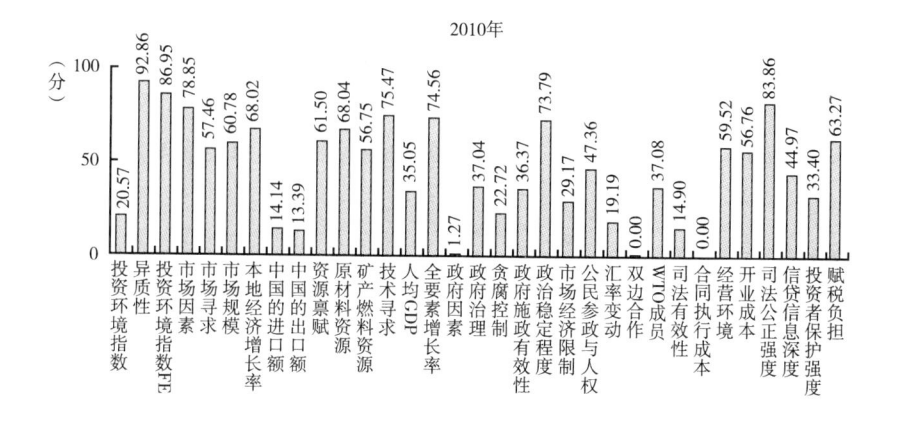

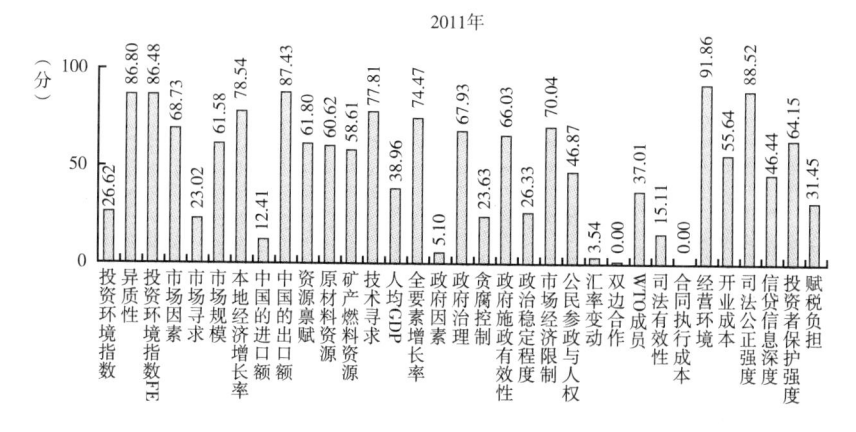

图 6-3　2009~2011 年中国对印度尼西亚直接投资环境各分项指数评估得分

注：投资环境指数（FE）表示包括了个体效应项后各国投资环境的评估得分。

69.70 分，政府因素指数保持在 5.10 分，投资环境指数会进一步下降到 23.56 分，但由于看好印度尼西亚经济的长期发展和其地理位置的优越，中国对印度尼西亚的投资还是会持续增加。

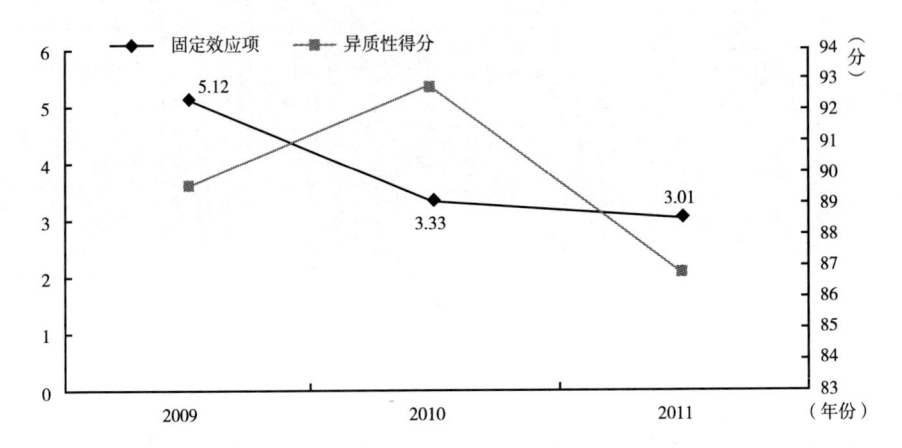

图 6-4　2009~2011 年印度尼西亚异质性效应对直接投资的影响

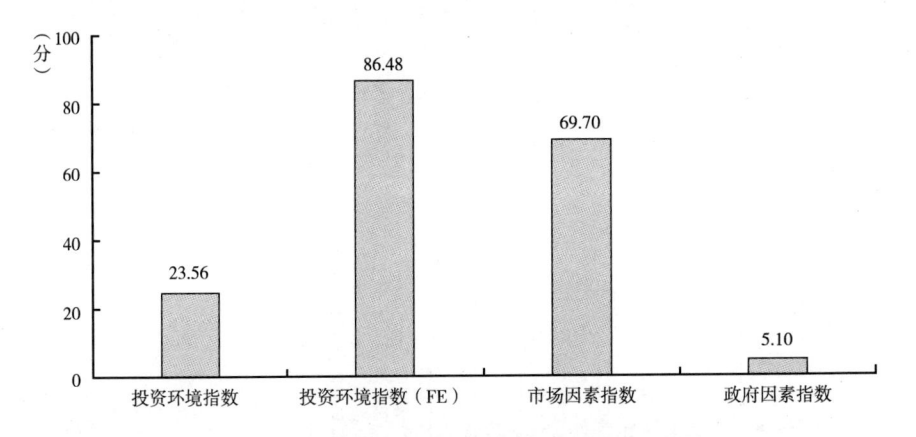

图 6-5　2013 年中国对印度尼西亚投资环境预测

注：投资环境指数（FE）表示包括了个体效应项后各国投资环境的评估得分。

第二节　投资环境指数评估与预测：泰国

（1）图 6-6 给出了 2007~2011 年中国对泰国直接投资存量和流量金额（单位：亿美元）。2007 年中国对泰国直接投资流量为 0.68 亿美元，2009

年下降为 0.17 亿美元，2011 年稍有增加，达到 0.22 亿美元。2007 年中国对泰国直接投资存量约为 1 亿美元，2009 年增加到 1.63 亿美元，到 2011 年则增加到 2.17 亿美元；2007 年中国对泰国直接投资存量占中国对外直接投资存量总量的 0.08%，到 2010 年下降到 0.06%，到 2011 年进一步下降到 0.05%；2007~2011 年中国对泰国直接投资存量年几何平均增长率达到 16.97%（见图 6-7）。

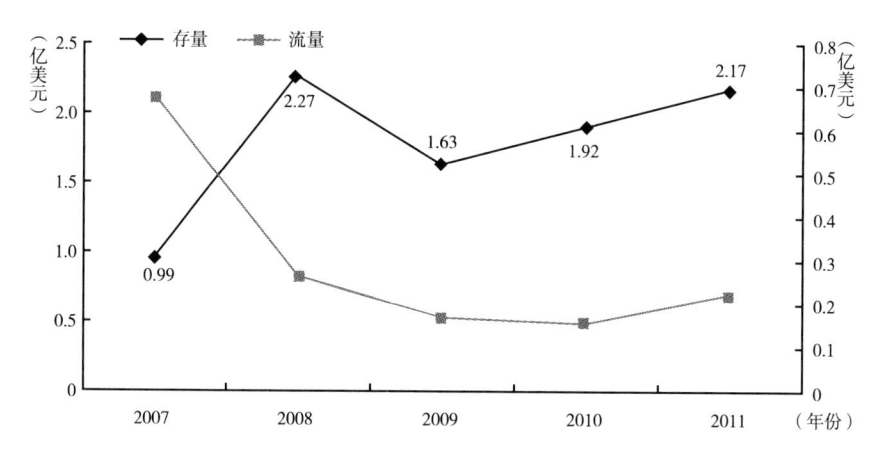

图 6-6　2007~2011 年中国对泰国直接投资存量和流量

注：左坐标轴代表直接投资存量，右坐标轴代表直接投资流量。图中数字标签是直接投资存量。

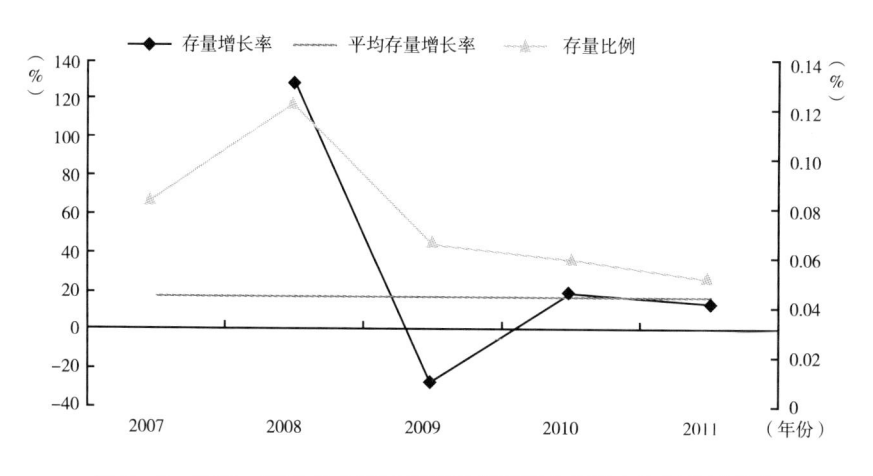

图 6-7　2007~2011 年中国对泰国直接投资存量所占比例及增长率

注：左坐标轴代表存量增长率，平均存量增长率为 2007~2011 年几何平均增长率；右坐标轴代表该国家直接投资存量占中国总直接投资存量的比例（存量比例）。

(2) 泰国经济增长前景良好，市场潜力较大，贸易自由化程度较高。泰国的投资市场竞争相当激烈，一方面泰国企业自身投资能力比较好；另一方面外资企业多数看好来泰国投资，在泰国的主要投资者有日本、美国、欧盟、韩国等，有传统优势的产业投资市场几乎均被先期投资者占领，从市场格局、资金实力和技术水平以及国际投资经验来看，中国企业在泰国投资面临的挑战较大。泰国的市场因素促进了中国对其直接投资，但得分呈逐年下降趋势，市场因素指数得分在 2009 年为 77.51 分，2010 年降低为 62.99 分，2011 年进一步下降为 49.93 分（见图 6-8）。

(3) 泰国政策透明度较高。泰国向投资者提供两种形式的优惠政策，一是税务上的优惠，主要包括减免法人所得税、减免必需的原材料进口税等；二是非税务上的优惠，主要包括允许引进专家技术人员、获得土地所有权等。另外泰国还对七大类行业规定了特别的优惠政策。泰国的政府因素抑制了中国对其直接投资，但得分呈逐年上升趋势（见图 6-8），政府因素指

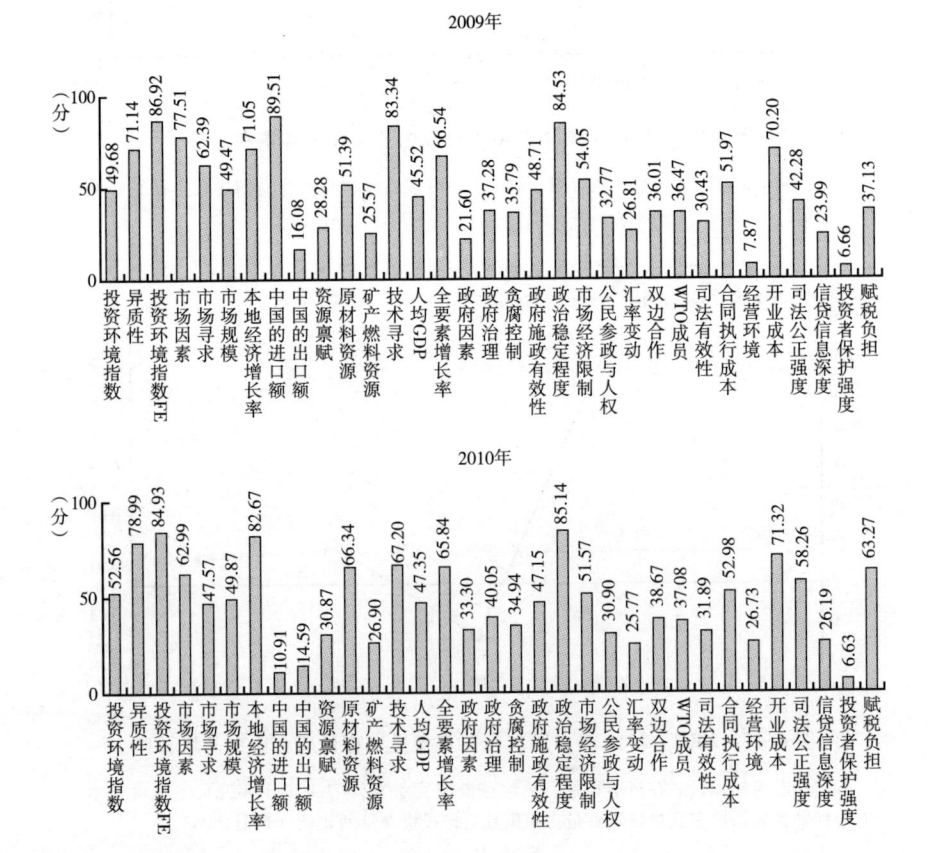

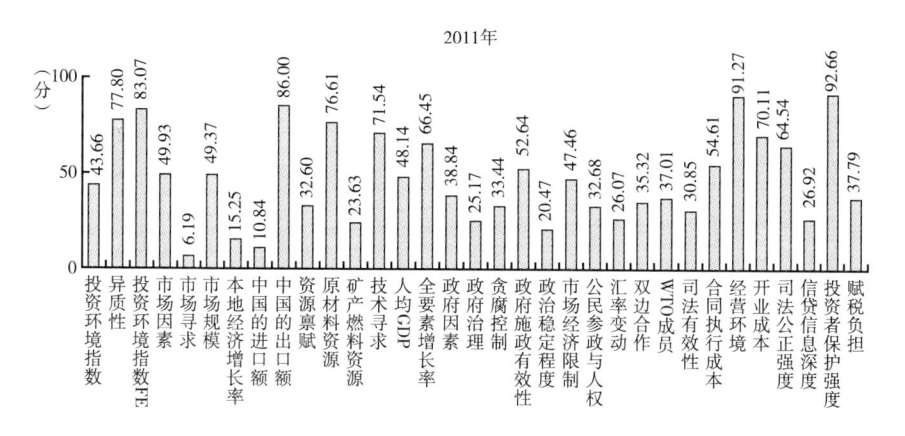

图 6-8　2009~2011 年中国对泰国直接投资环境各分项指数评估得分

注：投资环境指数（FE）表示包括了个体效应项后各国投资环境的评估得分。

数得分在 2009 年为 21.60 分，2010 年提高为 33.30 分，2011 年又进一步提升为 38.84 分。

（4）泰国地理位置优越，位处东南亚地理中心，交通便利，基础设施较完善；泰国政局虽然不够稳定，但社会总体比较稳定，社会秩序和社会治安状况良好，泰国与中国政治外交关系友好。另外，泰国工资成本低于发达国家，但高于中国，组织纪律性与生产效率总体比中国工人低。如图 6-9 所示，2009~2011 年泰国固定效应项的估计结果均为正，促进了中国对其直接投资。

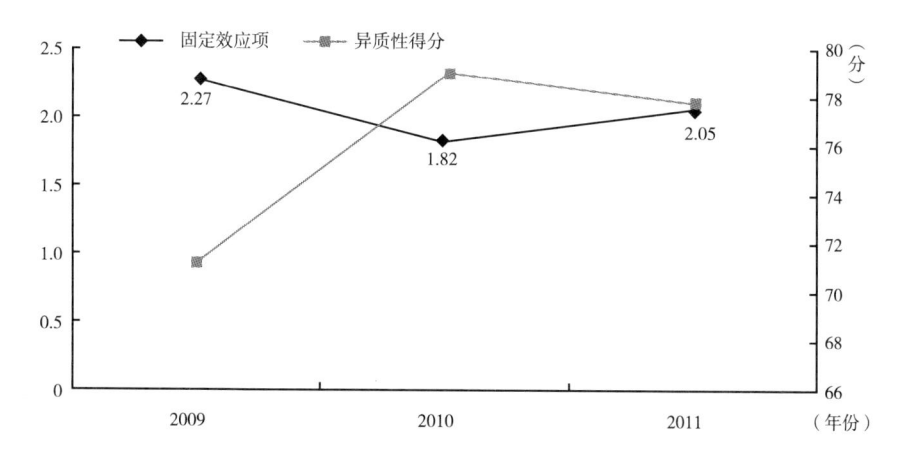

图 6-9　2009~2011 年泰国异质性效应对直接投资的影响

(5) 如图 6-10 所示，预计 2013 年泰国市场因素指数会保持在近 49.93 分，政府因素指数约保持在 39 分，投资环境指数约维持在 44 分，但由于看好泰国经济的长期发展和其地理位置的优越，中国对泰国的投资还是会持续增加。

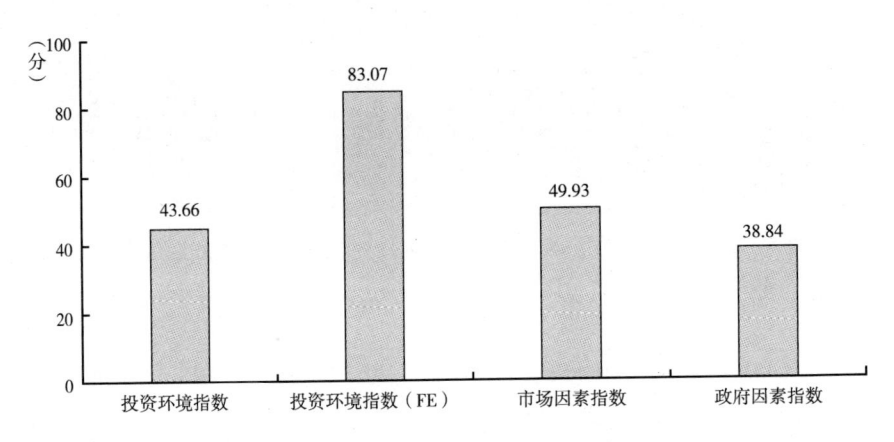

图 6-10 2013 年中国对泰国投资环境预测

注：投资环境指数（FE）表示包括了个体效应项后各国投资环境的评估得分。

第三节 投资环境指数评估与预测：马来西亚

（1）图 6-11 给出了 2007~2011 年中国对马来西亚直接投资存量和流量金额（单位：亿美元）。2007 年发生中国从马来西亚撤资，2008 年中国对马来西亚直接投资流量为 0.34 亿美元，2010 年增加为 1.64 亿美元，2011 年为 0.95 亿美元。2007 年中国对马来西亚直接投资存量为 2.75 亿美元，2009 年增加为 4.80 亿美元，到 2011 年则增加到 7.98 亿美元；2007 年中国对马来西亚直接投资存量占中国对外直接投资存量总量的 0.23%，到 2010 年下降到 0.22%，到 2011 年进一步下降到 0.19%；2007~2011 年中国对马来西亚直接投资存量年几何平均增长率达到 23.77%（见图 6-12）。

（2）马来西亚经济基础稳固，经济增长前景看好；原材料产品资源丰富，工资成本较低，除私营领域外，大部分行业目前尚未出台最低工资限制。马来西亚的市场因素对促进中国对其直接投资的作用有限，而且得分呈逐年下降趋势，市场因素指数得分在 2009 年为 53.82 分，2010 年降低为

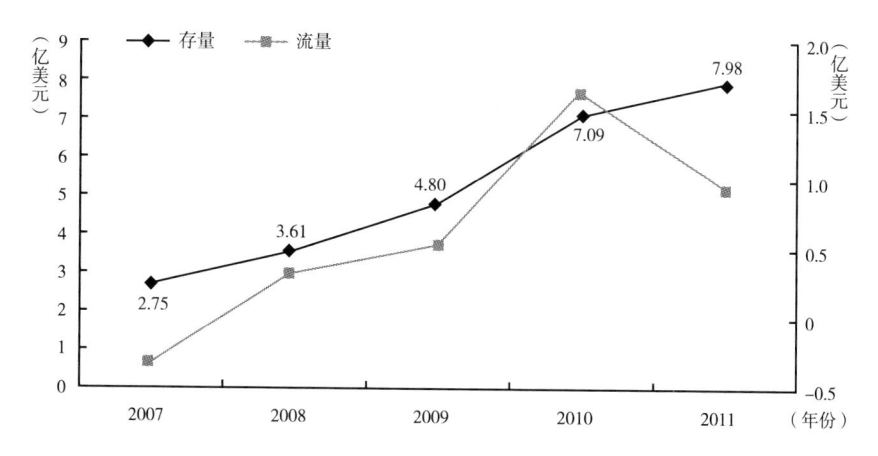

图 6-11 2007~2011 年中国对马来西亚直接投资存量和流量

注：左坐标轴代表直接投资存量，右坐标轴代表直接投资流量。图中数字标签是直接投资存量。

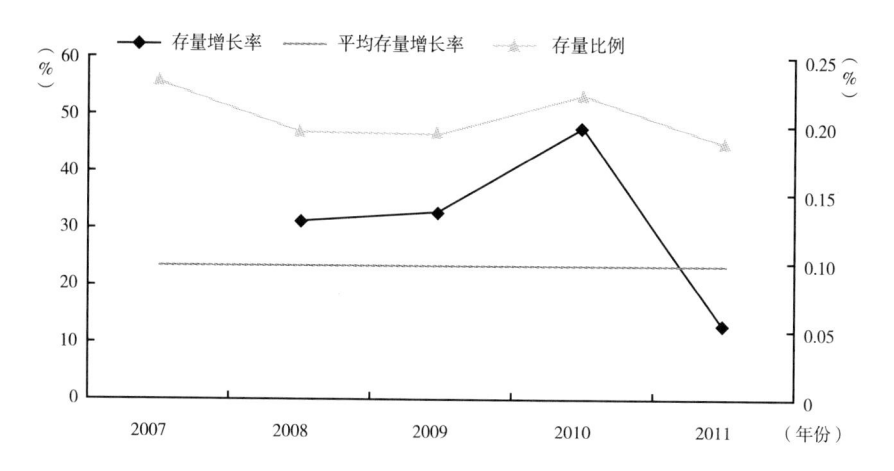

图 6-12 2007~2011 年中国对马来西亚直接投资存量所占比例及增长率

注：左坐标轴代表存量增长率，平均存量增长率为 2007~2011 年几何平均增长率；右坐标轴代表该国家直接投资存量占中国总直接投资存量的比例（存量比例）。

35.40 分，2011 年进一步下降为 29.94 分（见图 6-13）。

（3）1985 年中马双方签署了《中华人民共和国政府和马来西亚政府关于对所得避免双重征税和防止偷漏税的协定》，协定于 1987 年生效。1988 年中马双方签署了《中华人民共和国政府和马来西亚政府关于相互鼓励和保护投资的协定》。马来西亚在独立前曾是英国殖民地，因此成文法与判例法在商业活动中都发挥作用。马来西亚虽然制定了多项投资优惠政策和鼓励

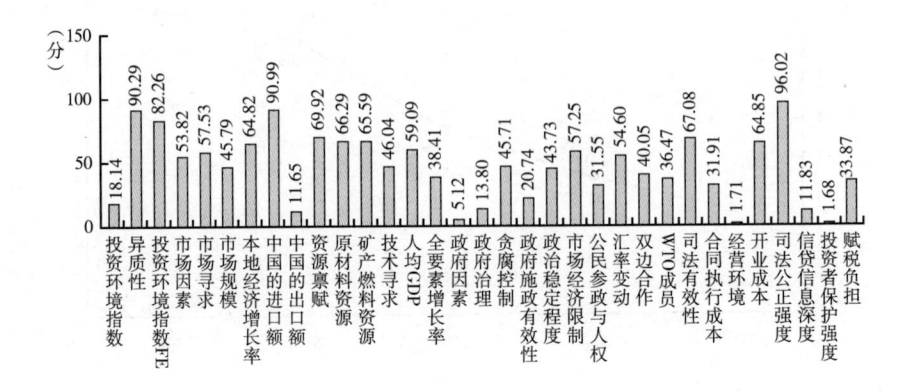

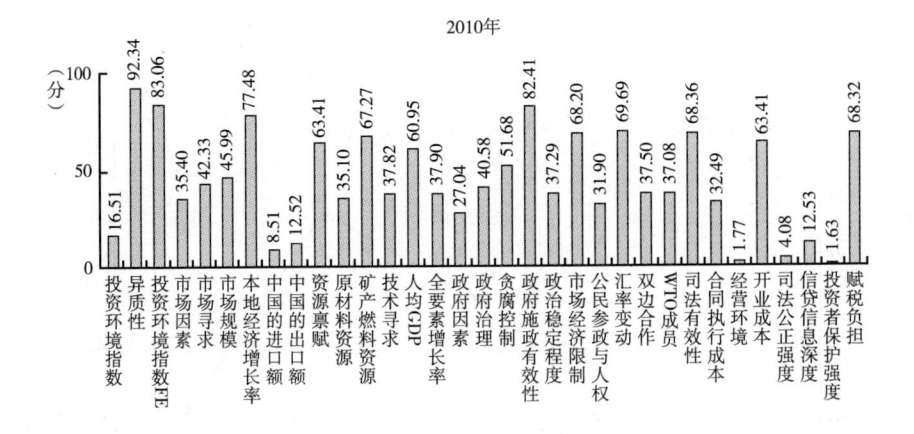

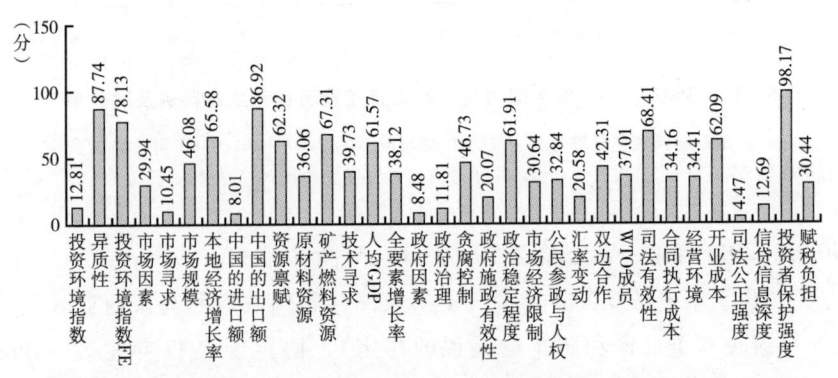

图 6-13　2009~2011 年中国对马来西亚直接投资环境各分项指数评估得分

注：投资环境指数（FE）表示包括了个体效应项后各国投资环境的评估得分。

措施，但这些政策不能自动获得，企业必须向政府主管部门提出申请，政府根据企业实际情况给予一定优惠政策。在马来西亚投资合作的公司注册和申办各类执照比较困难，申请程序复杂，审批时间较长。马来西亚的政府因素抑制了中国对其直接投资，如图 6-13 所示，政府因素指数得分在 2009 年为 5.12 分，2010 年为 27.04 分，2011 年又降为 8.48 分。

（4）马来西亚民族关系比较融洽，三大种族和谐相处，政治动荡风险较低。2009~2011 年马来西亚固定效应项的估计结果均为正（见图 6-14），促进了中国对其直接投资。

（5）如图 6-15 所示，预计 2013 年马来西亚市场因素指数会保持在

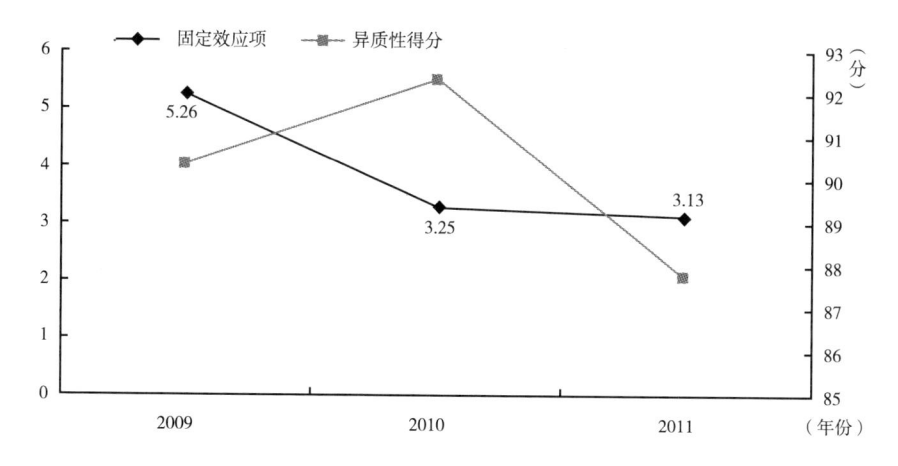

图 6-14 2009~2011 年马来西亚异质性效应对直接投资的影响

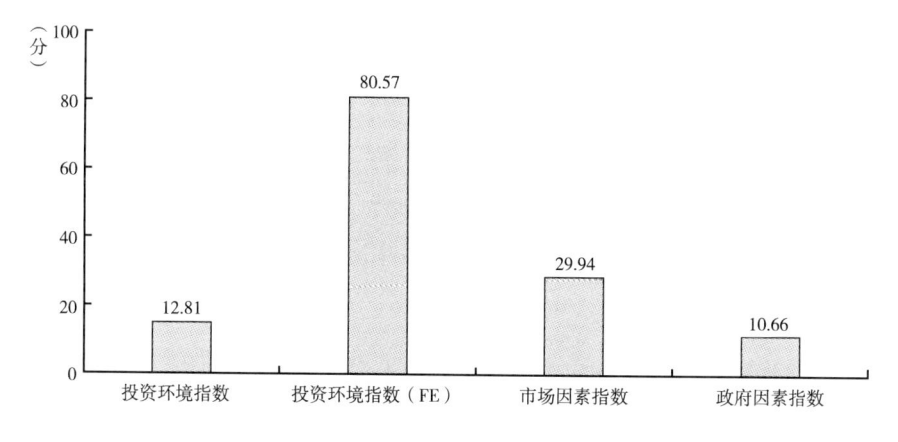

图 6-15 2013 年中国对马来西亚投资环境预测

注：投资环境指数（FE）表示包括了个体效应项后各国投资环境的评估得分。

29.94 分，政府因素指数稍有上升为 10.66 分，投资环境指数维持在 12.81 分，但由于看好马来西亚经济的长期发展和其地理位置的优越，中国对马来西亚的投资还是会持续增加。

第四节　投资环境指数评估与预测：菲律宾

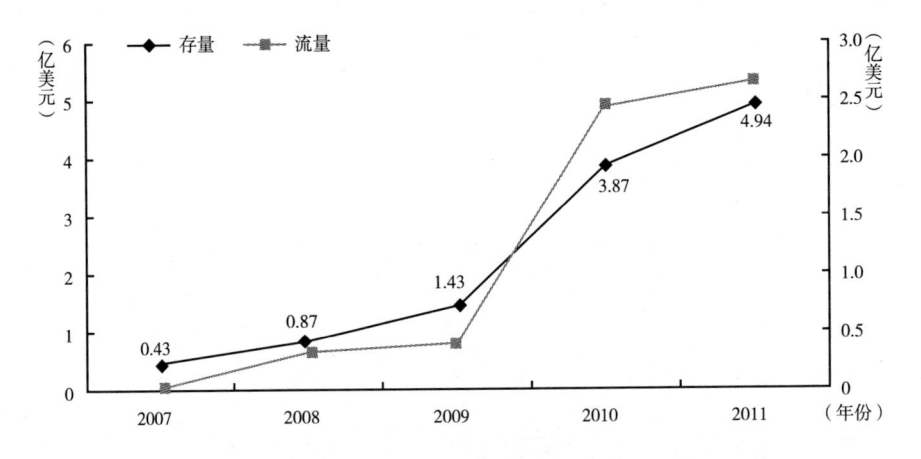

（1）图 6-16 给出了 2007~2011 年中国对菲律宾直接投资存量和流量金额（单位：亿美元）。2008 年中国对菲律宾直接投资流量为 0.34 亿美元，2010 年增加为 2.44 亿美元，2011 年继续增加到 2.67 亿美元。2007 年中国对菲律宾直接投资存量为 0.43 亿美元，2009 年增加到 1.43 亿美元，到 2011 年则增加到 4.94 亿美元；2007 年中国对菲律宾直接投资存量占中国对外直接投资存量总量的 0.04%，到 2009 年增加到 0.06%，到 2011 年继续增加到 0.12%；2007~2011 年中国对菲律宾直接投资存量年几何平均增长率高达 62.94%（见图 6-17）。

图 6-16　2007~2011 年中国对菲律宾直接投资存量和流量

注：左坐标轴代表直接投资存量，右坐标轴代表直接投资流量。图中数字标签是直接投资存量。

（2）菲律宾拥有数量众多、受过教育且懂英语的劳动力，其劳动成本大大低于发达国家水平，因而吸引了大量西方企业把业务转移到菲律宾。菲律宾的市场因素对促进中国对其直接投资的作用有限，市场因素指数得分在 2009 年为 43.96 分，2010 年上升为 64.68 分，2011 年又下降为 55.80 分

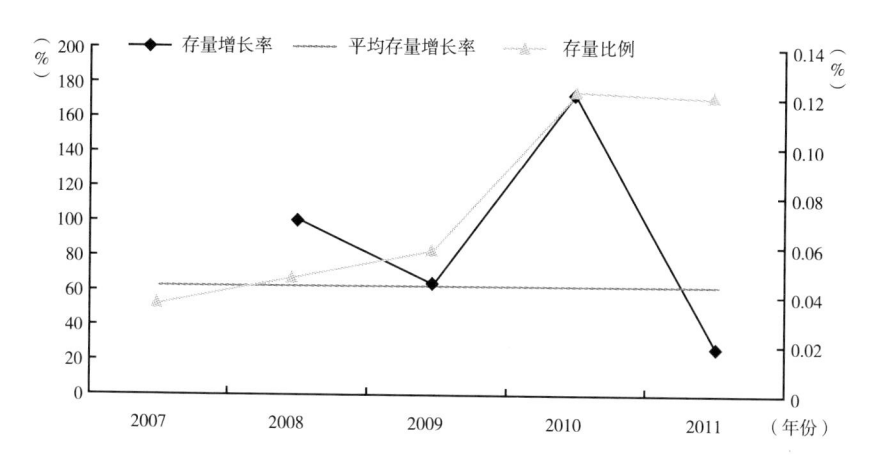

图 6-17　2007~2011 年中国对菲律宾直接投资存量所占比例及增长率

注：左坐标轴代表存量增长率，平均存量增长率为 2007~2011 年几何平均增长率；右坐标轴代表该国家直接投资存量占中国总直接投资存量的比例（存量比例）。

（见图 6-18）。

（3）1992 年中菲双方签署了《中华人民共和国政府和菲律宾共和国政府关于相互鼓励和保护投资的协定》。1999 年中菲双方签署了《中华人民共和国政府和菲律宾共和国政府关于对所得避免双重征税和防止偷漏税的协定》，协定于 2002 年生效。菲律宾政局较为动荡，法治改革进展缓慢，经济发展急需的各项改革常在国会争论不休；旨在吸引私人投资的公私伙伴关系（PPP）项目进展缓慢。菲律宾对外商投资持欢迎态度，但在持股比例上对外资有较为严格的限制。菲律宾的政府因素抑制了中国对其直接投资，政府因素指数得分在 2009 年为 37.16 分，2010 年为 35.52 分，2011 年为 37.94 分（见图 6-18）。

（4）菲律宾基础设施有待改善，严重滞后的电力系统建设成为潜在的阻碍外国投资者的障碍。菲律宾华人众多，经济实力较强，选好合资伙伴可以事半功倍，但须注意"华人骗华人"的情况。如图 6-19 所示，2009~2011 年菲律宾固定效应项的估计结果均为正（但数值较小），促进了中国对其直接投资。

（5）如图 6-20 所示，预计 2013 年菲律宾市场因素指数会保持在 55.80 分，政府因素指数维持在 37.94 分，投资环境指数维持在 46.94 分，但由于中国与其地理位置的接近，对菲律宾的投资还是会稍有增加。

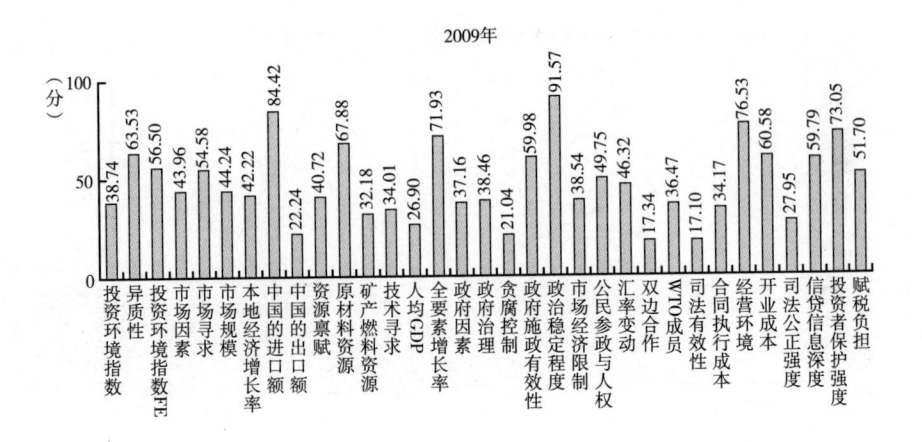

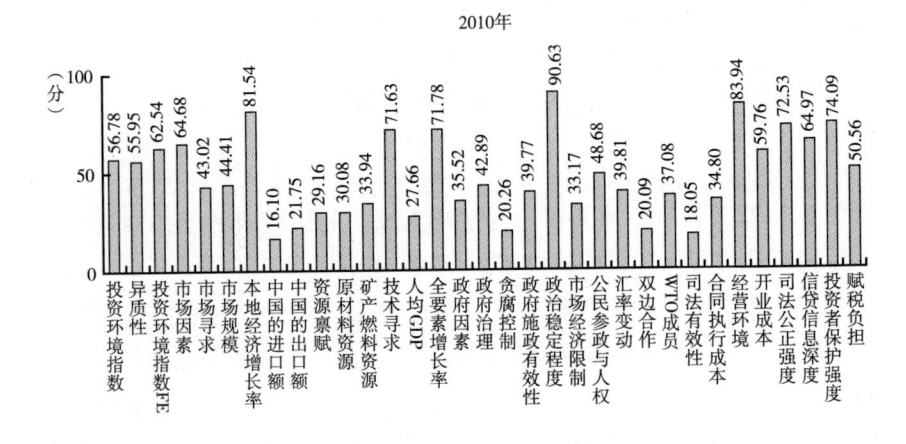

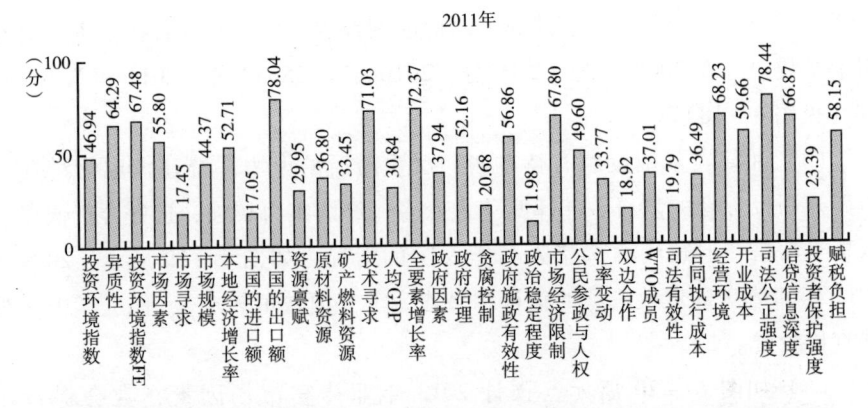

图 6-18　2009~2011 年中国对菲律宾直接投资环境各分项指数评估得分

注：投资环境指数（FE）表示包括了个体效应项后各国投资环境的评估得分。

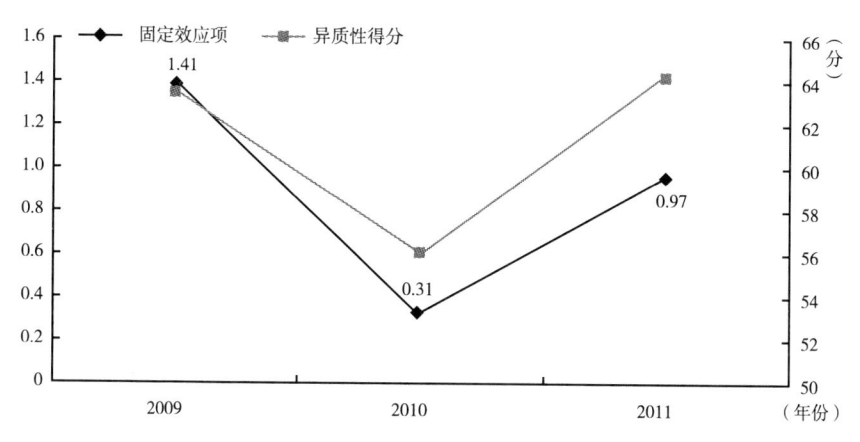

图 6-19 2009~2011 年菲律宾异质性效应对直接投资的影响

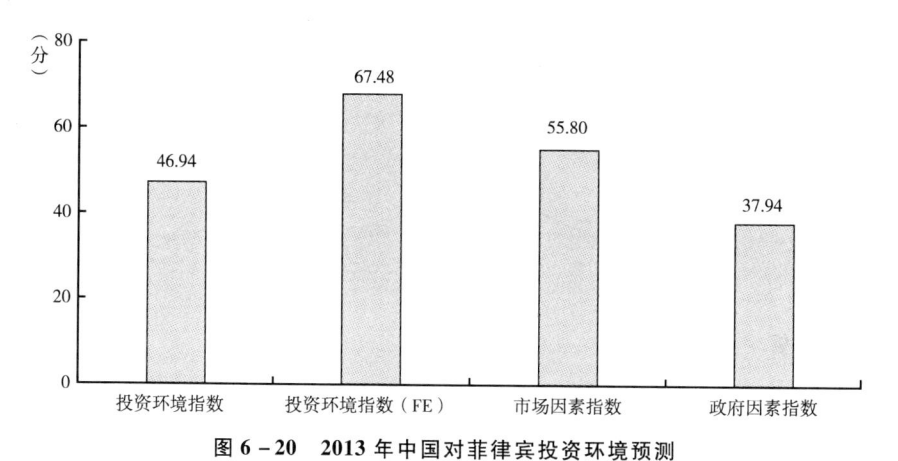

图 6-20 2013 年中国对菲律宾投资环境预测

注：投资环境指数（FE）表示包括了个体效应项后各国投资环境的评估得分。

第五节 投资环境指数评估与预测：越南

（1）图 6-21 给出了 2007~2011 年中国对越南直接投资存量和流量金额（单位：亿美元）。2007 年中国对越南直接投资流量为 1.11 亿美元，2010 年增加为 3.05 亿美元，2011 年为 1.89 亿美元。2007 年中国对越南直接投资存量为 3.97 亿美元，2009 年增加为 7.29 亿美元，到 2011 年则增加到 12.91 亿美元；2007 年中国对越南直接投资存量占中国对外直接投资存量总量的 0.34%，到 2009 年下降到 0.296%，到 2011 年为 0.304%；2007~2011 年中国对越南直接投资存量年几何平均增长率达到 26.59%（见图 6-22）。

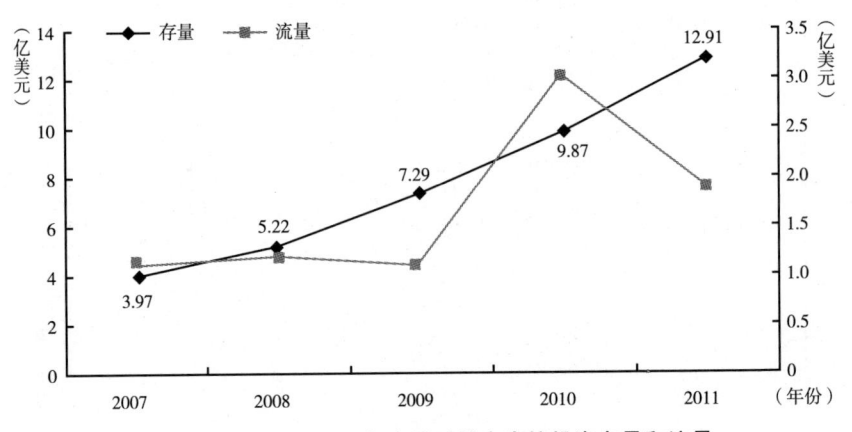

图 6-21 2007~2011年中国对越南直接投资存量和流量

注：左坐标轴代表直接投资存量，右坐标轴代表直接投资流量。图中数字标签是直接投资存量。

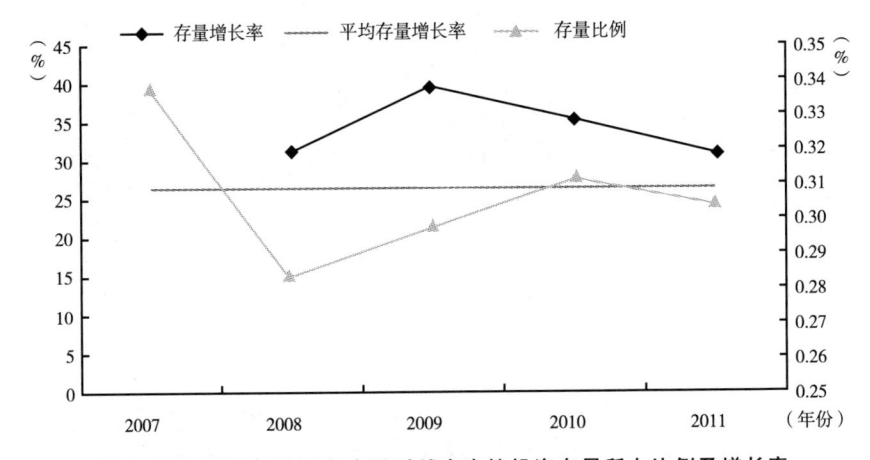

图 6-22 2007~2011年中国对越南直接投资存量所占比例及增长率

注：左坐标轴代表存量增长率，平均存量增长率为 2007~2011 年几何平均增长率；右坐标轴代表该国家直接投资存量占中国总直接投资存量的比例（存量比例）。

（2）越南劳动力成本相对较低，劳动力素质不高，仅 35% 的劳动力受过技术培训，配套工业较为落后，生产所需机械设备和原材料大部分依赖进口。近年来宏观经济不稳定，通胀压力大。越南的市场因素促进了中国对其直接投资，市场因素指数得分在 2009 年为 43.61 分，2010 年上升为 80.58 分，2011 年稍有下降为 78.69 分（见图 6-23）。

（3）2006 年越南出台新的《投资法》，对国内和外商投资实行统一管理，取消之前对外资的诸多限制。越南鼓励外商直接投资发展高新技术产

第六章 东南亚地区

2009年

2010年

2011年

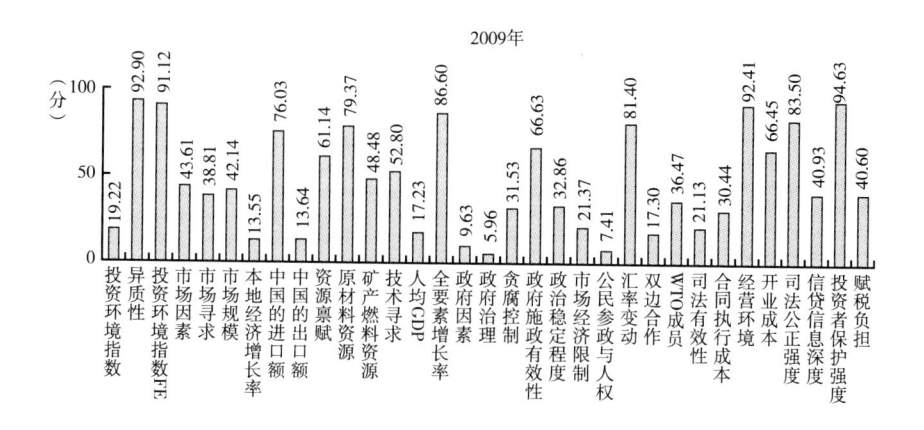

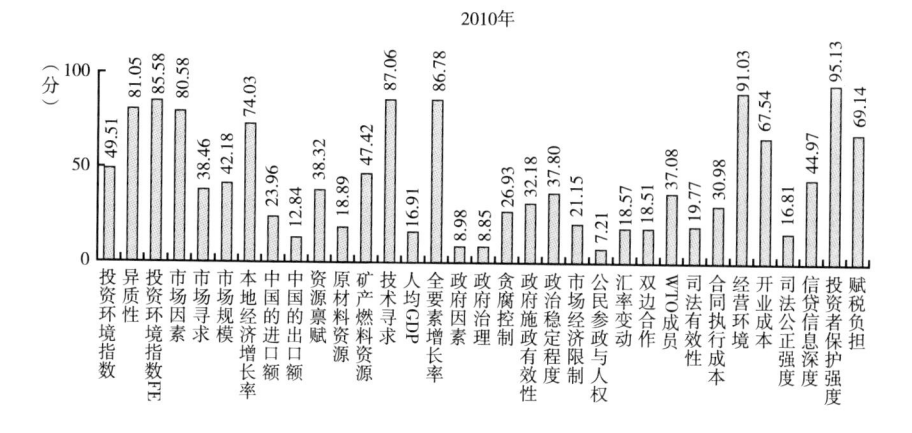

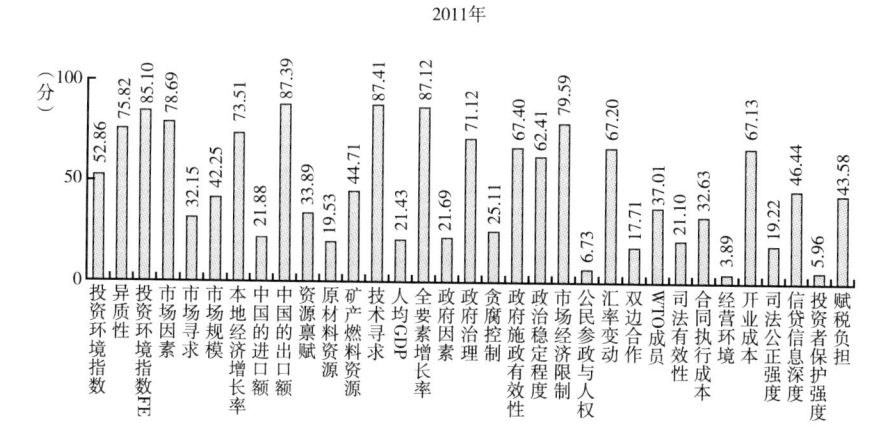

图 6-23 2009~2011 年中国对越南直接投资环境各分项指数评估得分

注：投资环境指数（FE）表示包括了个体效应项后各国投资环境的评估得分。

业,尤其是鼓励到高新技术开发区投资建厂。1992年中国与越南签署了《关于鼓励和相互保护投资协定》;1995年中越签署了《关于对所得避免双重征税和防止偷漏税的协定》。越南的政府因素抑制了中国对其直接投资,但有逐年改善的态势,政府因素指数得分在2009年为9.63分,2010年为8.98分,2011年上升为21.69分(见图6-23)。

(4)地理位置优越,海岸线长达3260公里,港口众多,运输便利。面向东盟,投资者可以利用自贸区优惠政策,将产品销往东盟其他国家。如图6-24所示,2009~2011年越南固定效应项的估计结果均为正(但2010年、2011年数值大幅降低),促进了中国对其直接投资。

(5)如图6-25所示,预计2013年越南市场因素指数为71.79分,政

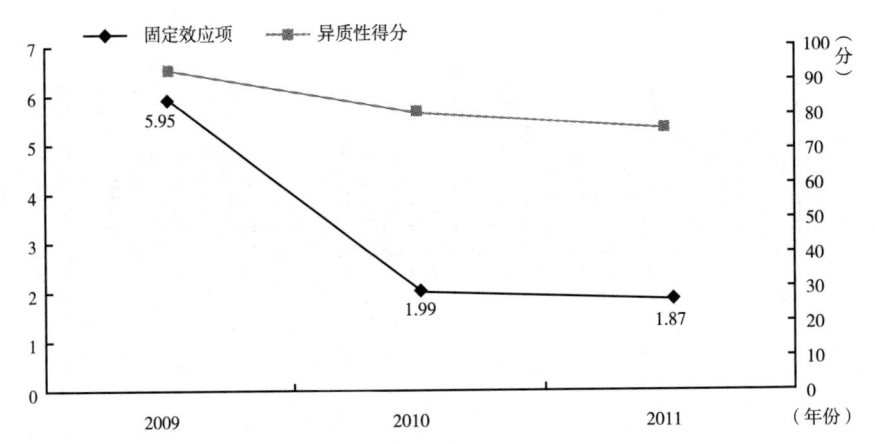

图6-24 2009~2011年越南异质性效应对直接投资的影响

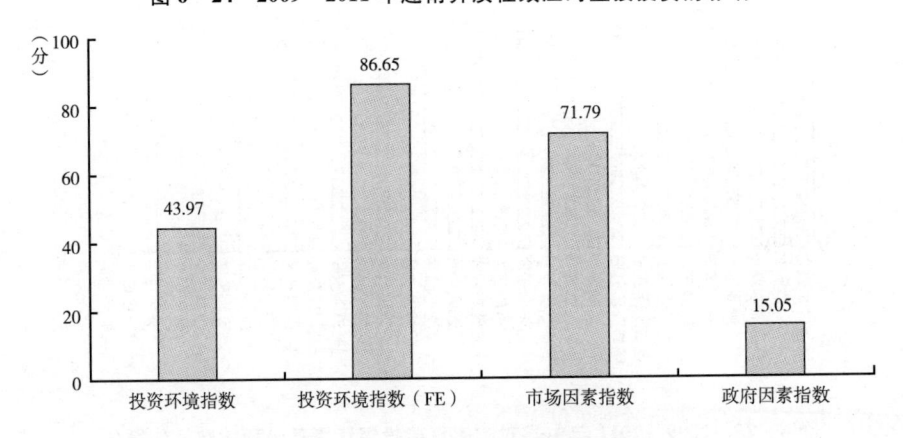

图6-25 2013年中国对越南投资环境预测

注:投资环境指数(FE)表示包括了个体效应项后各国投资环境的评估得分。

府方面指下降为15.05分,投资环境指数下降为43.97分,但由于中国与其地理位置的接近,对越南的投资还会稍有增加。

第六节 投资环境指数评估与预测:新加坡

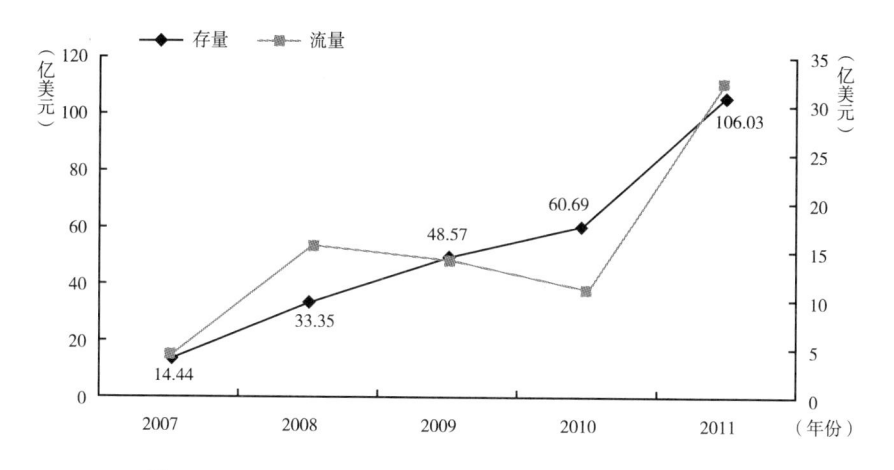

(1)图6-26给出了2007~2011年中国对新加坡直接投资存量和流量金额(单位:亿美元)。2007年中国对新加坡直接投资流量为3.98亿美元,2009年增加为14.14亿美元,2011年继续增加到32.69亿美元。2007年中国对新加坡直接投资存量为14.44亿美元,2009年增加为48.57亿美元,到2011年则增加到106.03亿美元;2007年中国对新加坡直接投资存量占中国对外直接投资存量总量的1.22%,到2009年增加到1.98%,到2011年继续提升到2.50%;2007~2011年中国对新加坡直接投资存量年几何平均增长率达到49%(见图6-27)。

图6-26 2007~2011年中国对新加坡直接投资存量和流量

注:左坐标轴代表直接投资存量,右坐标轴代表直接投资流量。图中数字标签是直接投资存量。

(2)新加坡商业网络广泛、融资渠道多样。如图6-28所示,新加坡的市场因素在2009年促进了中国对其直接投资,市场因素指数得分为64.97分,但2010年、2011年大幅下降分别为9.45分、9.63分,抑制了中国对其直接投资。

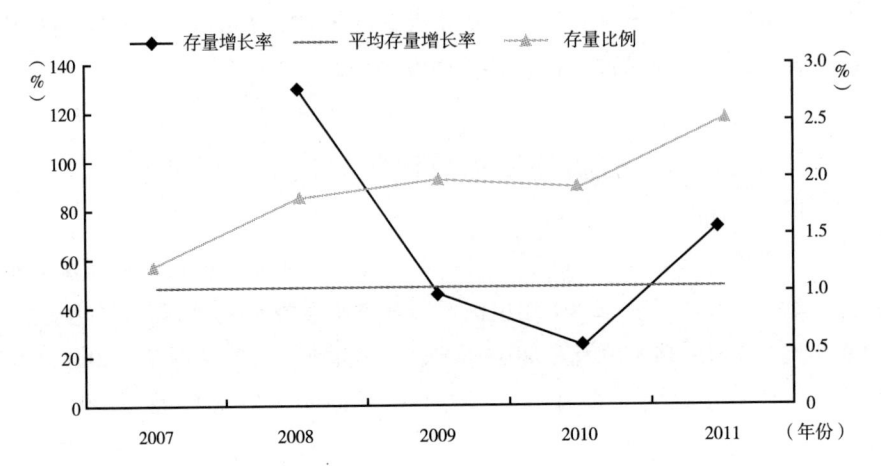

图 6-27 2007~2011年中国对新加坡直接投资存量所占比例及增长率

注：左坐标轴代表存量增长率，平均存量增长率为2007~2011年几何平均增长率；右坐标轴代表该国家直接投资存量占中国总直接投资存量的比例（存量比例）。

（3）新加坡政治社会稳定、法律体系健全、政务环境廉洁高效。新加坡采取的优惠政策主要是为了鼓励投资、出口和增加就业机会，为鼓励引导企业投资先进制造业和高端服务业，新加坡推出了一系列计划，如先锋计划、投资加计扣除计划、业务扩展奖励计划等。为扶持中小企业发展、鼓励创新、提升企业生产率，新加坡推出天使投资者税收减免计划、孵化器开发计划、微型贷款计划等财税优惠措施。此外为实施新加坡经济战略委员会2010年提出的七大经济发展战略，还出台了一系列优惠措施，如生产力及创新优惠计划等。中国与新加坡签署了双边投资保护协定和避免双重征税协定。新加坡的政府因素促进了中国对其直接投资，政府因素指数得分2009年为50.40分，2010年为70.82分，但2011年大幅下降为5.07分（见图6-28），抑制了中国对其直接投资。

（4）地理位置优越、基础设施完善。如图6-29所示，2009~2011年新加坡固定效应项的估计结果均为正（且2010年、2011年数值大幅提升），促进了中国对其直接投资。

（5）如图6-30所示，预计2013年新加坡市场因素指数为21.83分，政府因素指数保持在5.07分，投资环境指数维持在3.61分，但由于看好新加坡经济的长期发展以及中国与其地理位置的接近，对新加坡的投资还会大幅增加。

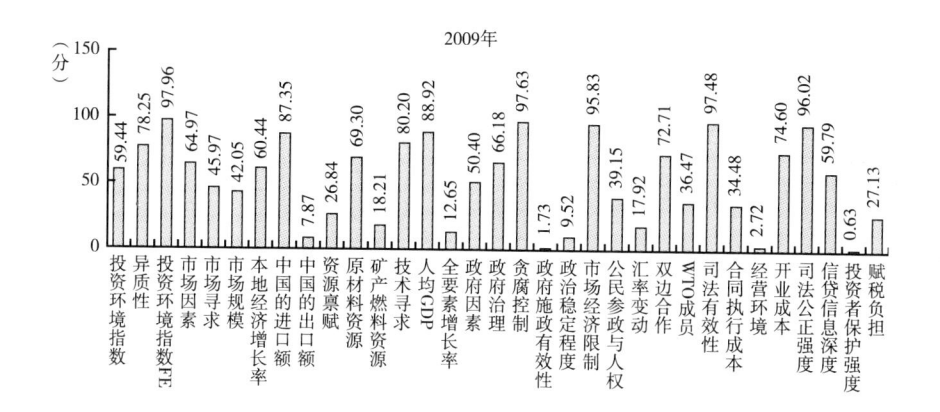

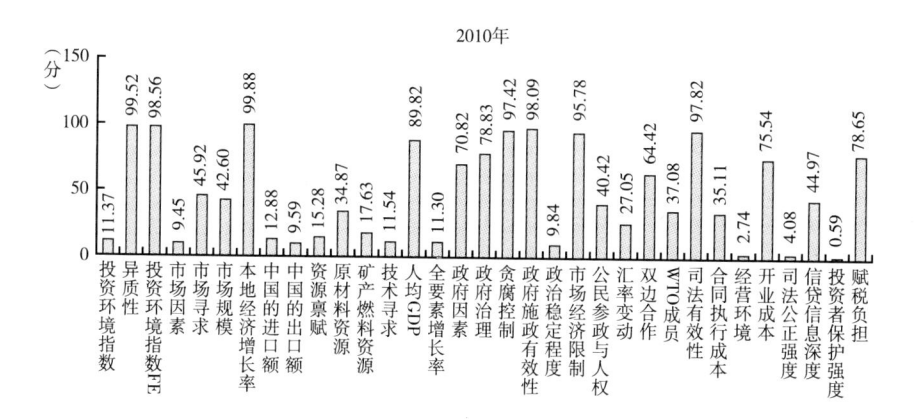

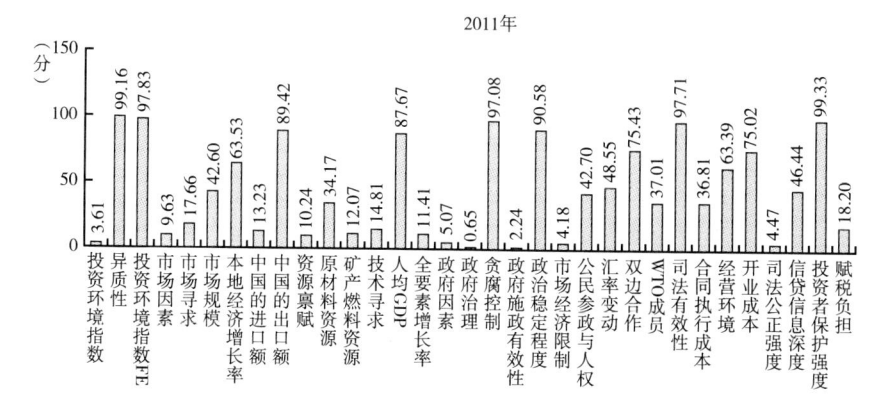

图 6-28　2009～2011 年中国对新加坡直接投资环境各分项指数评估得分

注：投资环境指数（FE）表示包括了个体效应项后各国投资环境的评估得分。

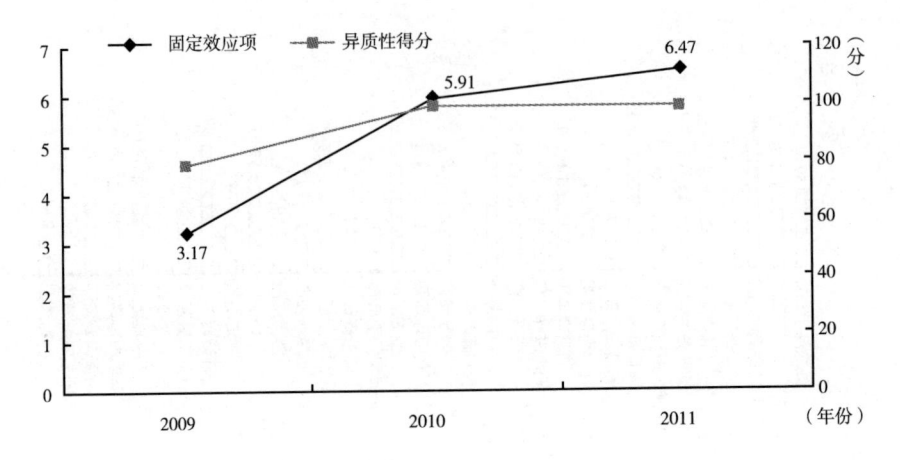

图 6-29　2009~2011 年新加坡异质性效应对直接投资的影响

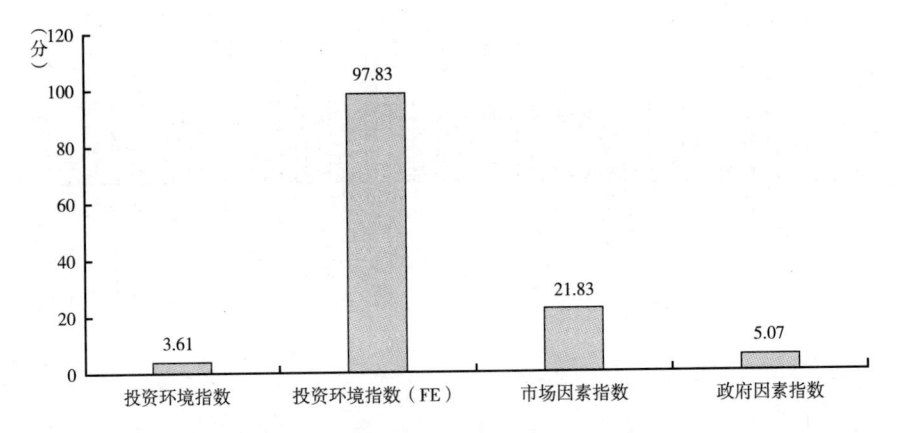

图 6-30　2013 年中国对新加坡投资环境预测

注：投资环境指数（FE）表示包括了个体效应项后各国投资环境的评估得分。

第七章

南亚地区

第一节 投资环境指数评估与预测：印度

（1）图7-1给出了2007~2011年中国对印度直接投资存量和流量金额（单位：亿美元）。2007年中国对印度直接投资流量为0.22亿美元，2008年增加为1.02亿美元，2009年发生撤资，2011年增加到1.80亿美元。2007年中国对印度直接投资存量为1.20亿美元，2009年达到2.21亿美元，到2011年则增加到6.57亿美元；2007年中国对印度直接投资存量占中国

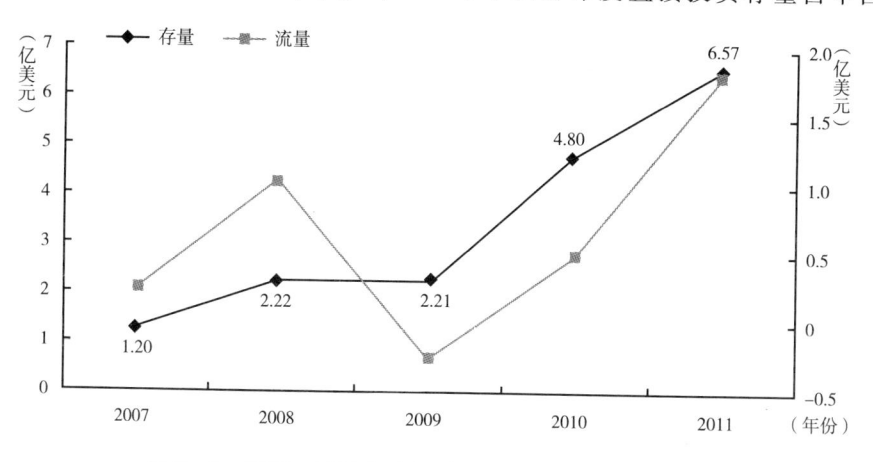

图7-1 2007~2011年中国对印度直接投资存量和流量

注：左坐标轴代表直接投资存量，右坐标轴代表直接投资流量。图中数字标签是直接投资存量。

对外直接投资存量总量的 0.10%，到 2009 年下降到 0.09%，到 2011 年有所提升，达到 0.15%；2007～2011 年中国对印度直接投资存量年几何平均增长率达到 40.48%（见图 7-2）。

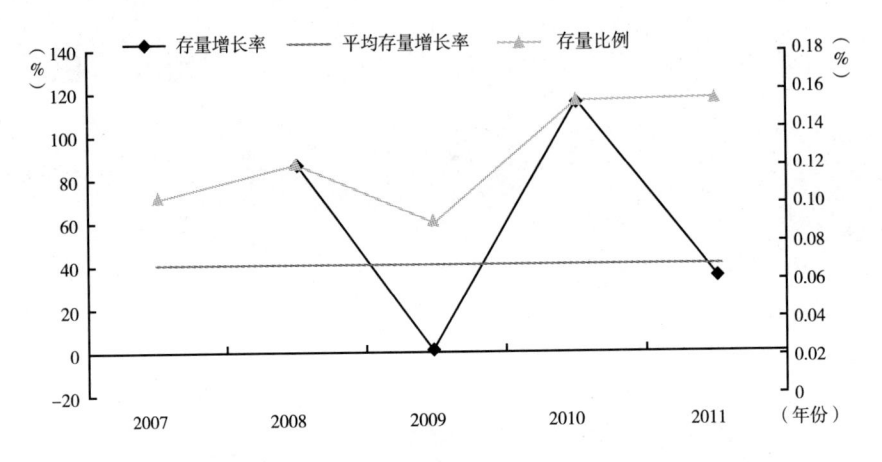

图 7-2　2007～2011 年中国对印度直接投资存量所占比例及增长率

注：左坐标轴代表存量增长率，平均存量增长率为 2007～2011 年几何平均增长率；右坐标轴代表该国家直接投资存量占中国总直接投资存量的比例（存量比例）。

（2）印度经济增长前景看好；人口超过 12 亿，市场潜力巨大。印度的市场因素促进了中国对其直接投资，市场因素指数得分在 2009 年为 79.06 分，2010 年增加为 97.99 分，2011 年为 69.27 分（见图 7-3）。

（3）中印双方 1994 年签署了《避免双重征税协定和两国银行合作谅解备忘录》，2006 年签署了《中华人民共和国政府和印度共和国政府关于促进和保护投资的协定》。印度政府没有专门针对外商投资的优惠政策，外商在印度设立的企业视同本地企业，必须与印度企业一样遵守印度政府制定的产业政策。印度的政府因素抑制了中国对其直接投资，且有逐年恶化趋势，政府因素指数得分在 2009 年为 36.38 分，2010 年为 32.49 分，2011 年又降为 27.68 分（见图 7-3）。

（4）印度地理位置优越，辐射中东、东非、南亚、东南亚市场。但印度基础设施落后，工业配套能力不足，高技能人才短缺，近年来房地产价格大涨，造成在印度投资成本较高。2009 年、2010 年印度固定效应项的估计结果均为负，抑制了中国对其直接投资。2011 年印度固定效应项的估计结果为正（见图 7-4），促进了中国对其直接投资。

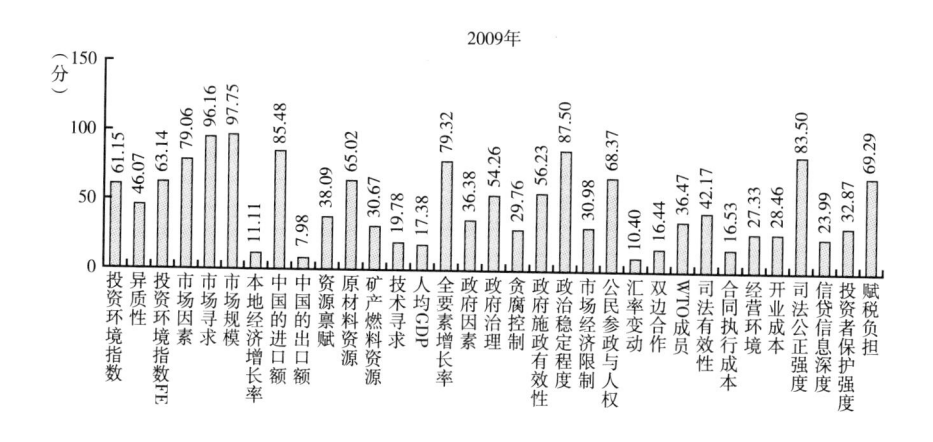

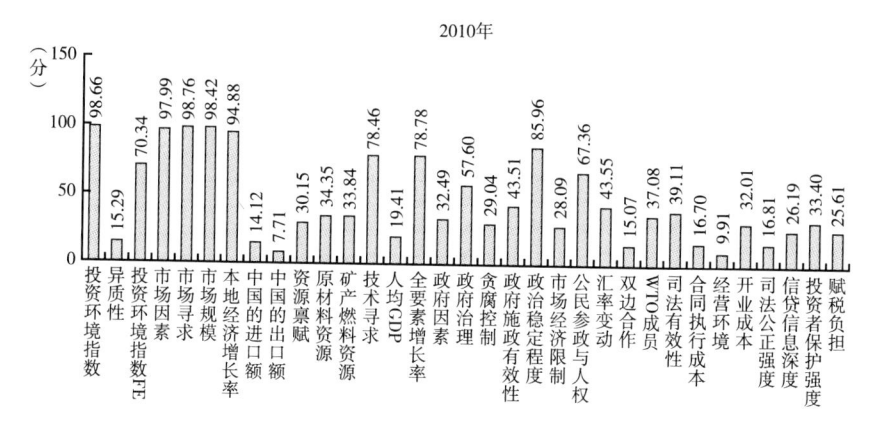

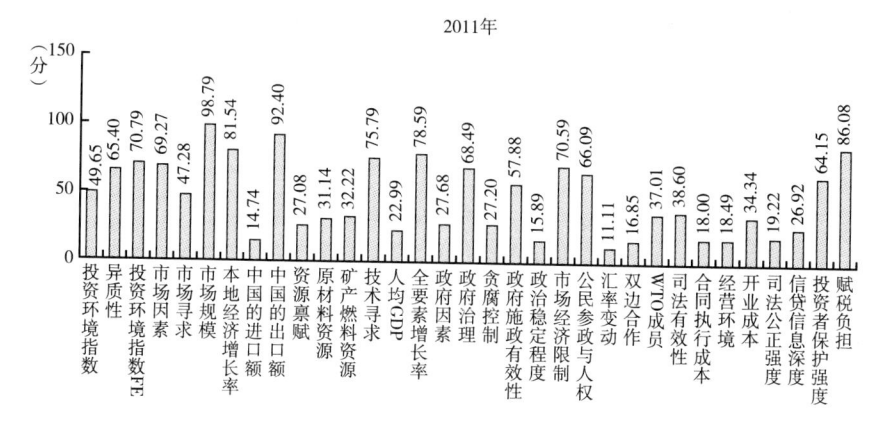

图 7-3　2009~2011 年中国对印度直接投资环境各分项指数评估得分

注：投资环境指数（FE）表示包括了个体效应项后各国投资环境的评估得分。

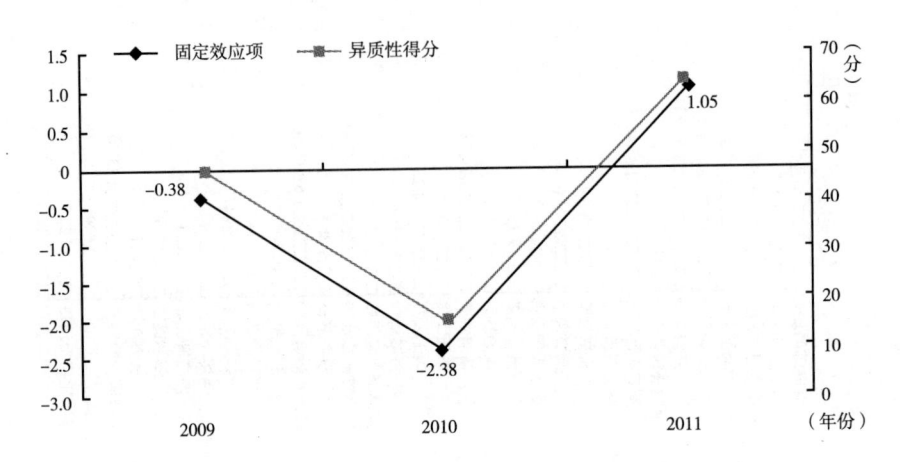

图 7-4 2009~2011 年印度异质性效应对直接投资的影响

（5）如图 7-5 所示，预计 2013 年印度市场因素指数会保持在 69.27 分，政府因素指数维持在 27.68 分，投资环境指数维持在 49.65 分，但由于一些其他不利因素的影响，中国对印度的投资会有所下降。

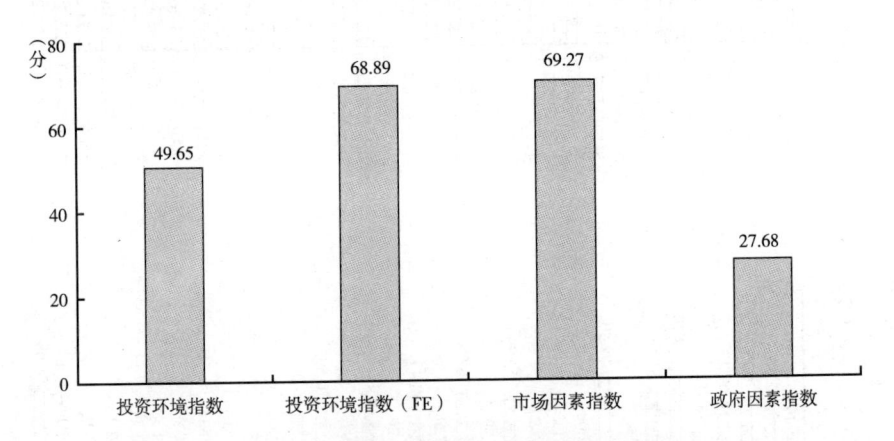

图 7-5 2013 年中国对印度投资环境预测

注：投资环境指数（FE）表示包括了个体效应项后各国投资环境的评估得分。

第二节 投资环境指数评估与预测：巴基斯坦

（1）图 7-6 给出了 2007~2011 年中国对巴基斯坦直接投资存量和流量金额（单位：亿美元）。2007 年中国对巴基斯坦直接投资流量为 9.11 亿美元，2009年下降为0.77亿美元，2011年又有所提高为3.33亿美元。2007年中国对巴基斯坦直接投资存量为10.68亿美元，2009年增加为14.58亿美元，到2011年则增加到21.63亿美元；2007年中国对巴基斯坦直接投资存量占中国对外直接投资存量总量的0.91%，到2009年下降到0.59%，到2011年继续下降到0.51%；2007~2011年中国对巴基斯坦直接投资存量年几何平均增长率达到15.15%（见图7-7）。

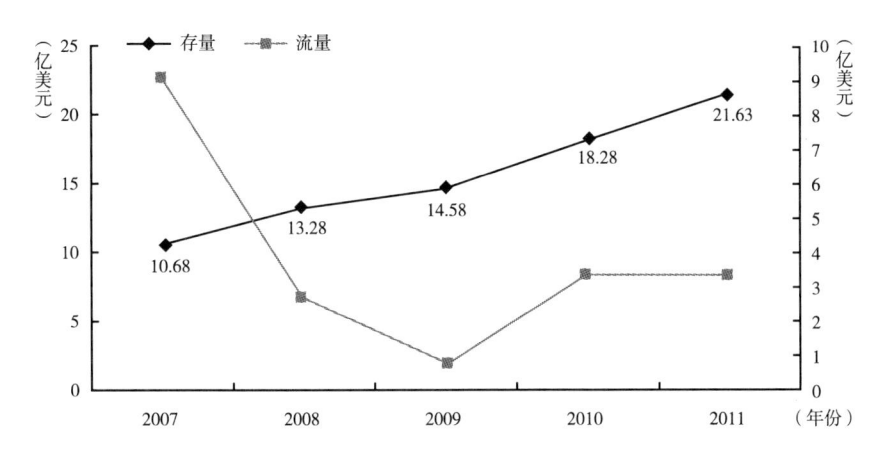

图7-6　2007~2011年中国对巴基斯坦直接投资存量和流量

注：左坐标轴代表直接投资存量，右坐标轴代表直接投资流量。图中数字标签是直接投资存量。

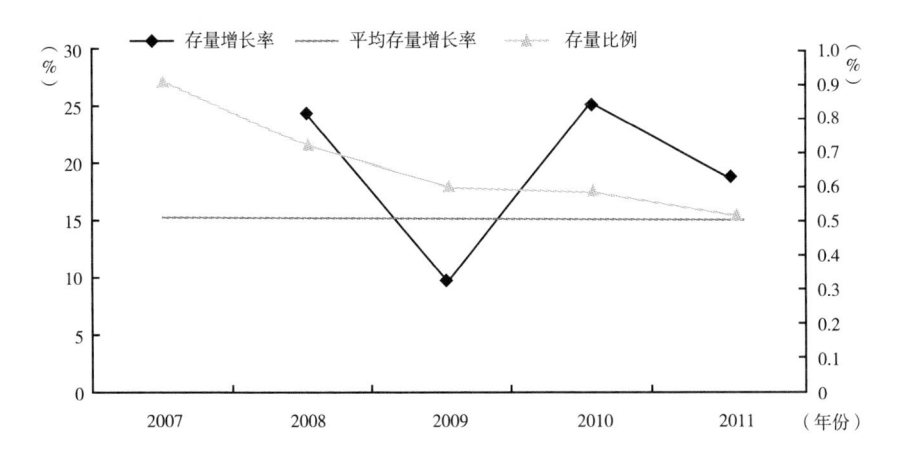

图7-7　2007~2011年中国对巴基斯坦直接投资存量所占比例及增长率

注：左坐标轴代表存量增长率，平均存量增长率为2007~2011年几何平均增长率；右坐标轴代表该国家直接投资存量占中国总直接投资存量的比例（存量比例）。

(2) 巴基斯坦经济不发达，但前景较好，是世界第六人口大国，市场潜力大。巴基斯坦的市场因素促进了中国对其直接投资，市场因素指数得分在 2009 年为 19.02 分，2010 年增加为 69.48 分，2011 年为 66.32 分（见图 7-8）。

(3) 巴基斯坦政府和民间大力欢迎投资，投资限制少。外资在巴基斯坦享受设备进口关税、初期折旧提存、版权技术服务费方面的优惠政策。另外巴基斯坦的一些省区也有鼓励投资的政策。巴基斯坦的政府因素抑制了中国对其直接投资，政府因素指数得分在 2009 年为 18.57 分，2010 年为 18.15 分，2011 年增加为 31.47 分（见图 7-8）。

(4) 巴基斯坦近年来国家安全形势复杂多变，个别地区恐怖袭击、刑事犯罪案件频发，因此投资前要认真考察市场。另外巴基斯坦对中国特别友好，对中国到巴基斯坦的投资合作期望较高，因此中国企业对巴

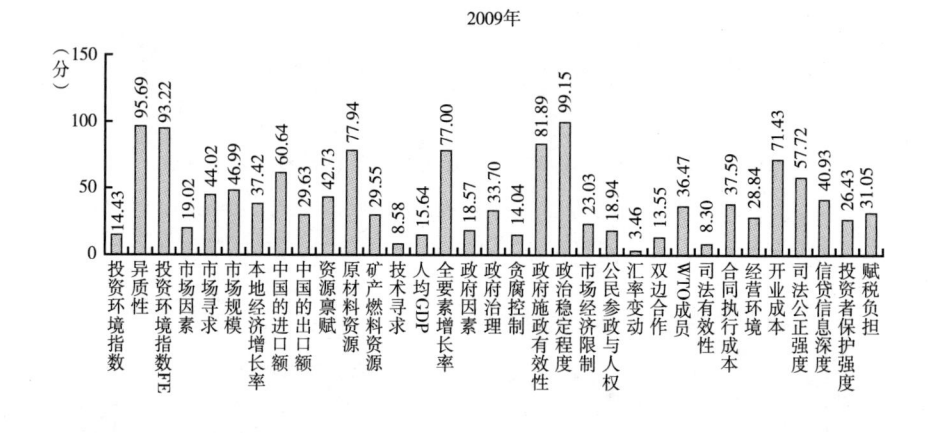

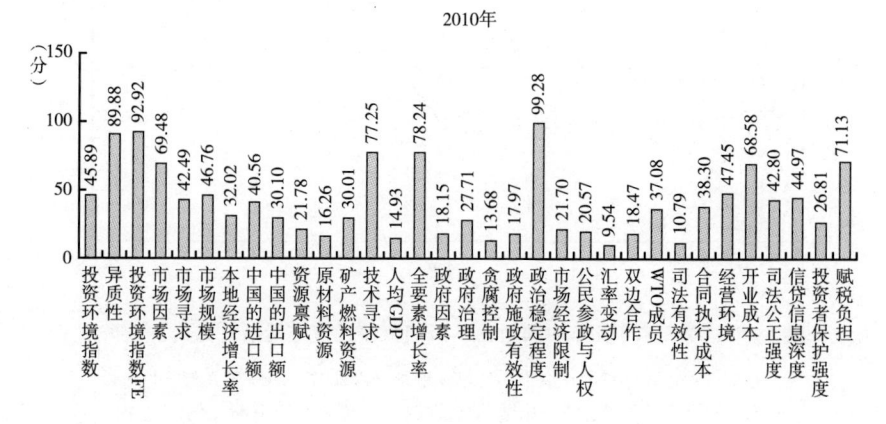

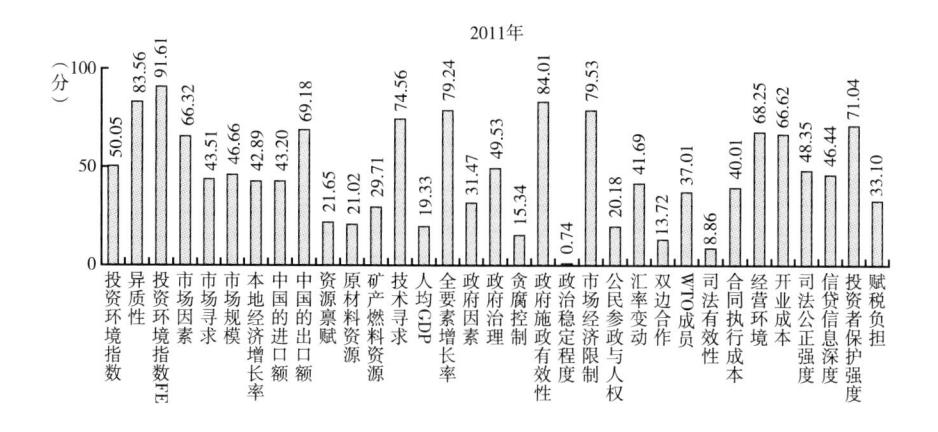

图 7-8 2009~2011 年中国对巴基斯坦直接投资环境各分项指数评估得分

注：投资环境指数（FE）表示包括了个体效应项后各国投资环境的评估得分。

基斯坦投资应着眼大局，坚持互利共赢，自觉承担必要的社会责任。2009~2011 年巴基斯坦固定效应项的估计结果为正（见图 7-9），促进了对中国对其直接投资。

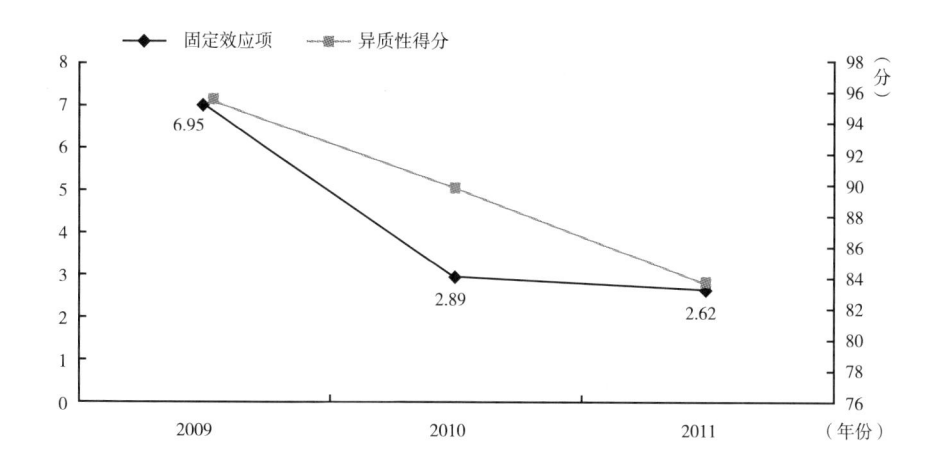

图 7-9 2009~2011 年巴基斯坦异质性效应对直接投资的影响

（5）如图 7-10 所示，预计 2013 年巴基斯坦市场因素指数会下降到 57.27 分，政府因素指数下降到 24.45 分，投资环境指数下降到 40.38 分，但在中巴友好的大局下，中国对巴基斯坦的投资依然会增加。

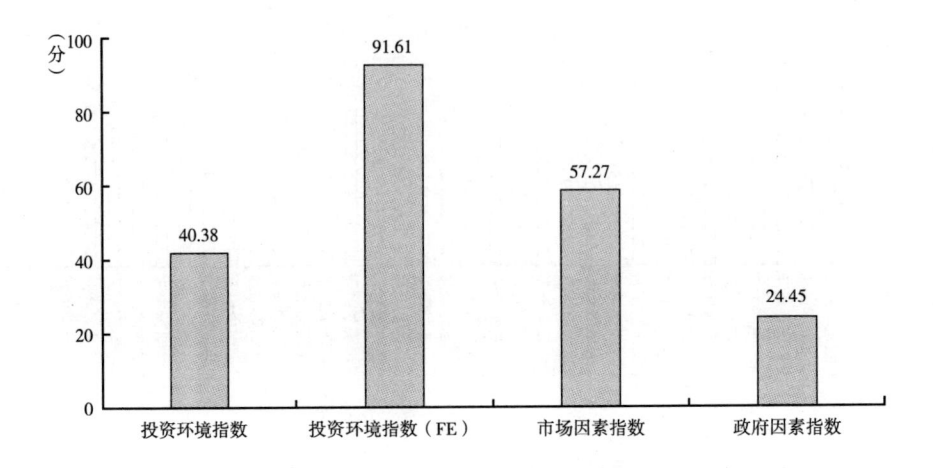

图 7-10 2013 年中国对巴基斯坦投资环境预测

注：投资环境指数（FE）表示包括了个体效应项后各国投资环境的评估得分。

第三节 投资环境指数评估与预测：斯里兰卡

（1）图 7-11 给出了 2007~2011 年中国对斯里兰卡直接投资存量和流量金额（单位：亿美元）。2008 年中国对斯里兰卡直接投资流量为 0.09 亿美元，2007 年、2009 年发生撤资，2010 年增加为 0.28 亿美元，2011 年继续增加到 0.81 亿美元。2007 年中国对斯里兰卡直接投资存量为 0.08 亿美元，2009 年增加为 0.16 亿美元，到 2011 年则增加到 1.63 亿美元；2007 年中国对斯里兰卡直接投资存量占中国对外直接投资存量总量的 0.007%，到 2010 年增加到 0.023%，到 2011 年进一步增加到 0.038%；2007~2011 年中国对斯里兰卡直接投资存量年几何平均增长率达到 83.85%（见图 7-12）。

（2）斯里兰卡与其他南亚国家相比，其劳动力素质、生活环境、商业环境、投资法律及税收优惠等都具有一定优势，现发展成为亚太地区最有吸引力的投资地之一。斯里兰卡的市场因素促进了中国对其直接投资，市场因素指数得分在 2009 年为 27.95 分，2010 年增加为 72.53 分，2011 年为 78.44 分（见图 7-13）。

（3）斯里兰卡对外资实施特别保护，国家宪法保障外国投资的安全。

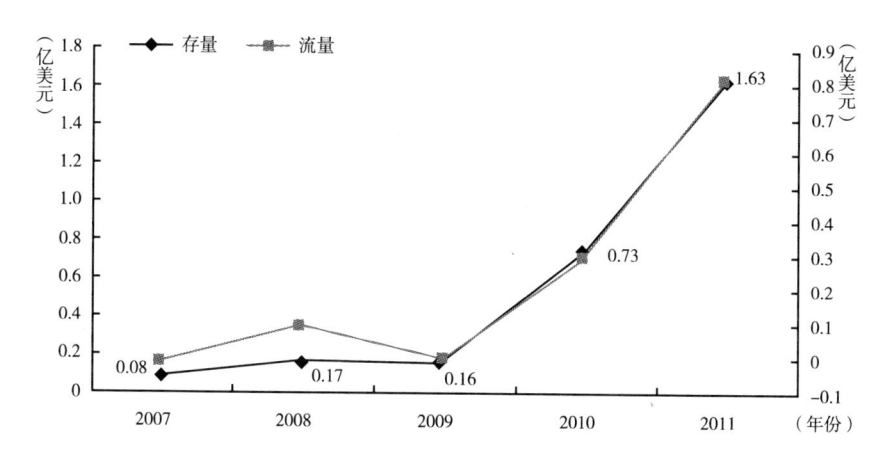

图 7-11 2007~2011 年中国对斯里兰卡直接投资存量和流量

注：左坐标轴代表直接投资存量，右坐标轴代表直接投资流量。图中数字标签是直接投资存量。

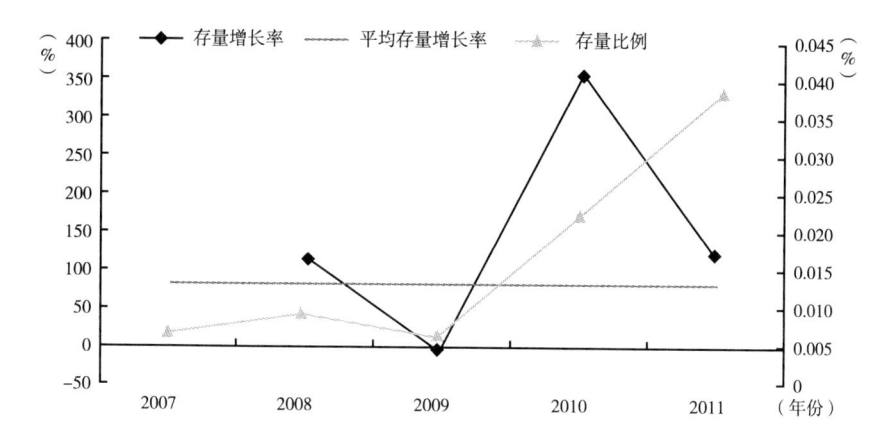

图 7-12 2007~2011 年中国对斯里兰卡直接投资存量所占比例及增长率

注：左坐标轴代表存量增长率，平均存量增长率为 2007~2011 年几何平均增长率；右坐标轴代表该国家直接投资存量占中国总直接投资存量的比例（存量比例）。

斯里兰卡有多项促进外国投资政策，对允许外资进入的领域，外资份额不设限，对外资提供减税，甚至免税，对特殊的项目，可以免费提供土地。斯里兰卡的政府因素抑制了中国对其直接投资，政府因素指数得分在 2009 年为 33.00 分，2010 年为 31.29 分，2011 年为 31.54 分（见图 7-13）。

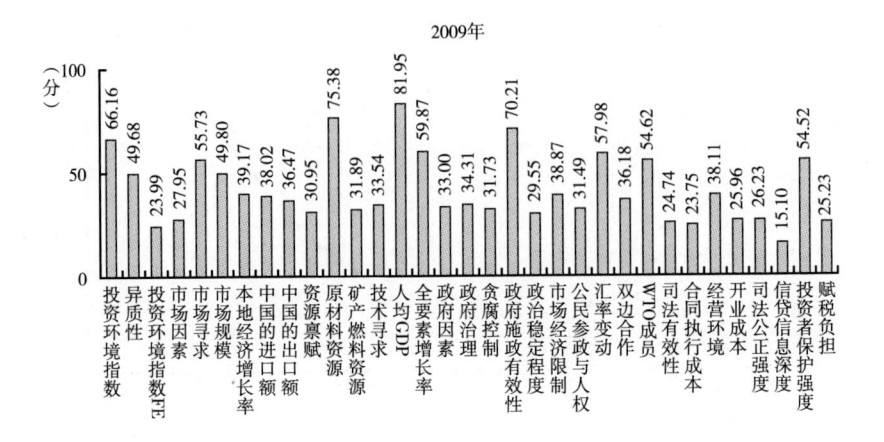

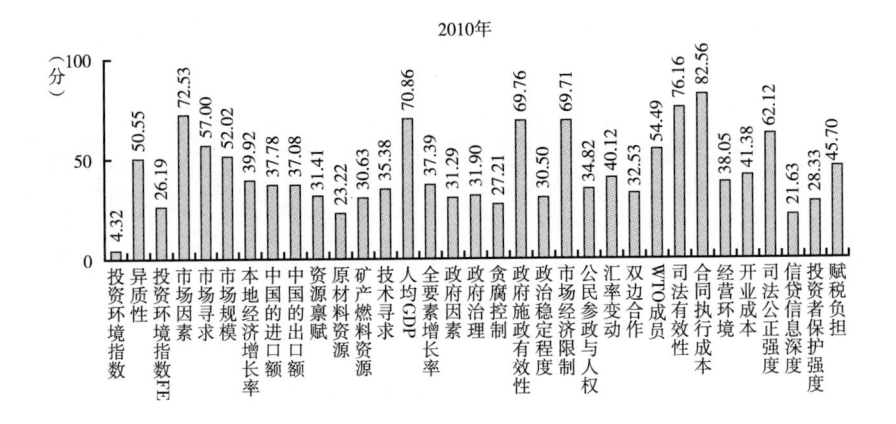

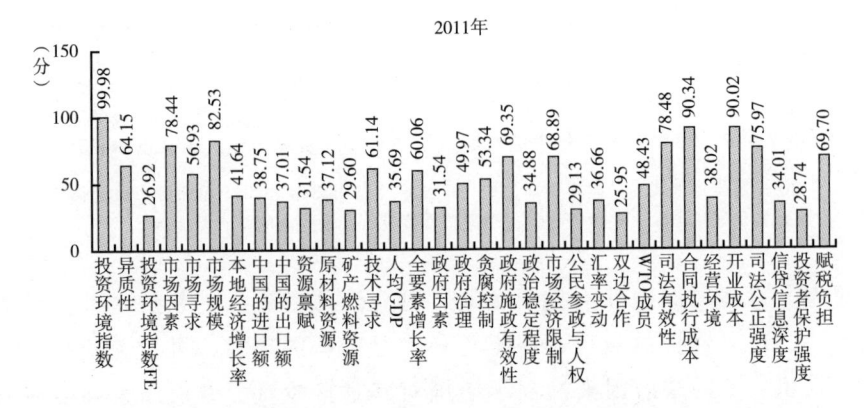

图 7-13 2009～2011 年中国对斯里兰卡直接投资环境各分项指数评估得分

注：投资环境指数（FE）表示包括了个体效应项后各国投资环境的评估得分。

（4）如图 7-14 所示，2009 年斯里兰卡固定效应项的估计结果为正，促进了中国对其直接投资；但 2010~2011 年斯里兰卡固定效应项的估计结果为负，抑制了中国对其直接投资。

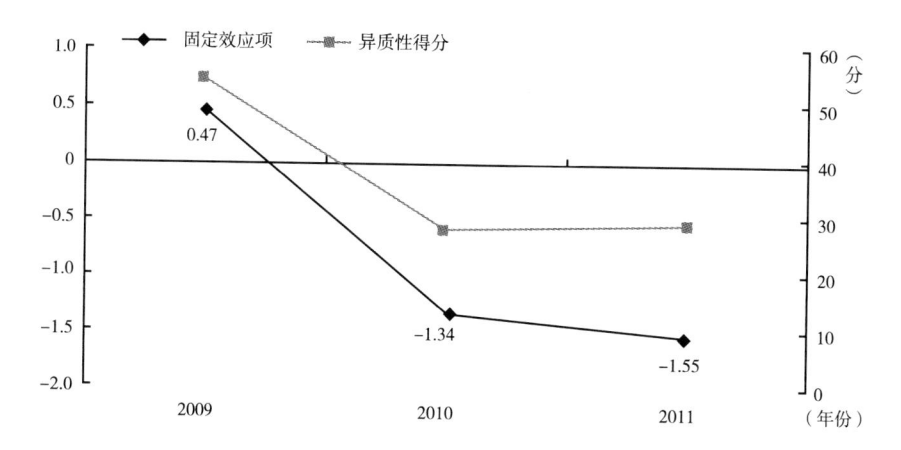

图 7-14　2009~2011 年斯里兰卡异质性效应对直接投资的影响

（5）如图 7-15 所示，预计 2013 年斯里兰卡市场因素指数为 75.97 分，政府因素指数提高到 40.48 分，投资环境指数为 69.70 分，但在其他因素的不利影响下，中国对斯里兰卡的投资虽会有所增加，但低于预期水平。

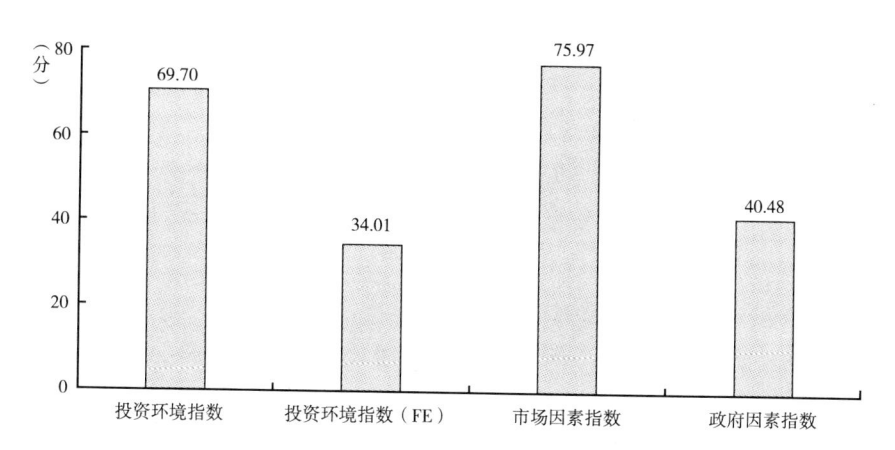

图 7-15　2013 年中国对斯里兰卡投资环境预测

注：投资环境指数（FE）表示包括了个体效应项后各国投资环境的评估得分。

第八章
俄罗斯及中亚地区

第一节 投资环境指数评估与预测：俄罗斯

(1) 图 8-1 给出了 2007~2011 年中国对俄罗斯直接投资存量和流量金额（单位：亿美元）。2007 年中国对俄罗斯直接投资流量为 4.78 亿美元，2009 年为 3.48 亿美元，2011 年增加到 7.16 亿美元。2007 年中国对俄罗斯直接投资存量为 14.22 亿美元，2009 年增加为 22.20 亿美元，到 2011 年则增加到 37.64 亿美元；2007 年中国对俄罗斯直接投资存量占中国对外直接投资存量总量的 1.21%，到 2009 年下降到 0.90%，到 2011 年稍有下降，达到 0.89%；2007~2011 年中国对俄罗斯直接投资存量年几何平均增长率达到 21.50%（见图 8-2）。

(2) 俄罗斯国内资源丰富，以能源和矿产为龙头的出口迅速增长，国民生活水平大幅提升，市场需求不断加大，交通运输较为发达。俄罗斯的市场因素促进了中国对其直接投资，但其促进作用逐年下降，市场因素指数得分在 2009 年为 91.04 分，2010 年降低为 72.02 分，到 2011 年进一步降低为 48.04 分（见图 8-3），已对中国对其直接投资产生抑制作用。

(3) 外商投资俄罗斯政府确定的优先投资项目，且投资额不少于 10 亿卢布时，则会给予相应关税和税收的优惠。俄罗斯鼓励外商直接投资领域大多是传统产业，如石油、天然气、煤炭、木材、建材建筑等行业。俄罗斯各地区也会根据自身情况分别制定法律法规对外资实行不同的减免税优惠政策。但在俄联邦法律规定的关系到国家安全的 42 个战略领域，对外商投资比例有严格要求。俄罗斯的政府因素对中国对其直接投资开始发挥积极作用，其得分逐年增加，政府因素指数得分在 2009 年为 20.04 分，2010 年增加为 40.89 分，到 2011 年进一步增加为 84.86 分（见图 8-3），已对中国对其直接投资产生促进作用。

（4）2009~2011 年俄罗斯固定效应项的估计结果均为正（见图 8-4），促进了中国对其直接投资。

（5）如图 8-5 所示，预计 2013 年俄罗斯市场因素指数约会保持在 48 分，政府因素指数约保持在 85 分，投资环境指数约为 69 分，但在其他因素的有利影响下，中国对俄罗斯的投资依然会有所增加。

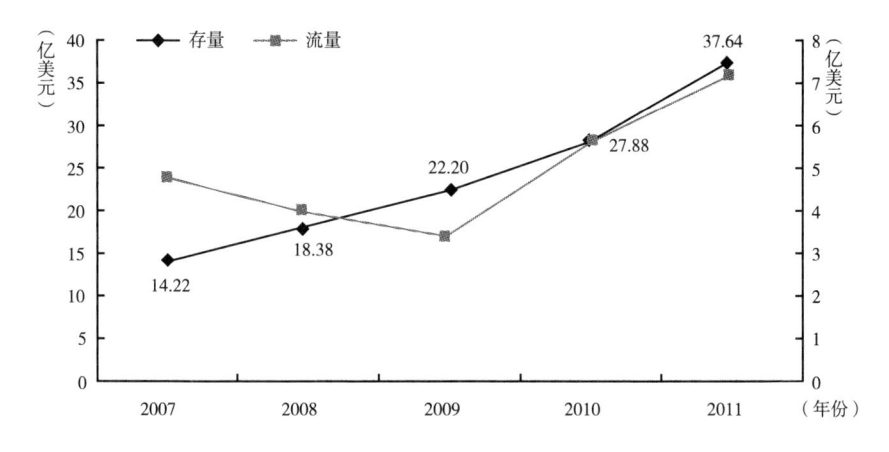

图 8-1　2007~2011 年中国对俄罗斯直接投资存量和流量

注：左坐标轴代表直接投资存量，右坐标轴代表直接投资流量。图中数字标签是直接投资存量。

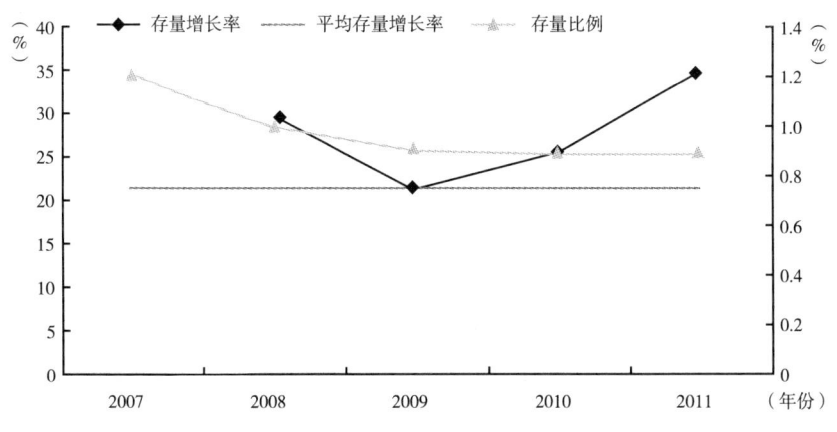

图 8-2　2007~2011 年中国对俄罗斯直接投资存量所占比例及增长率

注：左坐标轴代表存量增长率，平均存量增长率为 2007~2011 年几何平均增长率；右坐标轴代表该国家直接投资存量占中国总直接投资存量的比例（存量比例）。

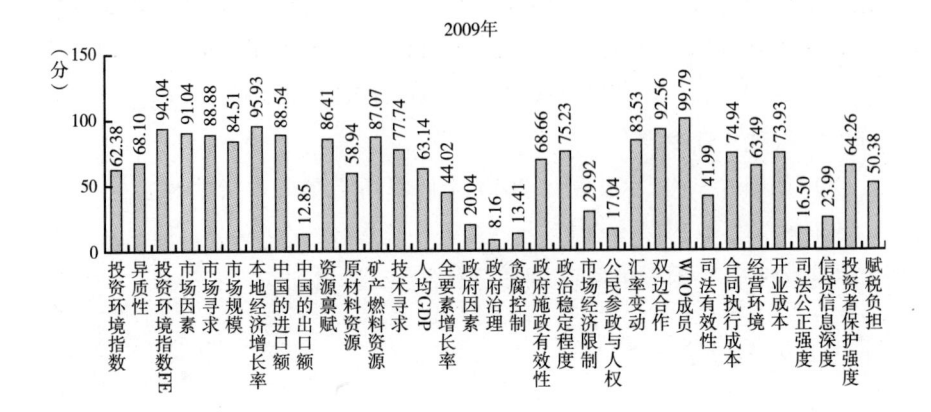

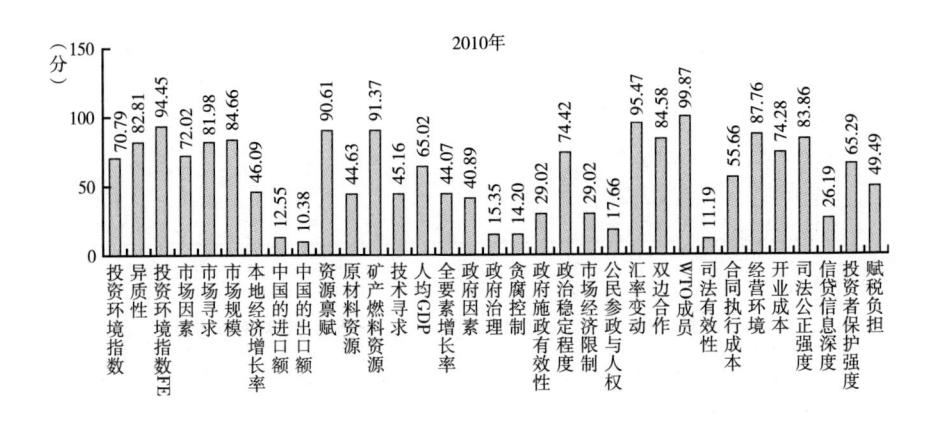

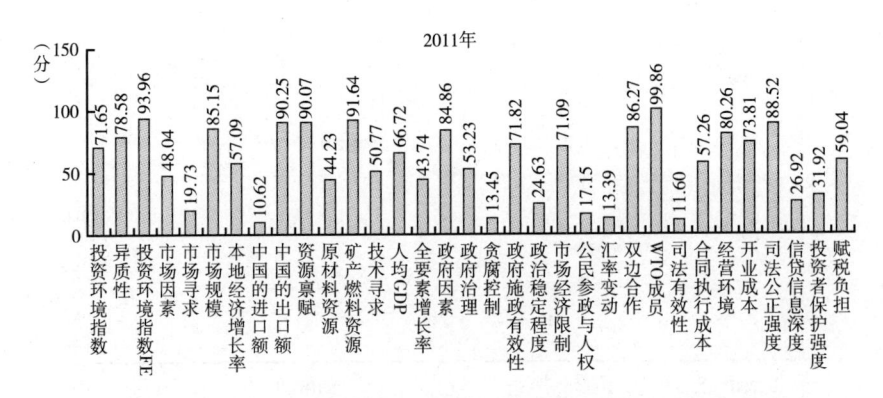

图 8-3　2009~2011 年中国对俄罗斯直接投资环境各分项指数评估得分

注：投资环境指数（FE）表示包括了个体效应项后各国投资环境的评估得分。

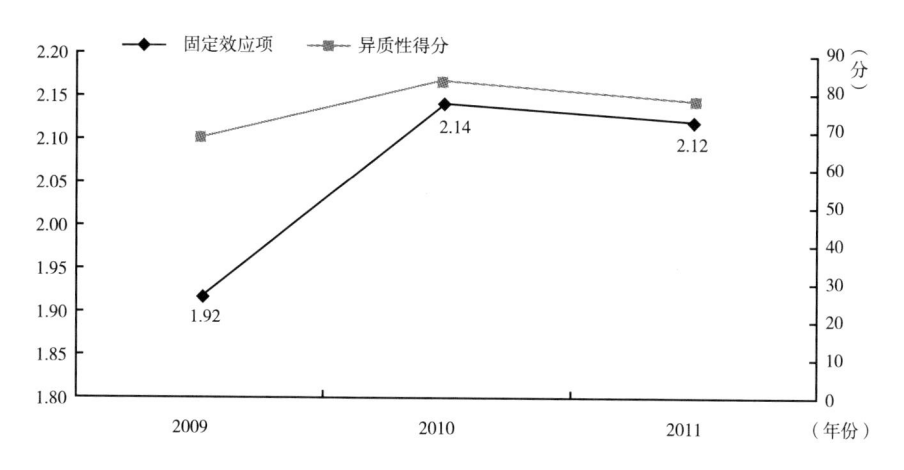

图 8-4　2009~2011 年俄罗斯异质性效应对直接投资的影响

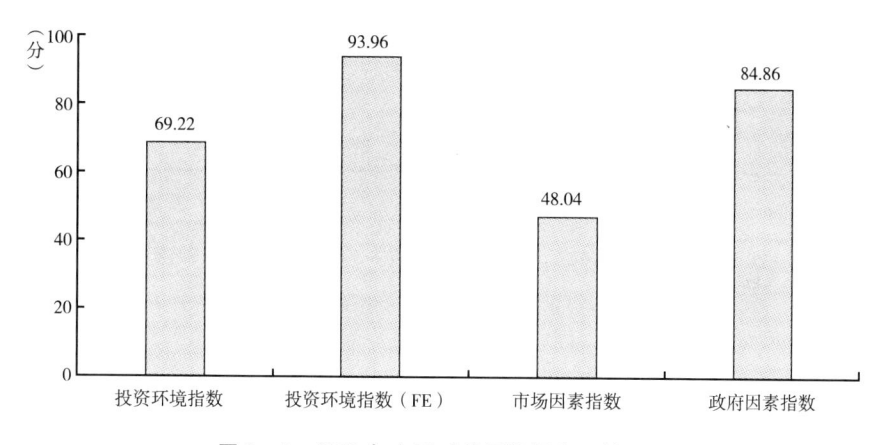

图 8-5　2013 年中国对俄罗斯投资环境预测

注：投资环境指数（FE）表示包括了个体效应项后各国投资环境的评估得分。

第二节　投资环境指数评估与预测：哈萨克斯坦

（1）图 8-6 给出了 2007~2011 年中国对哈萨克斯坦直接投资存量和流量金额（单位：亿美元）。2007 年中国对哈萨克斯坦直接投资流量为 2.8 亿美元，2009 年下降为 0.67 亿美元，2011 年增加到 5.82 亿美元。2007 年中国对哈萨克斯坦直接投资存量为 6.10 亿美元，2009 年增加为 15.16 亿美元，到 2011 年则增加到 28.58 亿美元；2007 年中国对哈萨克斯坦直接投资存量占中国对外直接投资存量总额的 0.52%，到 2009 年增加到 0.62%，到

2011年进一步增加到0.67%；2007~2011年中国对哈萨克斯坦直接投资存量年几何平均增长率达到36.20%（见图8-7）。

（2）哈萨克斯坦有丰富的石油、天然气、煤炭、有色金属等矿产资源，农业基础良好，广阔的牧场适于发展畜牧业。哈萨克斯坦的市场因素促进了中国对其直接投资，市场因素指数得分在2009年为66.50分，2010年降低为52.63分，到2011年又提高到61.07分（见图8-8）。

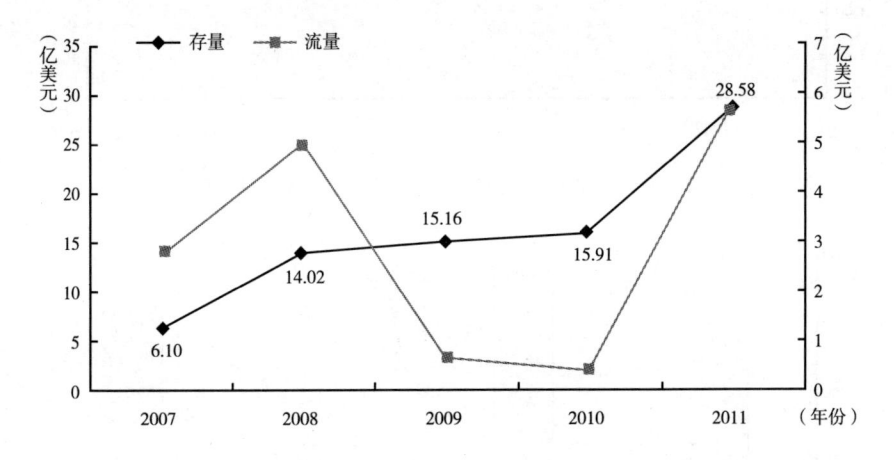

图8-6 2007~2011年中国对哈萨克斯坦直接投资存量和流量

注：左坐标轴代表直接投资存量，右坐标轴代表直接投资流量。图中数字标签是直接投资存量。

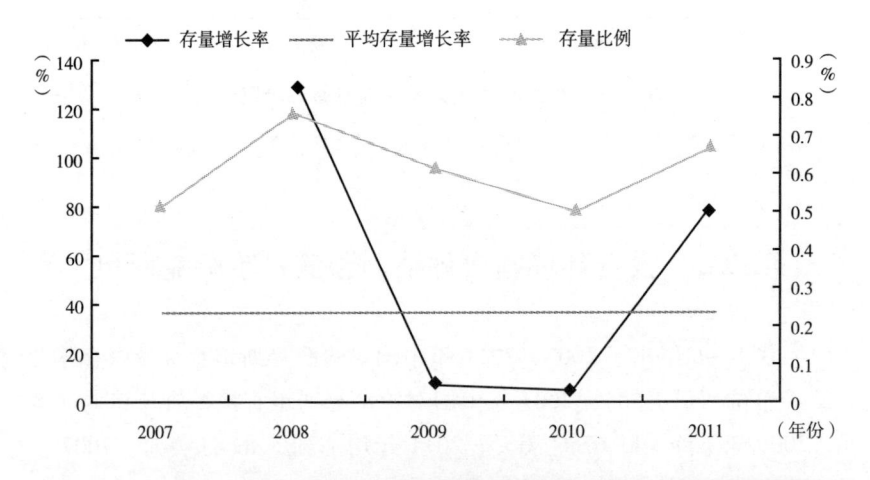

图8-7 2007~2011年中国对哈萨克斯坦直接投资存量所占比例及增长率

注：左坐标轴代表存量增长率，平均存量增长率为2007~2011年几何平均增长率；右坐标轴代表该国家直接投资存量占中国总直接投资存量的比例（存量比例）。

（3）哈萨克斯坦奉行积极吸引外资的政策，并加强了有关立法工作，在良好的投资环境之下，大量外资不仅扩大投资规模，而且进入相关经济领域，为哈萨克斯坦非能源领域发展提供了必要的资金。哈萨克斯坦为鼓励外资对中小企业新技术、加工及服务领域进行再投资，面向加工制造业、农业和可再生能源领域投资，政府采取措施提高本国企业对外资的吸引力。2009年哈萨克斯坦取消以前所有对外资的税收优惠政策，只保留了关税优惠条件。另外，哈萨克斯坦在各地区成立了许多经济特区、技术园区和工业区，积极吸引投资。哈萨克斯坦2005年修改《矿产法》，对外资进入和退出哈萨克斯坦矿业，尤其是收购哈萨克斯坦国内矿产企业作了一些限制，从而构筑了一定的矿产投资壁垒。哈萨克斯坦的政府因素指数在2009年、2010年得分分别为3.52分和23.87分，抑制了中国对其直接投资，政府因素指数得分在2011年提高到93.68分（见图8-8），促进了中国对其直接投资。

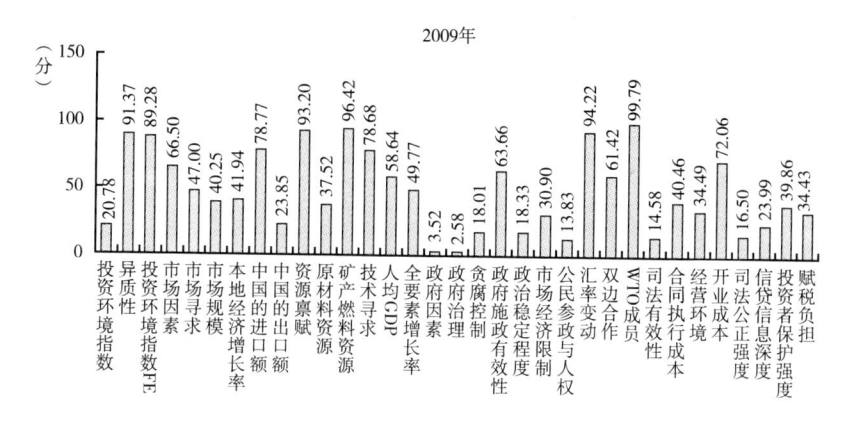

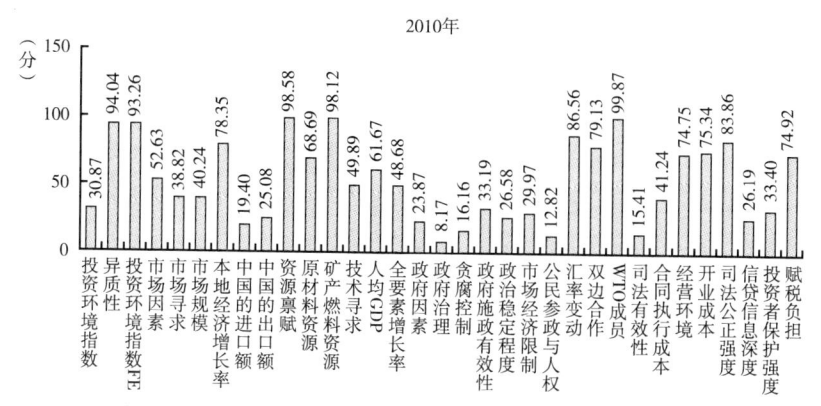

2011年

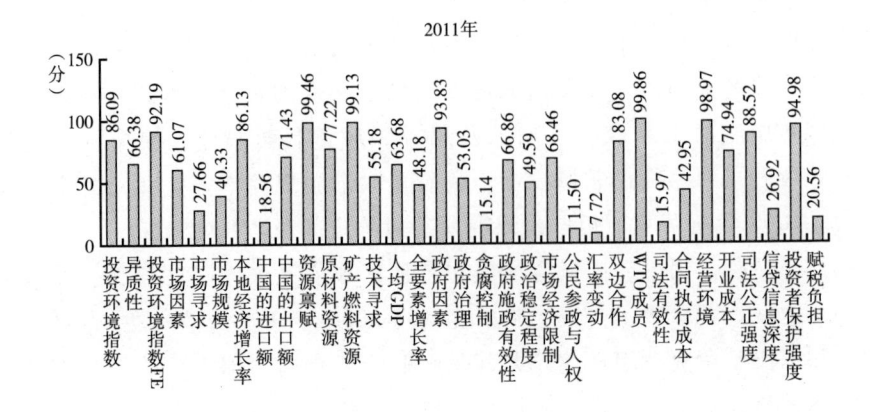

柱状图数据（投资环境各分项指数）：
- 投资环境指数：86.09
- 异质性指数FE：66.38
- 市场寻求：92.19
- 市场规模：61.07
- 本地经济增长率：27.66
- 中国的进口额：40.33
- 资源禀赋：86.13
- 原材料燃料资源：18.56
- 矿产资源：71.43
- 技术寻求：77.22
- 人均GDP：99.46
- 全要素增长率：99.13
- 政府因素：55.18
- 政府治理：63.68
- 贪腐控制：48.18
- 政府施政有效性：93.83
- 政治稳定程度：53.03
- 政府经济限制：15.14
- 公民参政与人权：66.86
- 汇率变动：49.59
- 双边合作：68.46
- WTO成员：11.50
- 司法有效性：7.72
- 合同执行成本：83.08
- 经营环境：99.86
- 开业成本：15.97
- 司法公正强度：42.95
- 信贷信息深度：98.97
- 投资者保护强度：74.94
- 赋税负担：88.52 / 94.98 / 26.92 / 20.56

图8-8　2009~2011年中国对哈萨克斯坦直接投资环境各分项指数评估得分

注：投资环境指数（FE）表示包括了个体效应项后各国投资环境的评估得分。

（4）哈萨克斯坦生态状况良好，人文条件也优于其他中亚国家。2009~2011年哈萨克斯坦固定效应项的估计结果均为正（见图8-9），促进了中国对其直接投资。

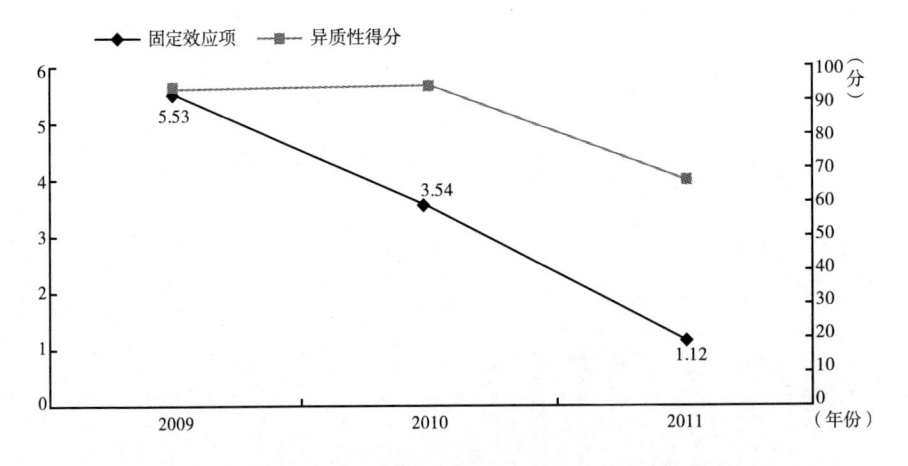

折线图数据：
- 固定效应项：2009年 5.53；2010年 3.54；2011年 1.12
- 异质性得分：2009年约93；2010年约93；2011年约67

图8-9　2009~2011年哈萨克斯坦异质性效应对直接投资的影响

（5）如图8-10所示，预计2013年哈萨克斯坦市场因素指数约为61分，政府因素指数约为94分，投资环境指数约为86分，加上其他因素的有利影响，中国对哈萨克斯坦的投资会有所增加。

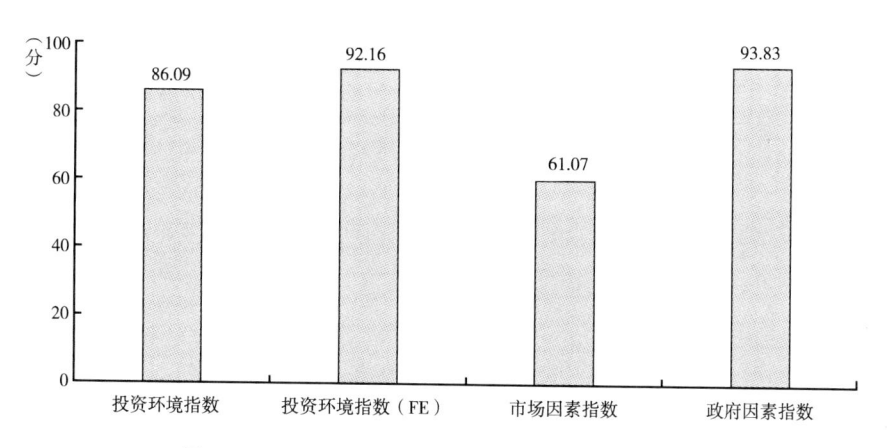

图 8-10 2013年中国对哈萨克斯坦投资环境预测

注：投资环境指数（FE）表示包括了个体效应项后各国投资环境的评估得分。

第三节 投资环境指数评估与预测：吉尔吉斯斯坦

（1）图8-11给出了2007~2011年中国对吉尔吉斯斯坦直接投资存量和流量金额（单位：亿美元）。2007年中国对吉尔吉斯斯坦直接投资流量为0.15亿美元，2009年增加为1.37亿美元，2011年继续增加到1.45亿美元。2007年中国对吉尔吉斯斯坦直接投资存量为1.40亿美元，2009年增加到2.84亿美元，到2011年则增加到5.25亿美元；2007年中国对吉尔吉斯斯坦直接投资存量占中国对外直接投资存量总量的0.12%，到2008年下降到0.08%，2009年后又提升到0.12%；2007~2011年中国对吉尔吉斯斯坦直接投资存量年几何平均增长率达到30.31%（见图8-12）。

（2）2009年、2010年吉尔吉斯斯坦的市场因素抑制了中国对其直接投资，市场因素指数得分在2009年为23.14分，2010年约为78.5分，到2011年市场因素指数得分提高到90.99分（见表8-13），促进了中国对其直接投资。

（3）吉尔吉斯斯坦的经济自由度较高，市场准入较宽松。对外资实行国民待遇，投资不受行业限制，对投资性进口商品免征进口税。吉尔吉斯斯坦的政府因素抑制了中国对其直接投资，政府因素指数得分在2009年、2010年分别为5.05分和5.42分，到2011年提高到16.00分

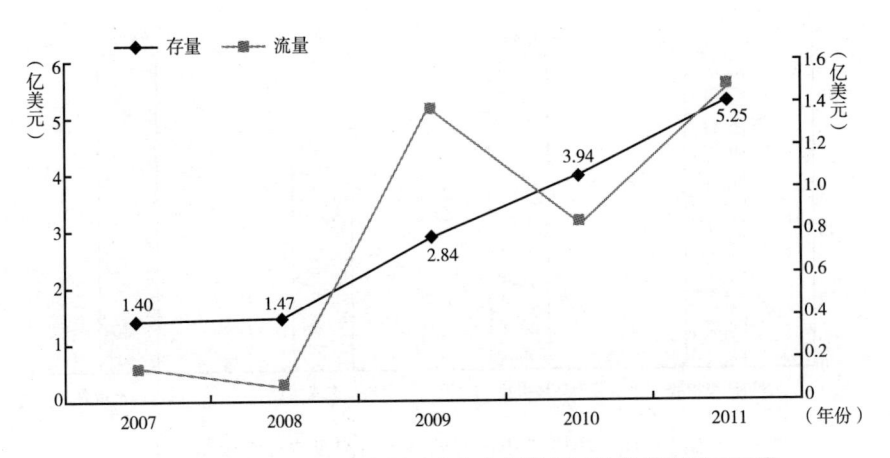

图 8-11　2007~2011 年中国对吉尔吉斯斯坦直接投资存量和流量

注：左坐标轴代表直接投资存量，右坐标轴代表直接投资流量。图中数字标签是直接投资存量。

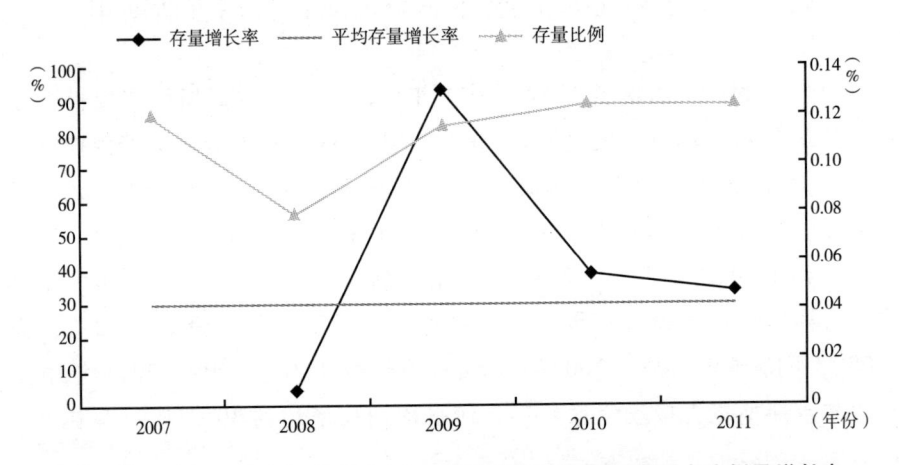

图 8-12　2007~2011 年中国对吉尔吉斯斯坦直接投资存量所占比例及增长率

注：左坐标轴代表存量增长率，平均存量增长率为 2007~2011 年几何平均增长率；右坐标轴代表该国家直接投资存量占中国总直接投资存量的比例（存量比例）。

（见图 8-13）。

（4）吉尔吉斯斯坦法治建设仍在完善之中，执法不严，对外资的传统偏见及腐败现象仍对吉尔吉斯斯坦投资环境有较大影响。2009~2011 年吉尔吉斯斯坦固定效应项的估计结果均为正（但逐年大幅下降）（见图 8-14），促进了中国对其直接投资。

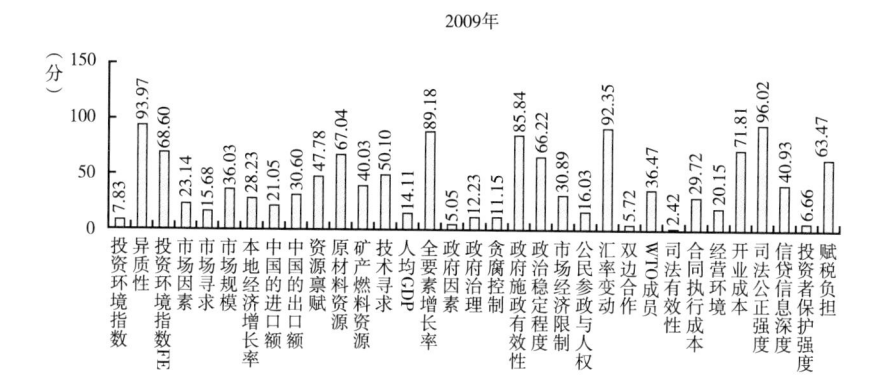

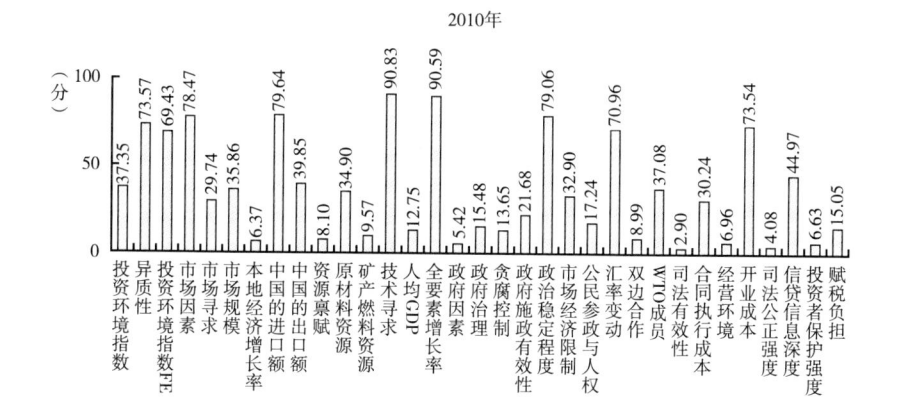

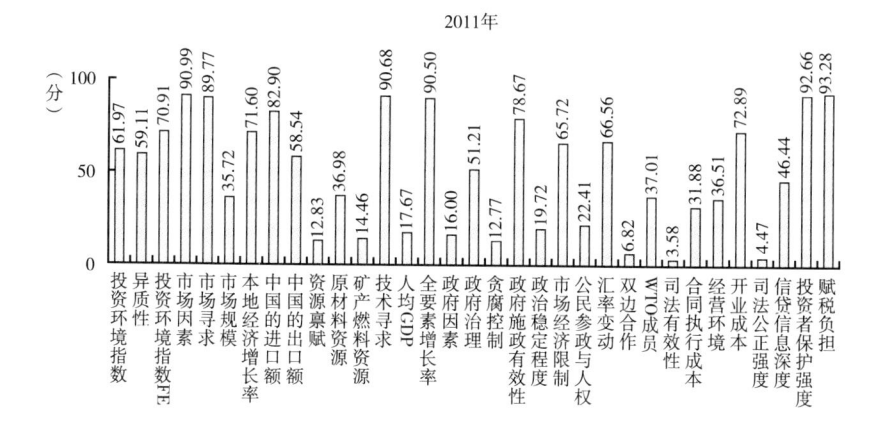

图 8-13　2009~2011 年中国对吉尔吉斯斯坦直接投资环境各分项指数评估得分

注：投资环境指数（FE）表示包括了个体效应项后各国投资环境的评估得分。

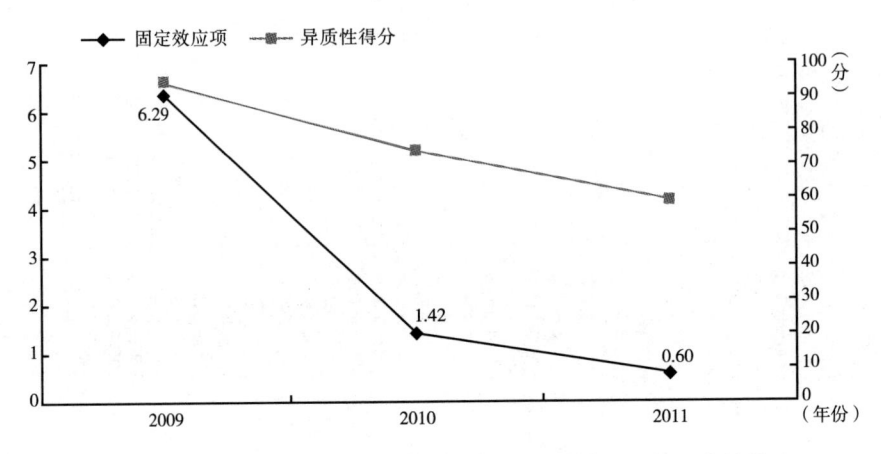

图 8-14　2009~2011 年吉尔吉斯斯坦异质性效应对直接投资的影响

（5）如图 8-15 所示，预计 2013 年吉尔吉斯斯坦市场因素指数会保持在 90.99 分，政府因素指数下降到 10.26 分，投资环境指数会保持在 61.97 分，加上其他因素的有利影响，中国对吉尔吉斯斯坦的投资仍会稍有增加。

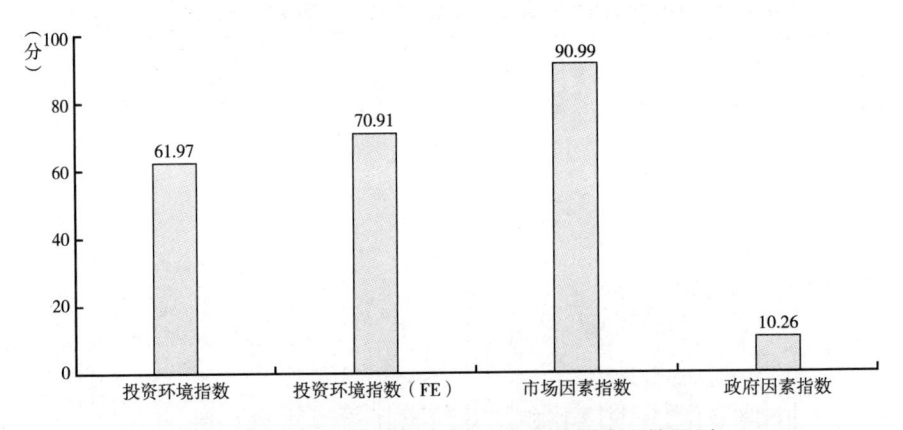

图 8-15　2013 年中国对吉尔吉斯斯坦投资环境预测

注：投资环境指数（FE）表示包括了个体效应项后各国投资环境的评估得分。

第九章

大洋洲地区

第一节 投资环境指数评估与预测：澳大利亚

（1）图9-1给出了2007～2011年中国对澳大利亚直接投资存量和流量金额（单位：亿美元）。2007年中国对澳大利亚直接投资流量为5.32亿美元，2009年增加为24.36亿美元，2011年继续增加到31.65亿美元。2007年中国对澳大利亚直接投资存量为14.44亿美元，2009年增加为58.63亿美元，到2011年则增加到110.41亿美元；2007年中国对澳大利亚直接投资存量占中国对外直接投资存量总量的1.22%，到2009年增加到2.39%，到2011年继续增加到2.60%；2007～2011年中国对澳大利亚直接投资存量年几何平均增长率达到50.21%（见图9-2）。

（2）2009年澳大利亚的市场因素促进了中国对其直接投资，市场因素指数得分在2009年为79.30分，2010年、2011年市场因素指数得分降低分别为13.19分和11.41分（见图9-3），抑制了中国对其直接投资。

（3）为吸引外资，澳大利亚制订了鼓励外资的政策，这些政策多为外资进入澳大利亚市场提供服务和便利，对于为澳大利亚带来巨大经济利益的外资项目，会给予一定的资金和税收方面的优惠。对农牧业的投资，在批发销售税上有减免的优惠政策。考虑到边远地区与大城市隔离而导致商业和生活成本增加等因素，澳大利亚税收制度允许对边远地区的投资给予一定程度的税收减让。澳大利亚的政府因素指数得分在2009年、2010年分别为97.52分和95.78分，政府因素促进了中国对其直接投资，到2011年降低

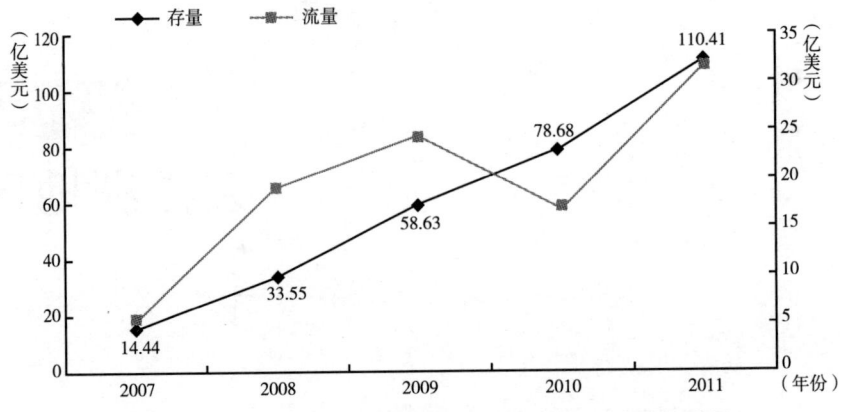

图 9-1　2007~2011 年中国对澳大利亚直接投资存量和流量

注：左坐标轴代表直接投资存量，右坐标轴代表直接投资流量。图中数字标签是直接投资存量。

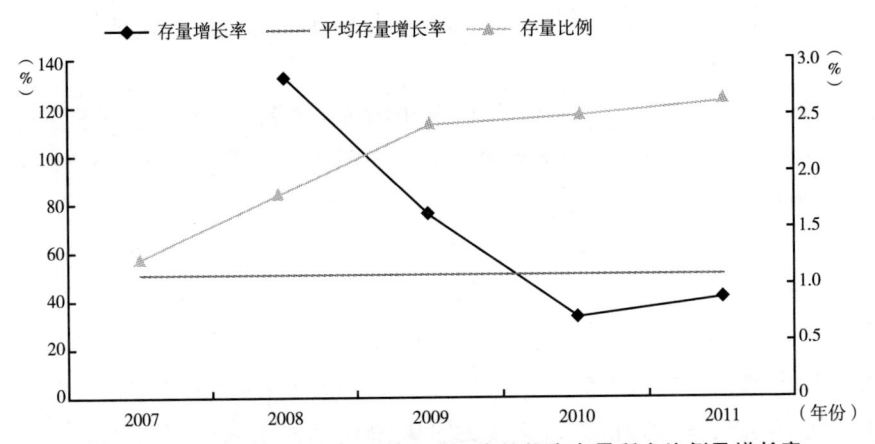

图 9-2　2007~2011 年中国对澳大利亚直接投资存量所占比例及增长率

注：左坐标轴代表存量增长率，平均存量增长率为 2007~2011 年几何平均增长率；右坐标轴代表该国家直接投资存量占中国总直接投资存量的比例（存量比例）。

到 8.77 分（见图 9-3），抑制了中国对其直接投资。

（4）如图 9-4 所示，2009 年澳大利亚固定效应项的估计结果为负，抑制了对中国对其直接投资；2010 年、2011 年澳大利亚固定效应项的估计结果均为正，促进了中国对其直接投资。

（5）如图 9-5 所示，预计 2013 年澳大利亚市场因素指数上升到 27.26 分，政府因素指数上升到 55.66 分，在其他因素的有利影响下，中国对澳大利亚的投资仍会增加。

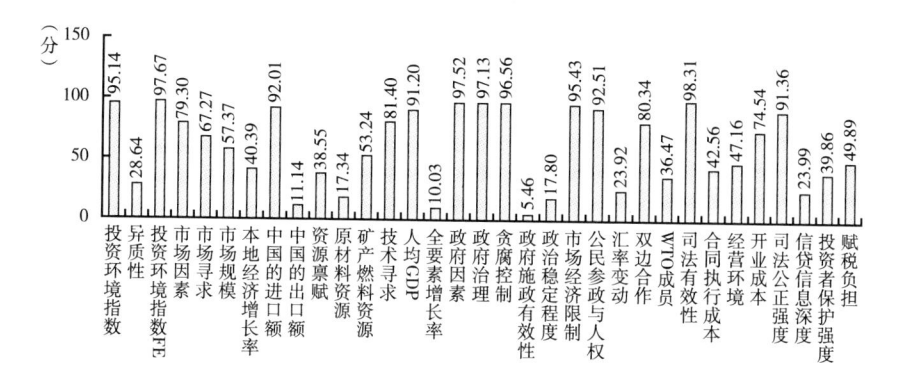

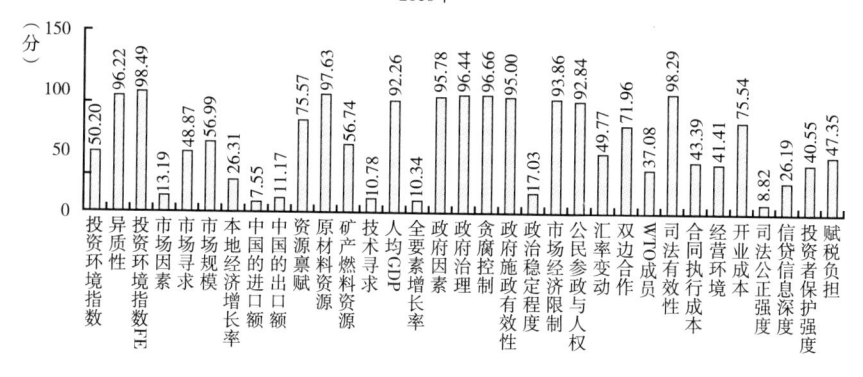

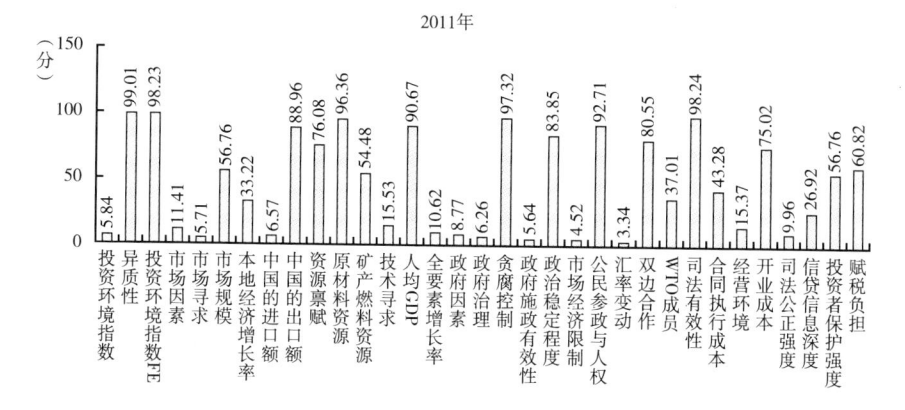

图 9-3　2009~2011 年中国对澳大利亚直接投资环境各分项指数评估得分

注：投资环境指数（FE）表示包括了个体效应项后各国投资环境的评估得分。

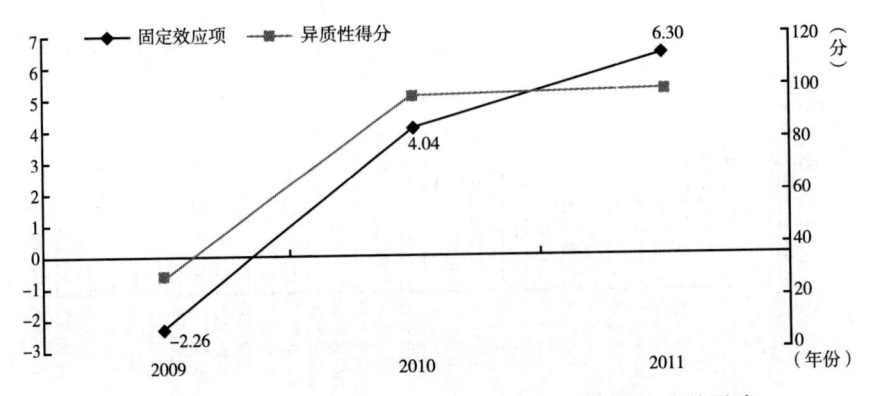

图 9-4　2009～2011 年澳大利亚异质性效应对直接投资的影响

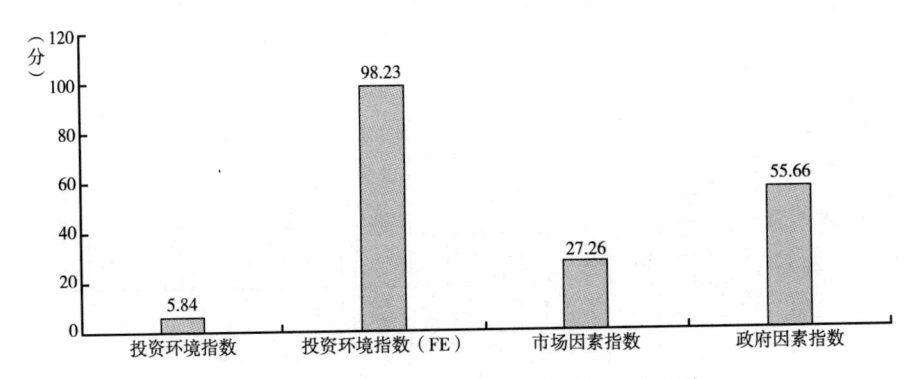

图 9-5　2013 年中国对澳大利亚投资环境预测

注：投资环境指数（FE）表示包括了个体效应项后各国投资环境的评估得分。

第二节　投资环境指数评估与预测：新西兰

（1）图 9-6 给出了 2007～2011 年中国对新西兰直接投资存量和流量金额（单位：亿美元）。2008 年中国对新西兰直接投资流量为 0.06 亿美元，2009 年增加为 0.09 亿美元，2011 年继续增加到 0.28 亿美元。2007 年中国对新西兰直接投资存量为 0.51 亿美元，2009 年增加为 0.94 亿美元，到 2011 年则增加到 1.85 亿美元；2007 年中国对新西兰直接投资存量占中国对外直接投资存量总量的 0.043%，到 2010 年上升到 0.05%，到 2011 年又降落至 0.044%；2007～2011 年中国对新西兰直接投资存量年几何平均增长率达到 29.37%（见图 9-7）。

（2）2009 年新西兰的市场因素促进了中国对其直接投资，市场因素指

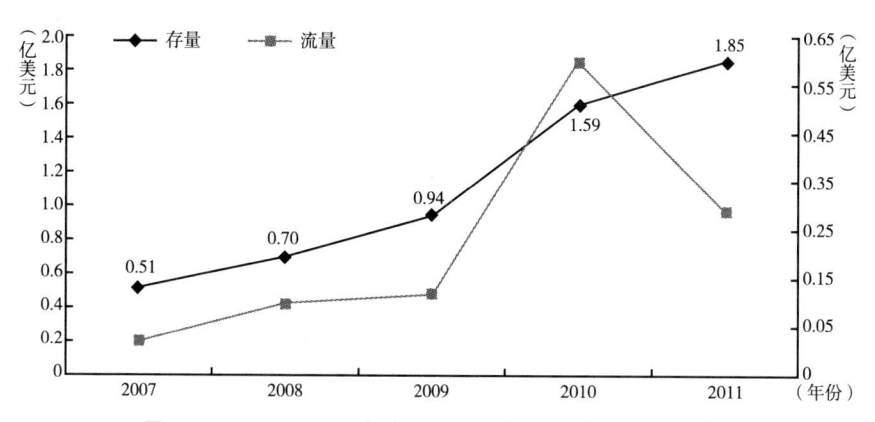

图 9－6 2007～2011 年中国对新西兰直接投资存量和流量

注：左坐标轴代表直接投资存量，右坐标轴代表直接投资流量。图中数字标签是直接投资存量。

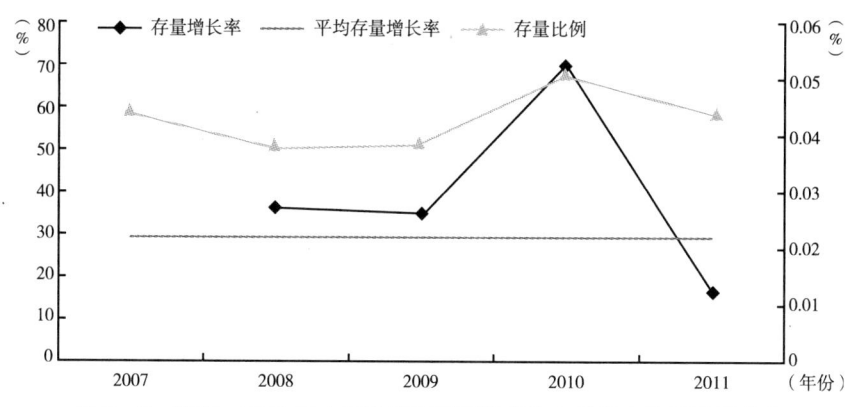

图 9－7 2007～2011 年中国对新西兰直接投资存量所占比例及增长率

注：左坐标轴代表存量增长率，平均存量增长率为 2007～2011 年几何平均增长率；右坐标轴代表该国家直接投资存量占中国总直接投资存量的比例（存量比例）。

数得分在 2009 年为 59.61 分，2010 年、2011 年市场因素指数得分降低分别为 10.85 分和 15.93 分（见图 9－8），抑制了中国对其直接投资。

（3）新西兰的政府因素指数得分在 2009 年、2010 年为 94.61 分和 94.06 分，政府因素促进了中国对其直接投资，到 2011 年降低到 24.15 分（见图 9－8），抑制了中国对其直接投资。

（4）2009 年新西兰固定效应项的估计结果为负，抑制了中国对其直接投资；2010 年、2011 年新西兰固定效应项的估计结果均为正（见图 9－9），促进了中国对其直接投资。

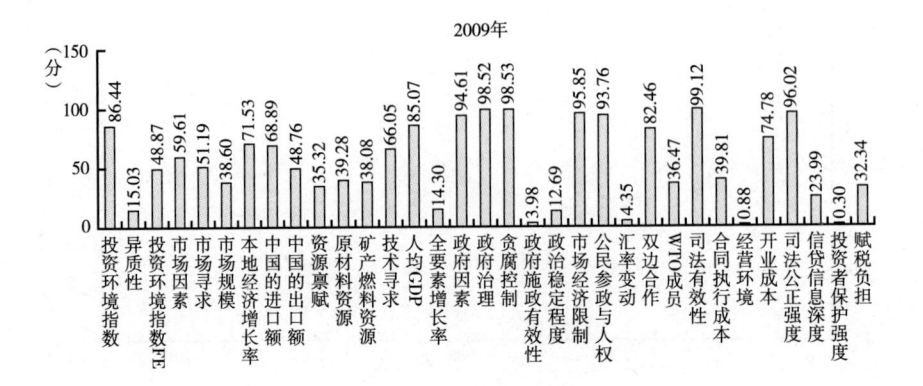

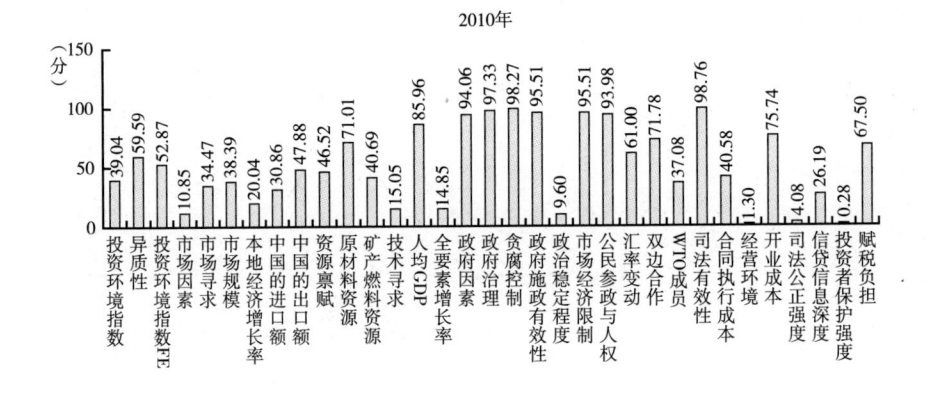

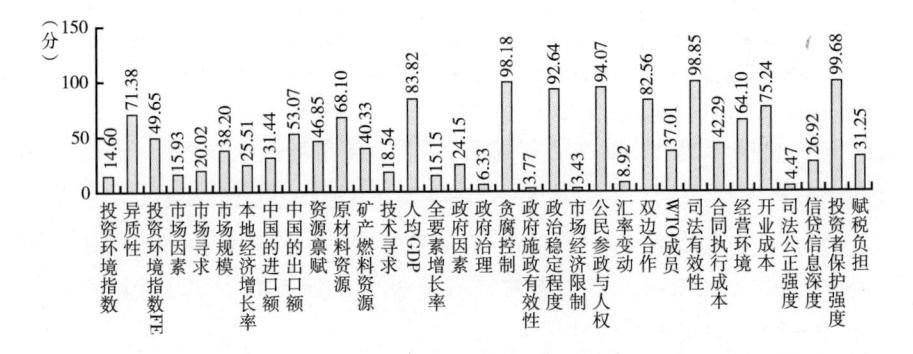

图 9-8 2009~2011 年中国对新西兰直接投资环境各分项指数评估得分

注：投资环境指数（FE）表示包括了个体效应项后各国投资环境的评估得分。

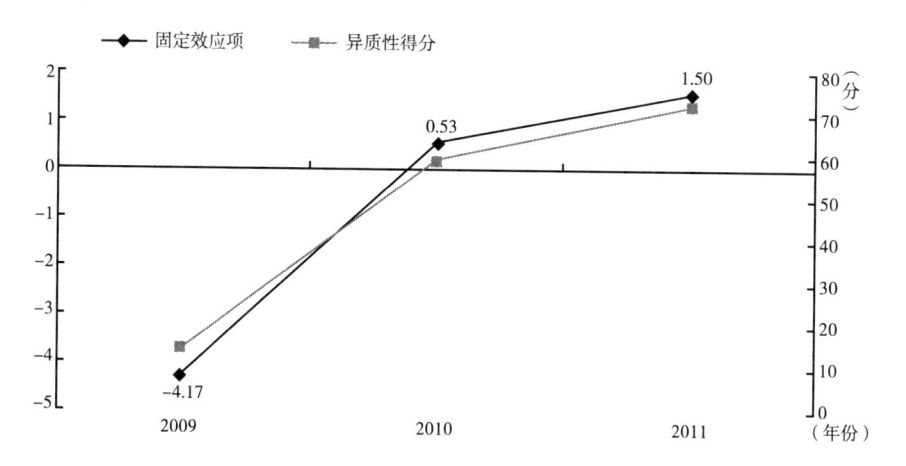

图 9-9　2009~2011 年新西兰异质性效应对直接投资的影响

（5）如图 9-10 所示，预计 2013 年新西兰市场因素指数上升到 23.20 分，政府因素指数上升到 61.62 分，在其他因素的有利影响下，中国对新西兰的投资会基本持平。

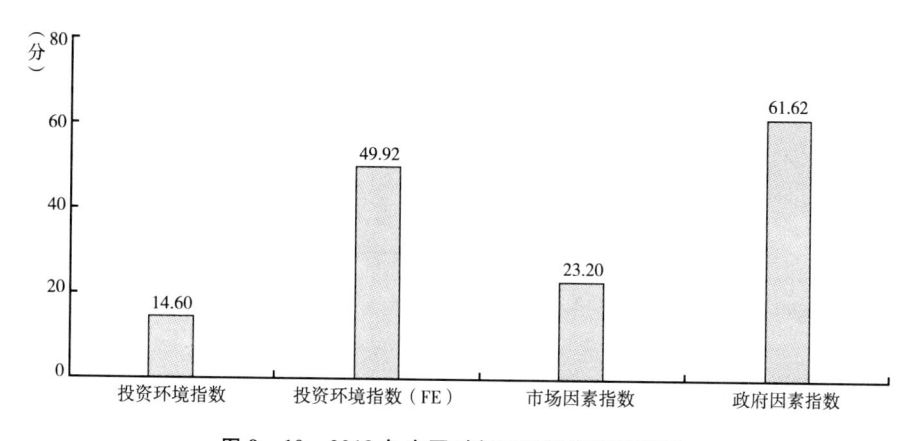

图 9-10　2013 年中国对新西兰投资环境预测

注：投资环境指数（FE）表示包括了个体效应项后各国投资环境的评估得分。

第三节　投资环境指数评估与预测：斐济

（1）图 9-11 给出了 2007~2011 年中国对斐济直接投资存量和流量金额（单位：亿美元）。2007 年中国对斐济直接投资流量为 0.0249 亿美元，2008 年增加为 0.08 亿美元，2011 年继续增加到 0.2 亿美元。2007 年中国对斐济直接投资存量为 0.22 亿美元，2009 年增加为 0.33 亿美元，到 2011 年则增加到 0.61 亿美元；2007 年中国对斐济直接投资存量占中国对外直接投资存量总量的 0.019%，从 2009 年起下降到 0.013%；2007~2011 年中国对斐济直接投资存量年几何平均增长率达到 22.19%（见图 9-12）。

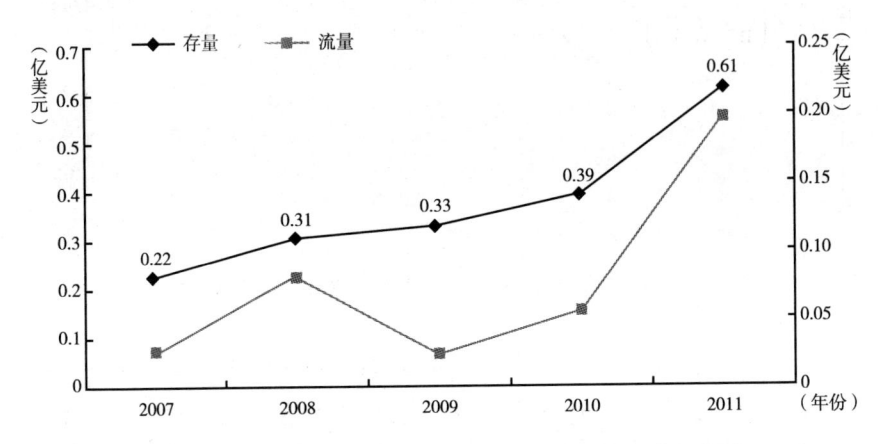

图 9-11　2007~2011 年中国对斐济直接投资存量和流量

注：左坐标轴代表直接投资存量，右坐标轴代表直接投资流量。图中数字标签是直接投资存量。

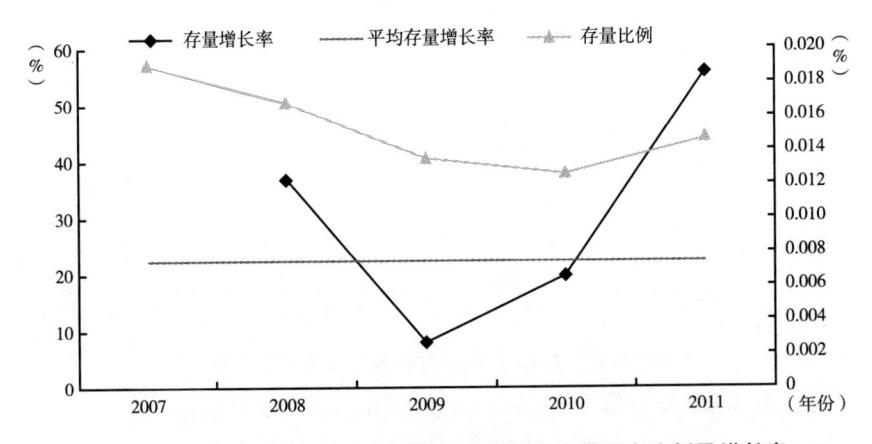

图 9-12　2007~2011 年中国对斐济直接投资存量所占比例及增长率

注：左坐标轴代表存量增长率，平均存量增长率为 2007~2011 年几何平均增长率；右坐标轴代表该国家直接投资存量占中国总直接投资存量的比例（存量比例）。

（2）2009 年、2010 年斐济的市场因素抑制了中国对其直接投资，市场因素指数得分在 2009 年、2010 年分别为 12.65 分和 41.97 分；2011 年市场因素指数得分上升到 76.93 分（见图 9-13），促进了中国对其直接投资。

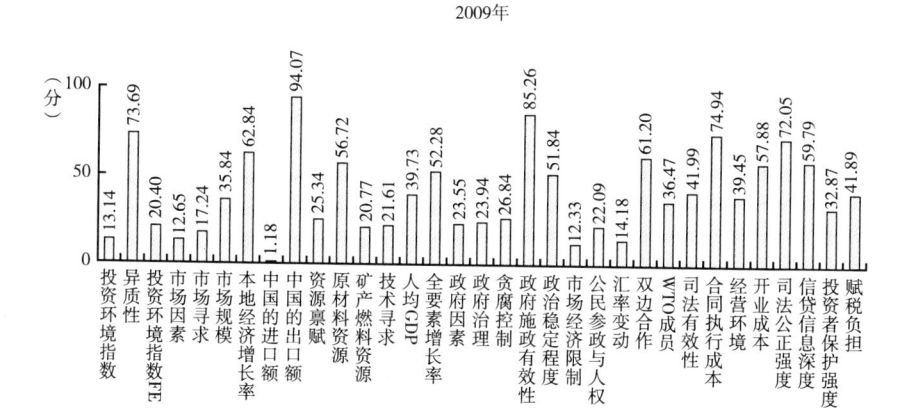

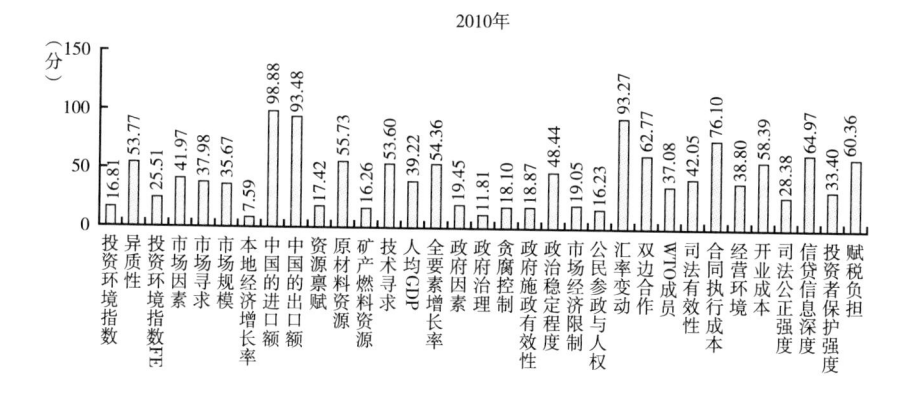

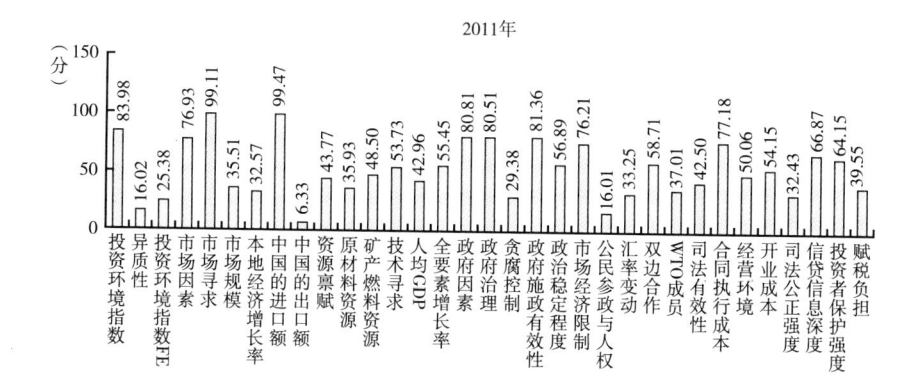

图 9-13 2009~2011 年中国对斐济直接投资环境各分项指数评估得分

注：投资环境指数（FE）表示包括了个体效应项后各国投资环境的评估得分。

（3）斐济的政府因素指数得分在 2009 年、2010 年分别为 23.55 分和 19.45 分，政府因素抑制了中国对其直接投资，到 2011 年上升到 80.81 分（见图 9-13），促进了中国对其直接投资。

（4）2009 年、2010 年斐济固定效应项的估计结果均为正，促进了中国对其直接投资；2011 年斐济固定效应项的估计结果为负（见图 9-14），抑制了中国对其直接投资。

（5）如图 9-15 所示，预计 2013 年斐济市场因素指数保持在 76.93 分，政府因素指数下降到 49.00 分，投资环境指数为 47.24 分，在其他因素的不利影响下，中国对斐济的投资会有所下降。

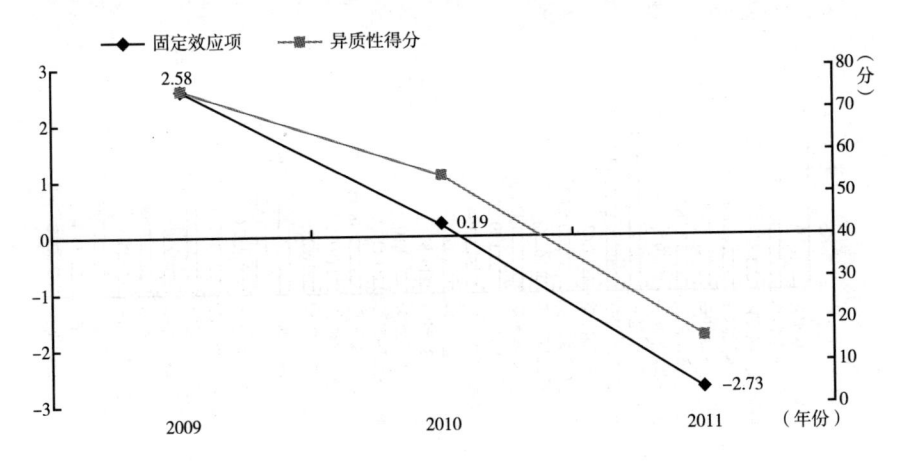

图 9-14 2009~2011 年斐济异质性效应对直接投资的影响

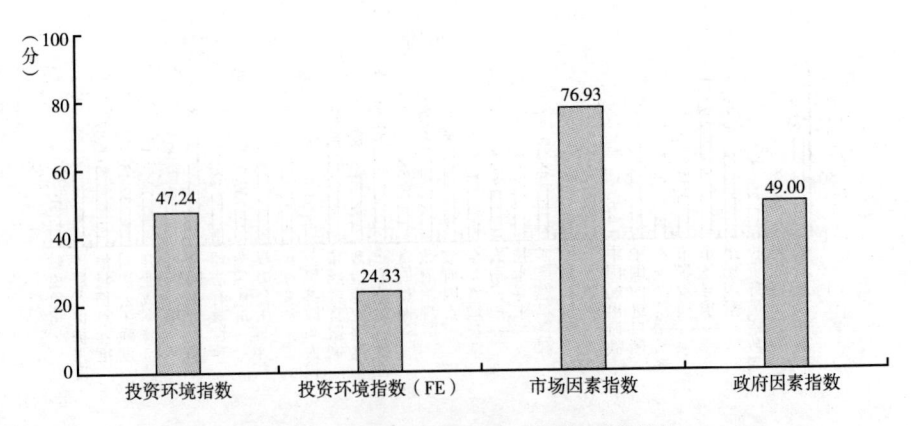

图 9-15 2013 年中国对斐济投资环境预测

注：投资环境指数（FE）表示包括了个体效应项后各国投资环境的评估得分。

第十章
其他主要国家

第一节 投资环境指数评估与预测：美国

（1）图10-1给出了2007~2011年中国对美国直接投资存量和流量金额（单位：亿美元）。2007年中国对美国直接投资流量为1.96亿美元，2009年增加为9.09亿美元，2011年继续增加到18.11亿美元。2007年中国对美国直接投资存量为18.81亿美元，2009年增加为33.38亿美元，到2011年则增加到89.93亿美元；2007年中国对美国直接投资存量占中国对外直接投资存量总量

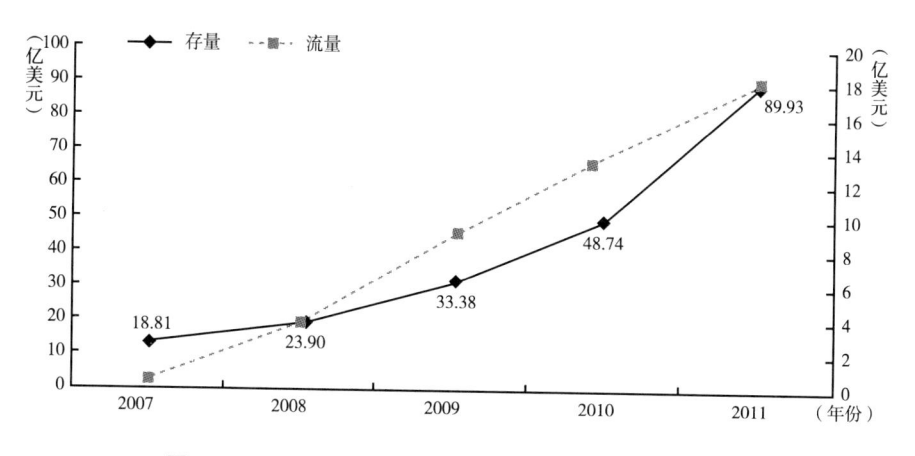

图10-1 2007~2011年中国对美国直接投资存量和流量

注：左坐标轴代表直接投资存量，右坐标轴代表直接投资流量。图中数字标签是直接投资存量。

的 1.59%，到 2009 年下降到 1.36%，到 2011 年又提升到 2.12%；2007~2011 年中国对美国直接投资存量年几何平均增长率达到 36.75%（见图 10-2）。

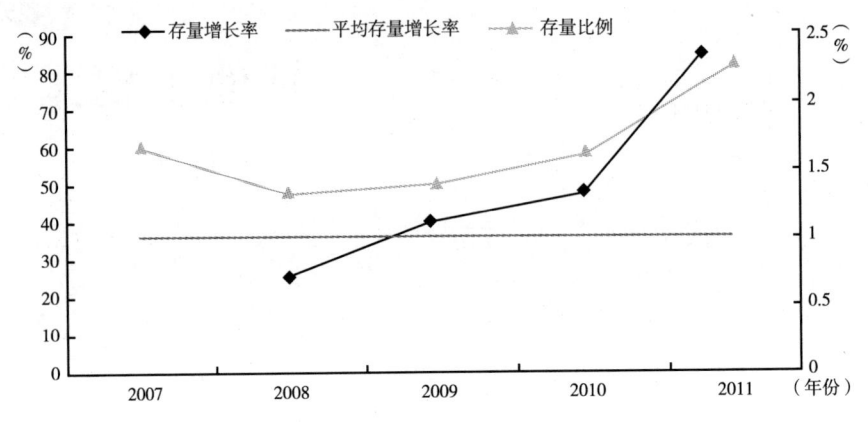

图 10-2　2007~2011 年中国对美国直接投资存量所占比例及增长率

注：左坐标轴代表存量增长率，平均存量增长率为 2007~2011 年几何平均增长率；右坐标轴代表该国家直接投资存量占中国总直接投资存量的比例（存量比例）。

（2）2009 年美国市场因素指数为所有国家中最高的，达到 100.0 分，2010 年仍保持该纪录，不过 2011 年则急剧下降为 14.24 分（见图 10-3）。影响该指数变动的主要是美国本地经济增长率和中国从美国进口的水平。美国是世界上最强大的国家，其对世界经济的影响力至今没有哪个国家能匹敌。但是，自 2008 年全球金融危机以来，美国经济遭到重创，经济增长一直在复苏、回落、再复苏、再回落的道路上前行，使得 2011 年市场因素指数得分大幅下降，从高位下滑到低位。

（3）美国有非常完备的法律制度，给外国企业投资创造了良好的环境。不过，目前中国与美国尚未签署双边投资保护协定，这一协定正在谈判中。同时美国对中国投资审查过严，也往往导致中国投资在美国的失败。应该说，美国政府行为不利于中国企业在美国的投资。2009 年其政府因素指数得分 77.07 分，但到 2011 年下降到 14.48 分。

（4）从美国异质性效应对中国直接投资的影响结果（见图 10-4）来看，美国对中国直接投资的进入并未做好准备，2009 年美国固定效应项的估计结果为 -11.75。随着国际金融危机的加深，许多美国企业陷入经营困境，中国投资并购美国的情况增多，中资的进入也相对缓解了美国企业的资金压力，这样美国对中国企业进入的态度有所转变，到 2011 年美国固定效应

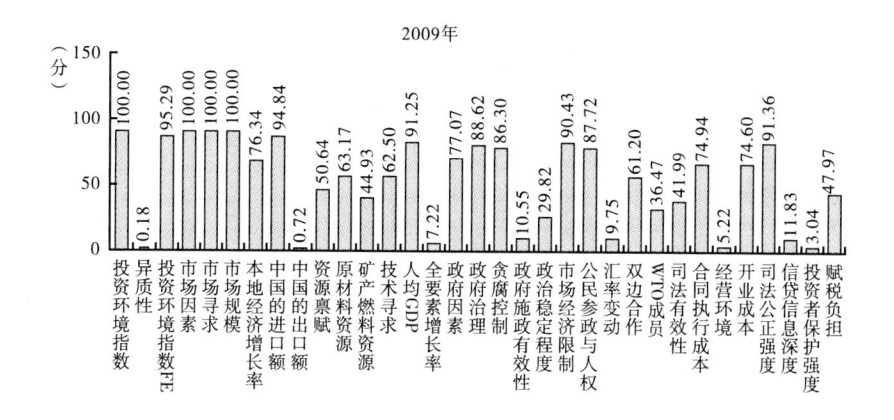

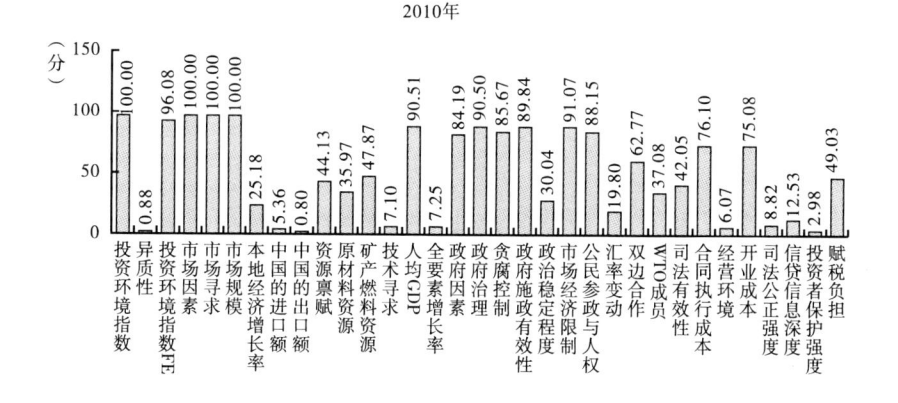

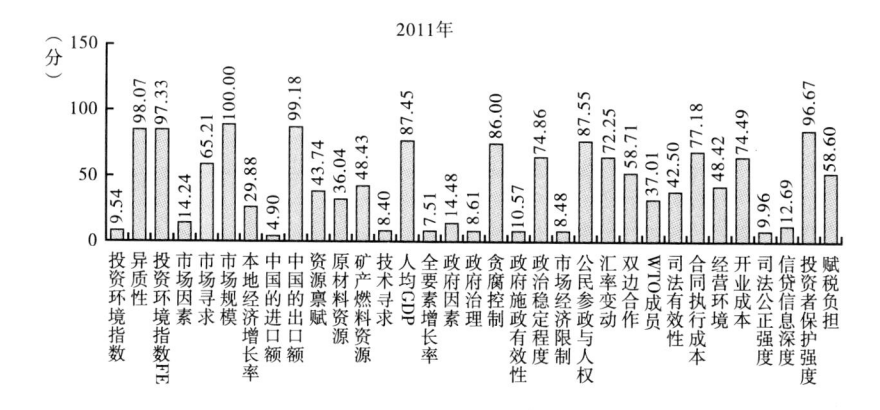

图 10-3 2009~2011 年中国对美国直接投资环境各分项指数评估得分

注：投资环境指数（FE）表示包括了个体效应项后各国投资环境的评估得分。

项的估计结果为 5.59，对中国的投资有所促进。

（5）如图 10-5 所示，预计 2013 年美国市场因素指数会进一步上升，得分为 60.04 分，政府因素指数也同时提升，达到 50.01 分，投资环境指数会有所进一步提升，由于看好美国经济的长期发展，中国整体对美国的投资还是会持续增加。

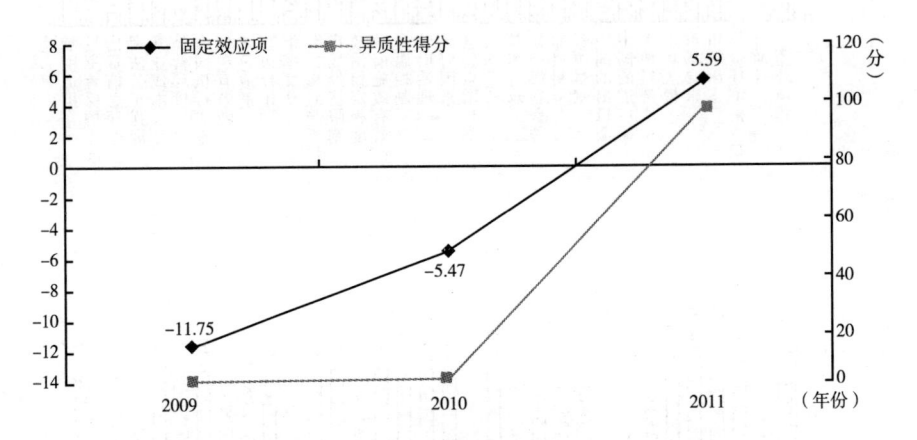

图 10-4　2009~2011 年美国异质性效应对直接投资的影响

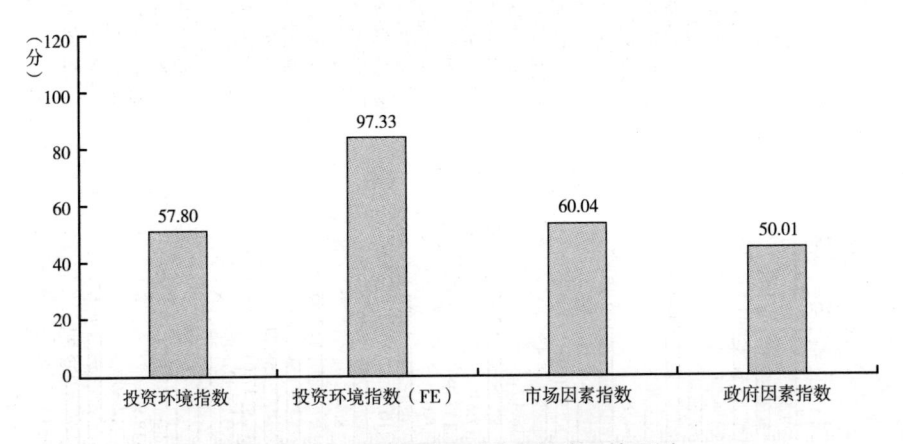

图 10-5　2013 年中国对美国投资环境预测

注：投资环境指数（FE）表示包括了个体效应项后各国投资环境的评估得分。

第二节　投资环境指数评估与预测：德国

（1）图 10-6 给出了 2007~2011 年中国对德国直接投资存量和流量金额

(单位：亿美元）。2007 年中国对德国直接投资流量为 2.39 亿美元，2009 年为 1.79 亿美元，2011 年增加到 5.12 亿美元。2007 年中国对德国直接投资存量为 8.45 亿美元，2009 年增加为 10.82 亿美元，到 2011 年则增加到 24.01 亿美元；2007 年中国对德国直接投资存量占中国对外直接投资存量总量的 0.72%，到 2009 年下降到 0.44%，到 2011 年又提升到 0.57%；2007~2011 年中国对德国直接投资存量年几何平均增长率达到 23.22%（见图 10-7）。

（2）2009 年德国市场因素指数较高，达到 92.90 分，2010 年急剧下降为 31.76 分，2011 年继续下降为 7.98 分（见图 10-8），德国市场方面越来

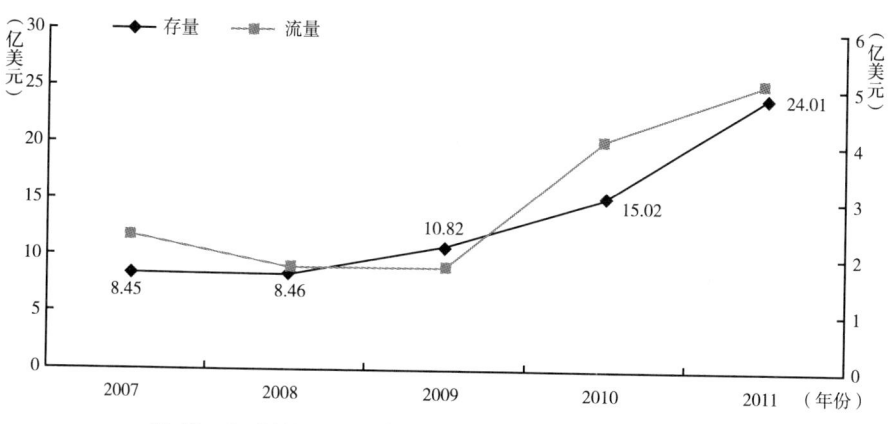

图 10-6　2007~2011 年中国对德国直接投资存量和流量

注：左坐标轴代表直接投资存量，右坐标轴代表直接投资流量。图中数字标签是直接投资存量。

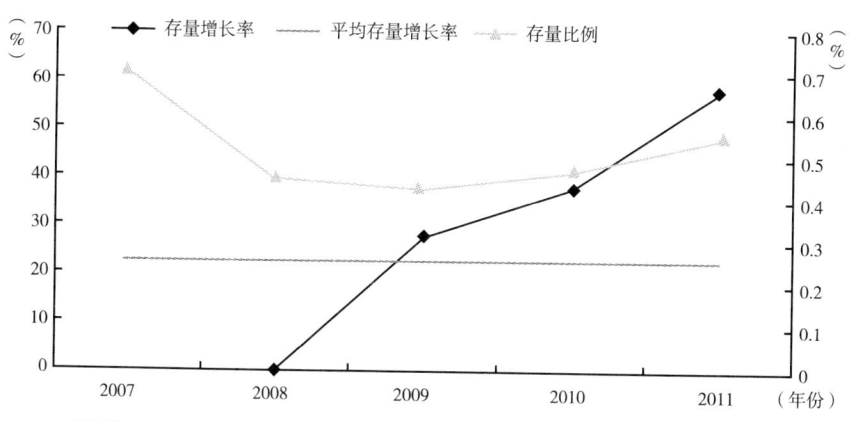

图 10-7　2007~2011 年中国对德国直接投资存量所占比例及增长率

注：左坐标轴代表存量增长率，平均存量增长率为 2007~2011 年几何平均增长率；右坐标轴代表该国家直接投资存量占中国总直接投资存量的比例（存量比例）。

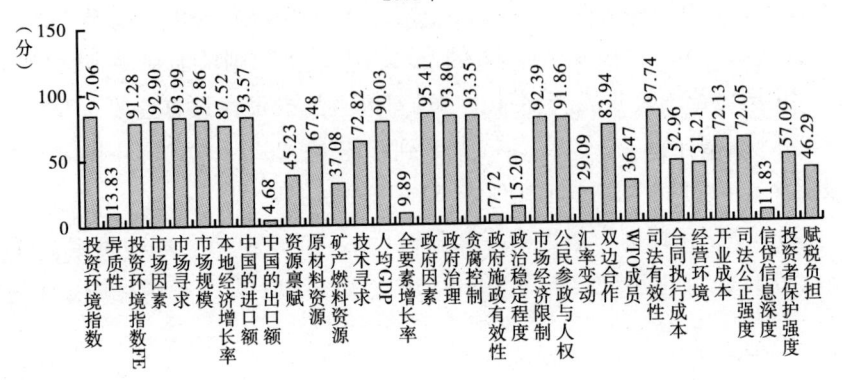

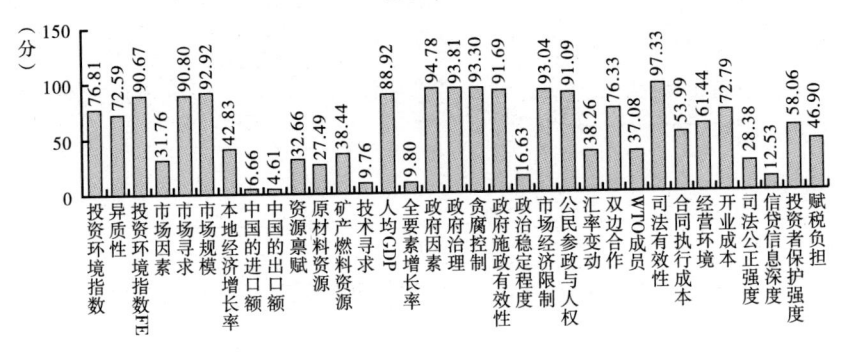

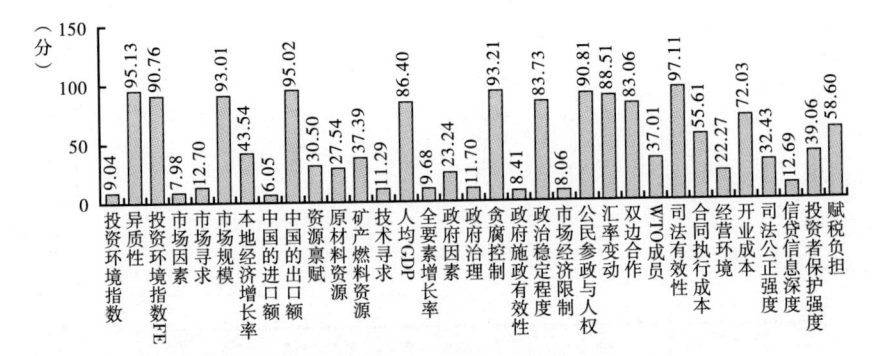

图 10-8　2009~2011 年中国对德国直接投资环境各分项指数评估得分

注：投资环境指数（FE）表示包括了个体效应项后各国投资环境的评估得分。

越不利于中国对德国的投资。影响该指数变动的主要是德国本地经济增长率和中国从德国进口的水平。德国是世界上主要国家之一,自2008年全球金融危机以来,德国经济遭到重创,经济复苏增长不稳定,从2010年开始市场因素指数得分大幅下降,从高位下滑到低位。

(3)德国法律制度非常完备,给外国企业投资创造了良好的环境。中国与德国签署的双边投资保护协定于2005年生效。近几年,德国政府治理和经营环境趋于不利于中国企业在德国的投资。可能过于苛刻的高质量的经营环境反而不利于在国际上经营经验不丰富的发展中国家企业投资。2009年和2010年其政府因素指数得分约为95分,但到2011年下降到23.24分。

(4)从德国异质性效应对中国直接投资的影响结果(见图10-9)来看,德国对中国直接投资的进入并未做好准备,2009年德国固定效应项的估计结果为-4.38。随着全球金融危机的加深,许多德国企业陷入经营困境,中国投资并购德国的情况增多,中资的进入也相对缓解了德国企业的资金压力,这样德国对中国企业进入的态度有所转变,到2011年德国固定效应项的估计结果为4.47,对中国的投资有所促进。

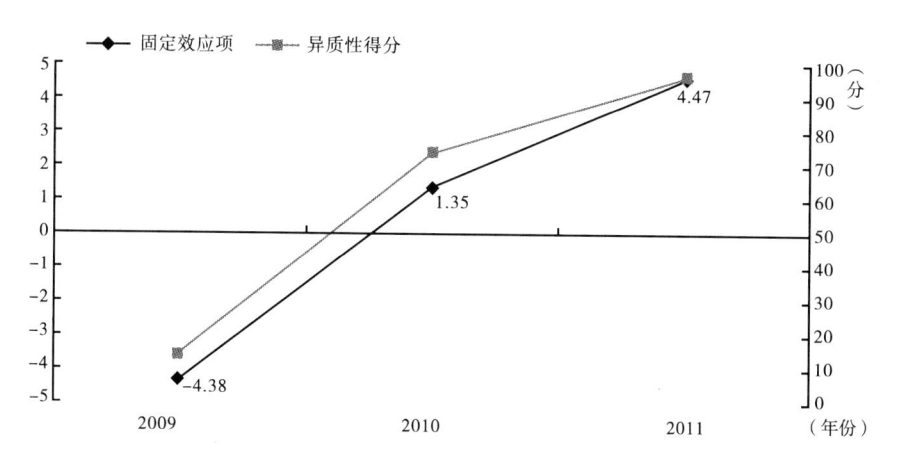

图10-9 2009~2011年德国异质性效应对直接投资的影响

(5)如图10-10所示,预计2013年德国市场因素指数不会有所改变,继续维持低水平状态,得分约为8分,政府因素指数有所提升,达到61.60分,投资环境指数没有较大变化,近期内估计中国对德国的投资不会有较大幅度的增加。

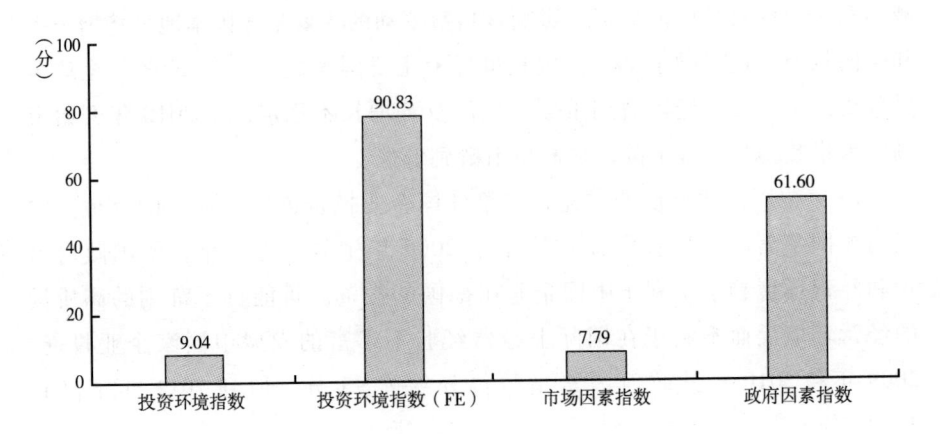

图 10-10　2013 年中国对德国投资环境预测

注：投资环境指数（FE）表示包括了个体效应项后各国投资环境的评估得分。

第三节　投资环境指数评估与预测：英国

（1）图 10-11 给出了 2007~2011 年中国对英国直接投资存量和流量金额（单位：亿美元）。2007 年中国对英国直接投资流量为 5.67 亿美元，2009 年为 1.92 亿美元，2011 年增加到 14.20 亿美元。2007 年中国对英国直接投资存量为 9.50 亿美元，2009 年增加为 10.28 亿美元，到 2011 年则增加

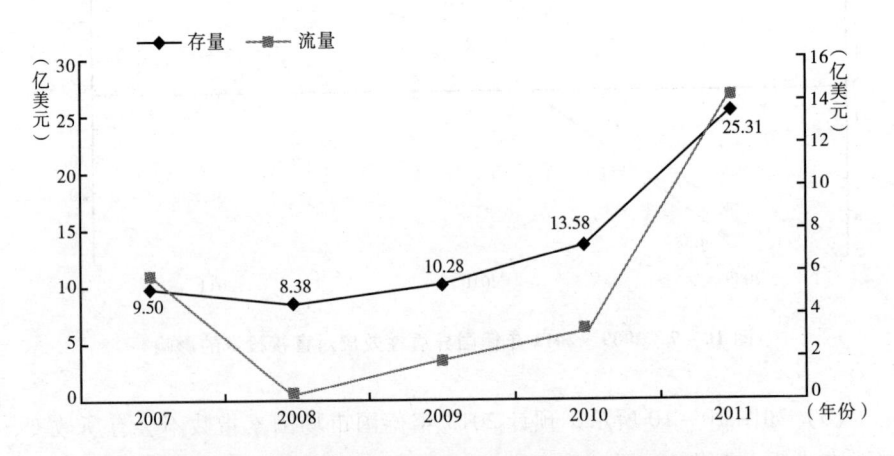

图 10-11　2007~2011 年中国对英国直接投资存量和流量

注：左坐标轴代表直接投资存量，右坐标轴代表直接投资流量。图中数字标签是直接投资存量。

到 25.31 亿美元；2007 年中国对英国直接投资存量占中国对外直接投资存量总量的 0.81%，到 2009 年下降到 0.42%，到 2011 年稍有提升，达到 0.60%；2007～2011 年中国对英国直接投资存量年几何平均增长率达到 21.64%（见图 10-12）。

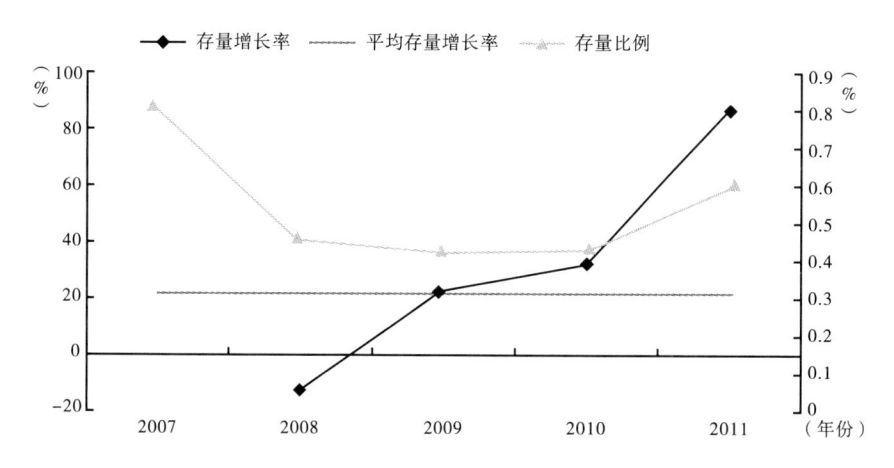

图 10-12　2007～2011 年中国对英国直接投资存量所占比例及增长率

注：左坐标轴代表存量增长率，平均存量增长率为 2007～2011 年几何平均增长率；右坐标轴代表该国家直接投资存量占中国总直接投资存量的比例（存量比例）。

（2）2009 年英国市场因素指数处于中等水平，为 74.10 分，2010 年急剧下降为 20.12 分，2011 年继续下降为 8.71 分（见图 10-13），英国市场条件越来越不利于中国对英国的投资。影响该指数变动的主要是英国本地经济增长率和中国从英国进口的水平。英国是世界上主要国家之一。自 2008 年全球金融危机以来，英国经济遭到重创，经济增长不稳定，从 2010 年开始市场因素指数得分大幅下降，从高位下滑到低位。

（3）英国法律制度非常完备，给外国企业投资创造了良好的环境。中国与英国签署双边投资保护协定（1986 年生效），并于 2011 年签有新的避免双重征税协定。近几年，英国政府治理和经营环境趋于不利于中国企业在英国的投资，主要是政府治理指数急剧下滑所致，主要是市场经济限制和政府施政指数下降引起的。2009 年和 2010 年其政府因素指数得分都在 90 分左右，但到 2011 年下降到 11.97 分。

（4）从英国异质性效应对中国直接投资的影响结果（见图 10-14）来看，英国对中国直接投资的进入并未做好准备，2009 年英国固定效应项的

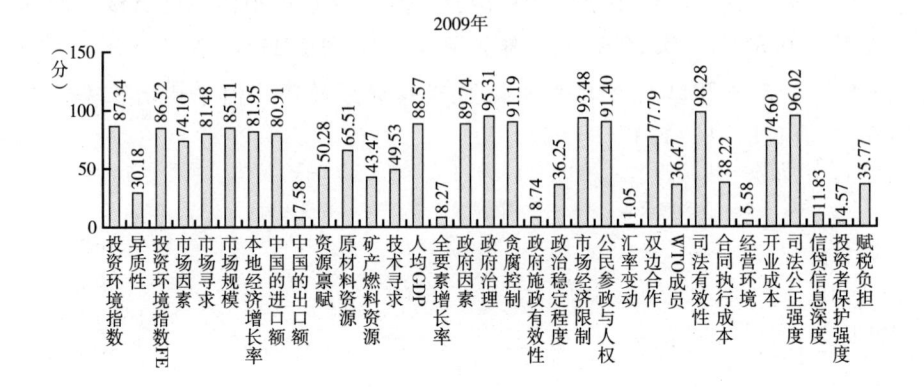

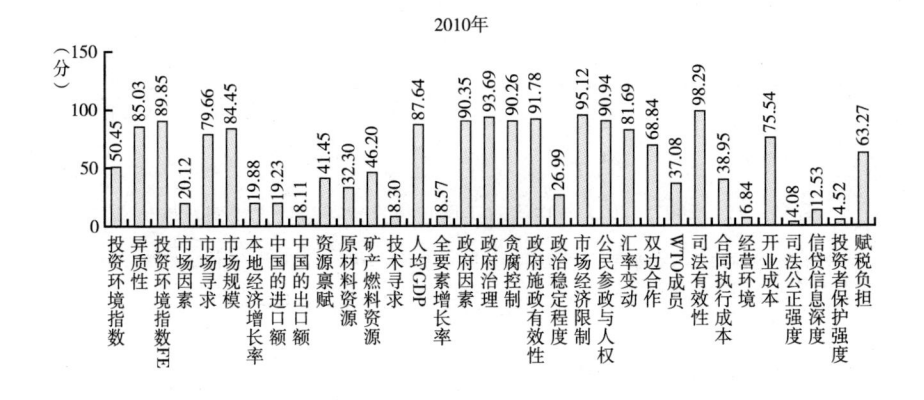

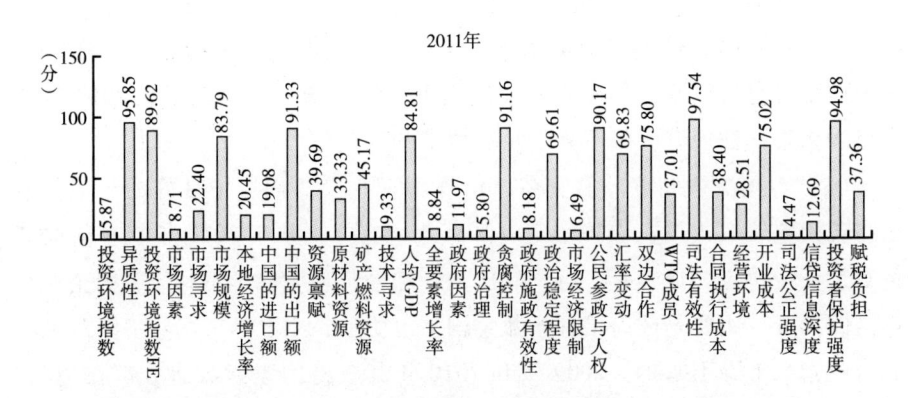

图 10-13 2009~2011 年中国对英国直接投资环境各分项指数评估得分

注：投资环境指数（FE）表示包括了个体效应项后各国投资环境的评估得分。

估计结果为 -2.08。随着全球金融危机的加深,许多英国企业陷入经营困境,中资的进入也相对缓解了英国企业的资金压力,这样英国对中国企业进入的态度有所转变,到2011年英国固定效应项的估计结果为4.68,对中国的投资有所促进。

(5) 如图10-15所示,预计2013年英国市场因素指数不会有所改变,继续维持低水平状态,得分为8.71分,政府因素指数有所提升,达到53.69分,

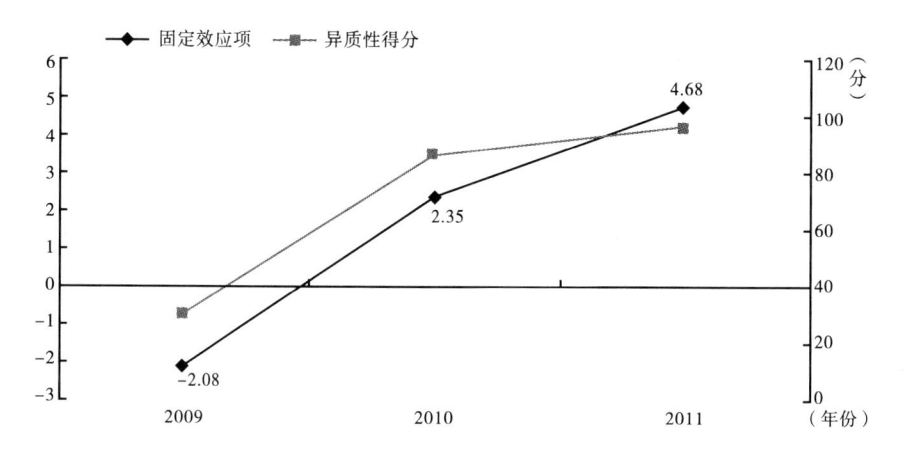

图 10-14　2009~2011年英国异质性效应对直接投资的影响

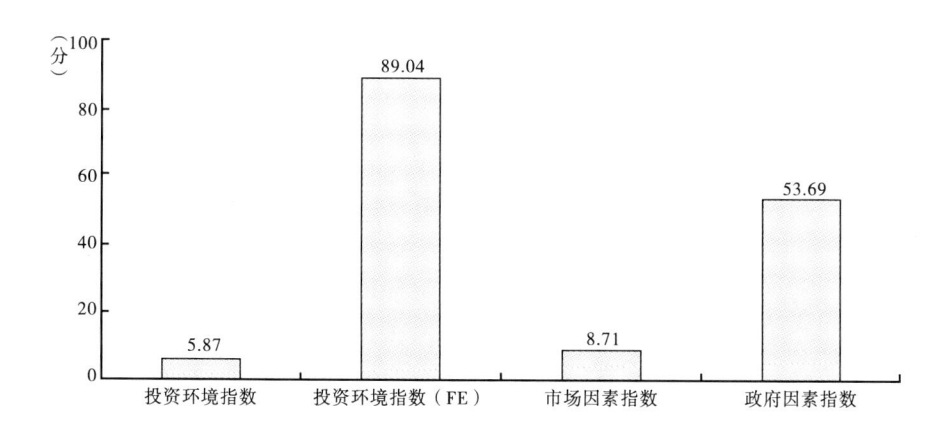

图 10-15　2013年中国对英国投资环境预测

注:投资环境指数(FE)表示包括了个体效应项后各国投资环境的评估得分。

投资环境指数没有较大变化,近期内估计中国对英国的投资不会有较大幅度的增加。

第四节 投资环境指数评估与预测:巴西

(1)图10-16给出了2007~2011年中国对巴西直接投资存量和流量金额(单位:亿美元)。2007年中国对巴西直接投资流量为0.51亿美元,2009年增加为1.16亿美元,2011年继续增加到1.26亿美元。2007年中国对巴西直接投资存量为1.90亿美元,2009年增加为3.61亿美元,到2011年则增加到10.72亿美元;2007年中国对巴西直接投资存量占中国对外直接投资存量总量的0.16%,到2010年增加到0.29%,到2011年稍有下降,达到0.25%;2007~2011年中国对巴西直接投资存量年几何平均增长率达到41.41%(见图10-17)。

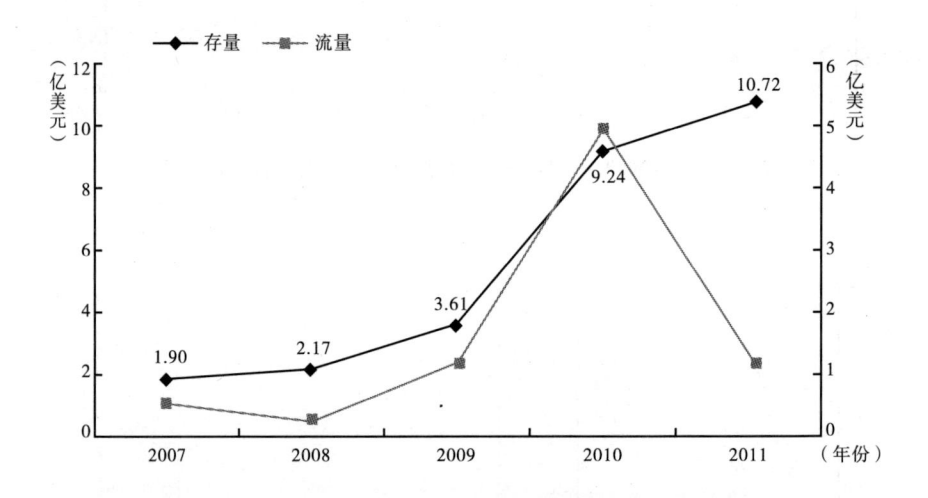

图10-16 2007~2011年中国对巴西直接投资存量和流量

注:左坐标轴代表直接投资存量,右坐标轴代表直接投资流量。图中数字标签是直接投资存量。

(2)2009年巴西市场因素指数处于上中等水平,为89.50分,2010年下降为68.21分,2011年则下降为38.97分(见图10-18),巴西市场条件对中国投资巴西影响趋于不利方向。影响该指数变动的主要是巴西本地经济增长率和中国从巴西进口的水平。巴西是世界上主要新兴国家之一。自

2008年全球金融危机以来,巴西经济也受到较严重影响,经济增长不稳定,从2010年开始市场因素指数得分较大幅度下降。

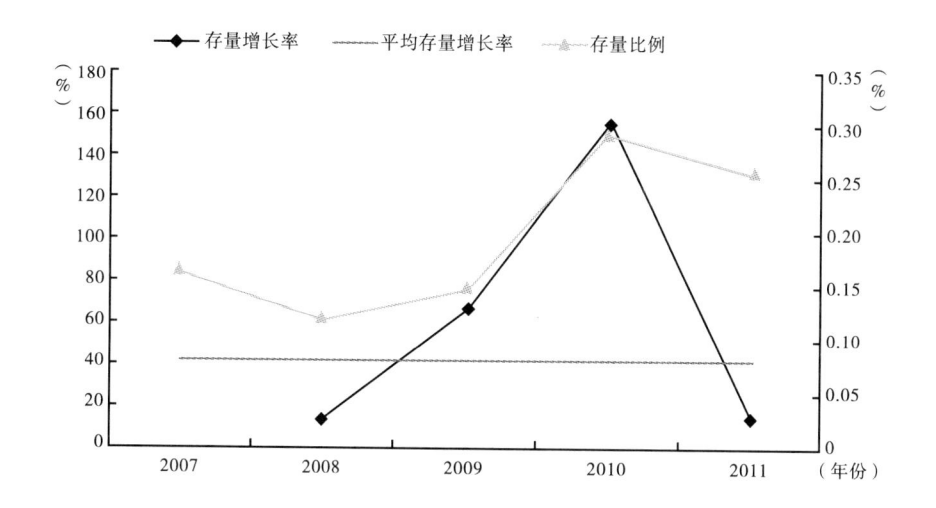

图10-17 2007~2011年中国对巴西直接投资存量所占比例及增长率

注:左坐标轴代表存量增长率,平均存量增长率为2007~2011年几何平均增长率;右坐标轴代表该国家直接投资存量占中国总直接投资存量的比例(存量比例)。

(3)巴西法律制度较完备,给外国企业投资创造了良好的环境。中国与巴西目前尚未签署双边投资保护协定。近几年,巴西政府因素有利于中国企业在巴西的投资,除汇率变动指数下滑不利于中国对巴西投资外,其他政府因素指数均有所上升。2009年和2010年其政府因素指数得分都在60分左右,到2011年提高到81.12分。

(4)从巴西异质性效应对中国直接投资的影响结果(见图10-19)来看,巴西对中国直接投资的进入准备较好,2009年巴西固定效应项的估计结果为-2.18。随着全球金融危机的加深,许多巴西企业陷入经营困境,中资的进入也相对缓解了巴西企业的资金压力,这样巴西对中国企业进入的态度有所转变,到2011年巴西固定效应项的估计结果为1.09,对中国的投资有所促进。

(5)如图10-20所示,预计2013年巴西市场因素指数和政府因素指数维持2011年的水平,总体投资环境指数会有所变化,近期内估计中国对巴西的投资会有所增加。

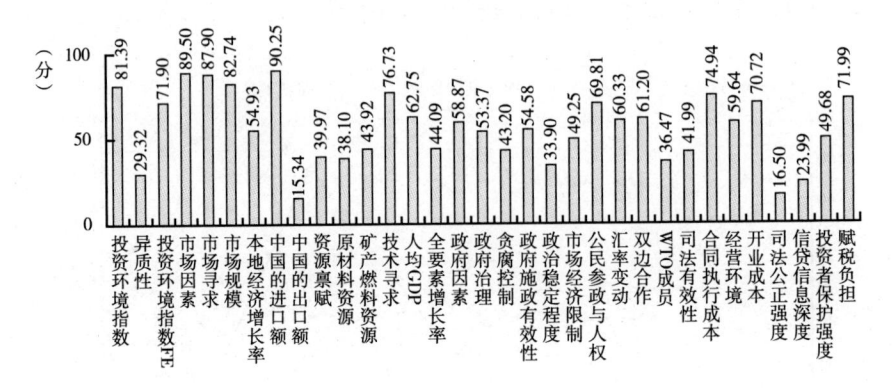

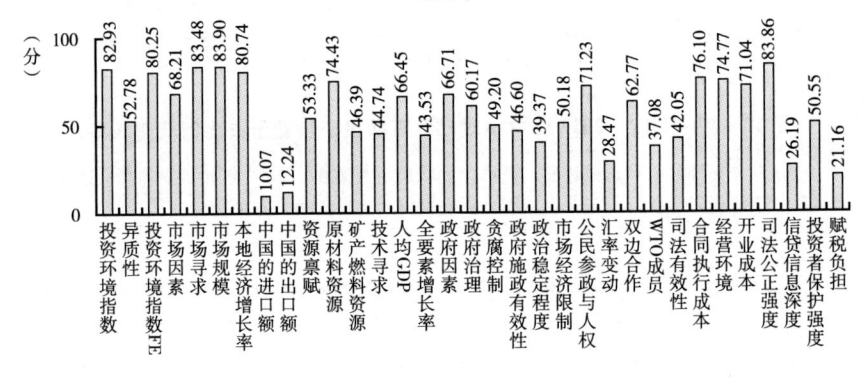

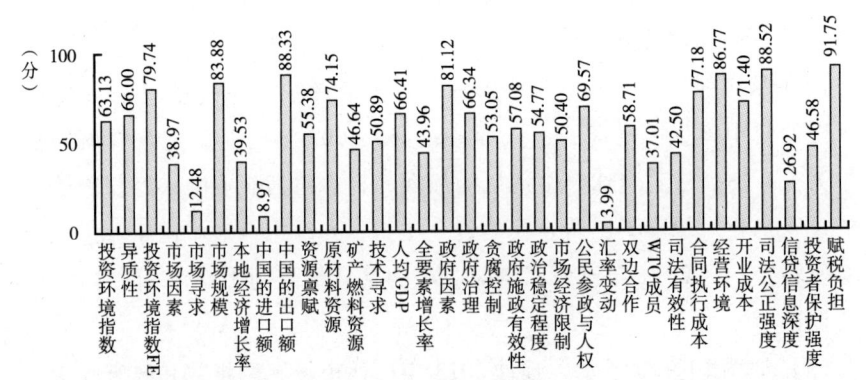

图 10-18 2009~2011 年中国对巴西直接投资环境各分项指数评估得分

注：投资环境指数（FE）表示包括了个体效应项后各国投资环境的评估得分。

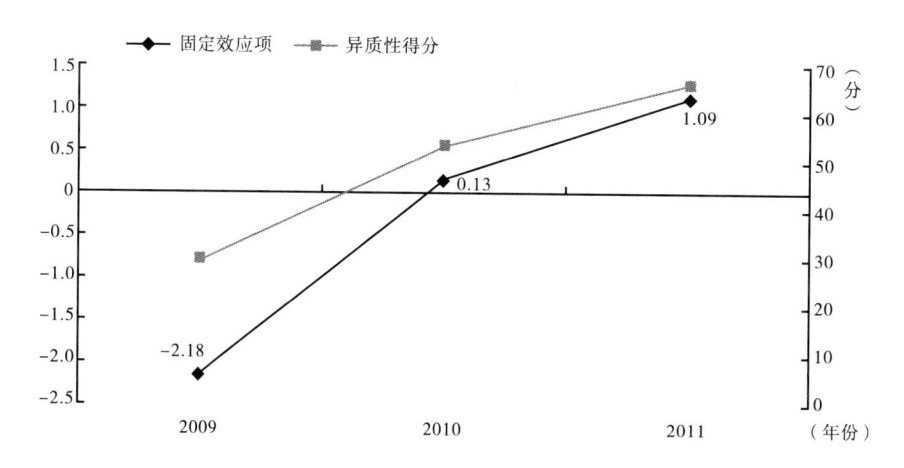

图 10-19　2009~2011 年巴西异质性效应对直接投资的影响

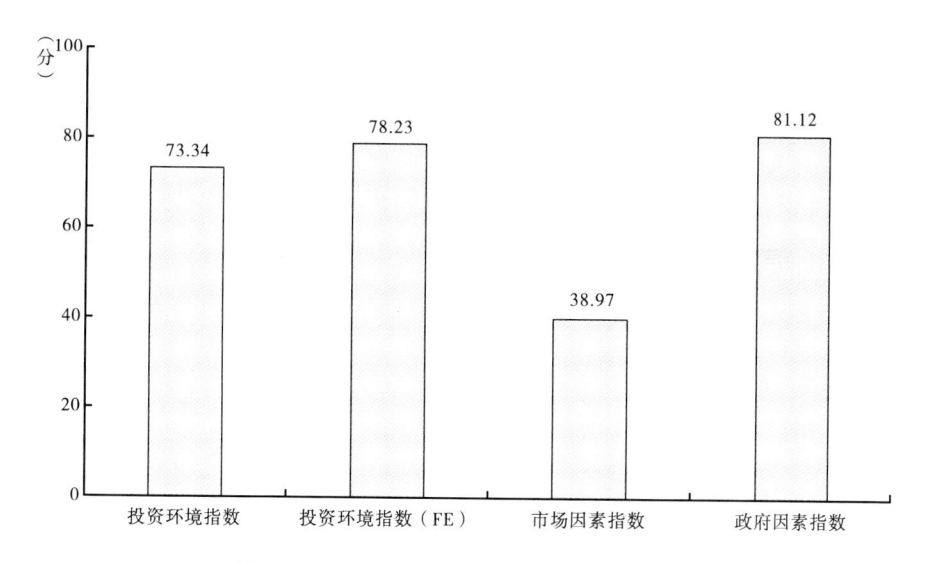

图 10-20　2013 年中国对巴西投资环境预测

注：投资环境指数（FE）表示包括了个体效应项后各国投资环境的评估得分。

第五节　投资环境指数评估与预测：墨西哥

（1）图 10-21 给出了 2007~2011 年中国对墨西哥直接投资存量和流量金额（单位：亿美元）。2007 年中国对墨西哥直接投资流量为 0.17 亿美元，

2009年下降为0.008亿美元,2011年继续增加到0.42亿美元。2007年中国对墨西哥直接投资存量为1.51亿美元,2009年上升为1.74亿美元,到2011年则增加到2.64亿美元;2007年中国对墨西哥直接投资存量占中国对外直接投资存量总量的0.13%,到2009年下降到0.07%,到2011年进一步下降到0.06%;2007~2011年中国对墨西哥直接投资存量年几何平均增长率达到11.75%(见图10-22)。

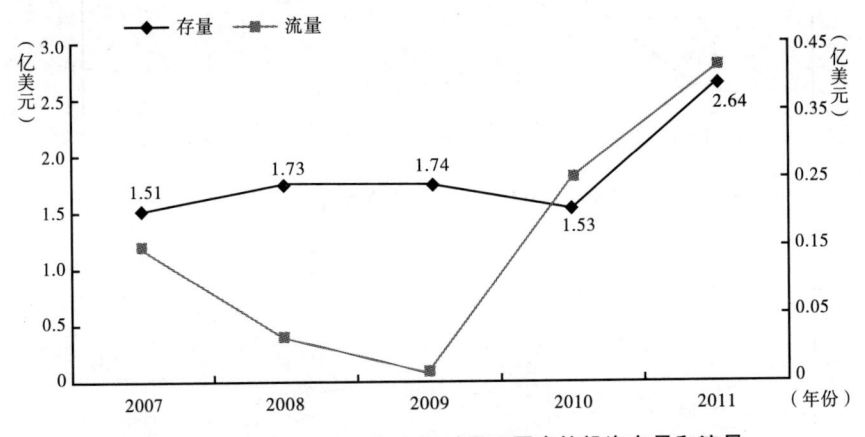

图10-21 2007~2011年中国对墨西哥直接投资存量和流量

注:左坐标轴代表直接投资存量,右坐标轴代表直接投资流量。图中数字标签是直接投资存量。

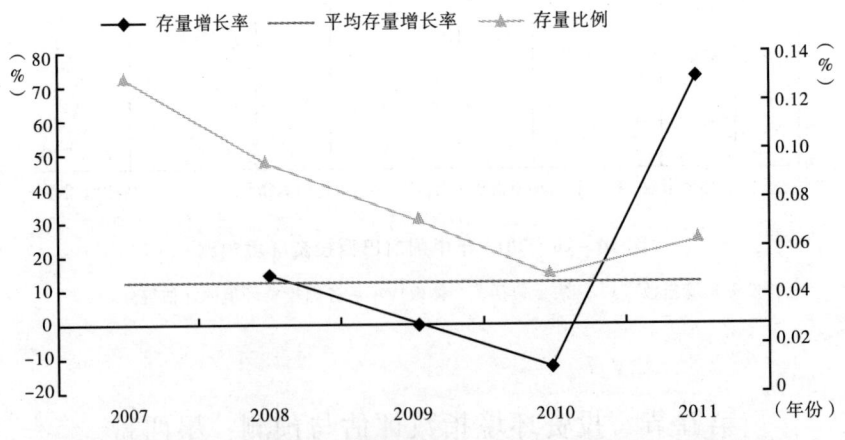

图10-22 2007~2011年中国对墨西哥直接投资存量所占比例及增长率

注:左坐标轴代表存量增长率,平均存量增长率为2007~2011年几何平均增长率;右坐标轴代表该国家直接投资存量占中国总直接投资存量的比例(存量比例)。

（2）2009年墨西哥市场因素指数处于中下水平，为56.84分，2010年下降为44.11分，2011年继续下降为29.64分（见图10-23），墨西哥市场条件不利于中国对墨西哥的投资。影响该指数变动的主要是墨西哥本地经济增长率。墨西哥是世界上主要新兴国家之一，自2008年全球金融危机以来，墨西哥经济遭到重创，经济增长不稳定，本已偏低的市场因素指数得分继续下降。

（3）墨西哥法律制度较完备，给外国企业投资创造了良好的环境。中国已与墨西哥签署双边投资保护协定（2009年生效）。近几年，墨西哥政府方面环境趋于不利于中国企业在墨西哥的投资，主要是政府治理指数、双边合作指数下滑所致。2009年和2010年其政府因素指数得分分别为40.94分和34.04分，2011年继续下降到13.33分。

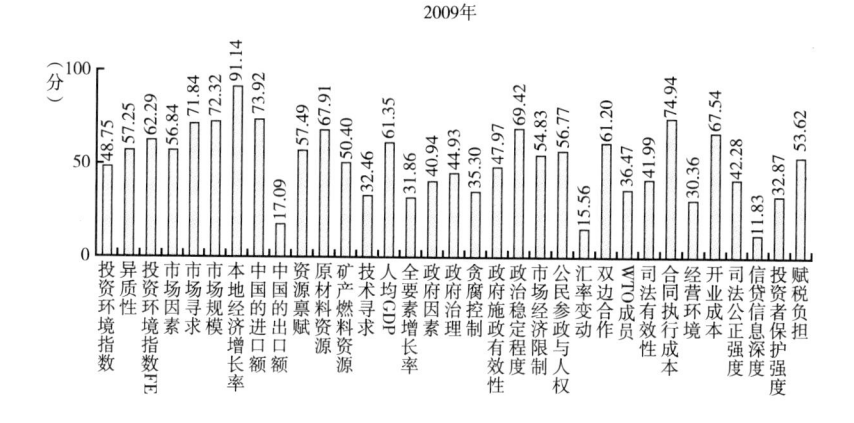

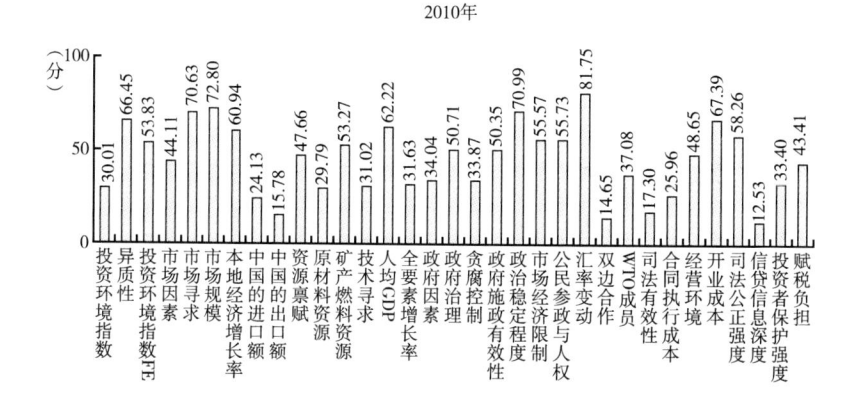

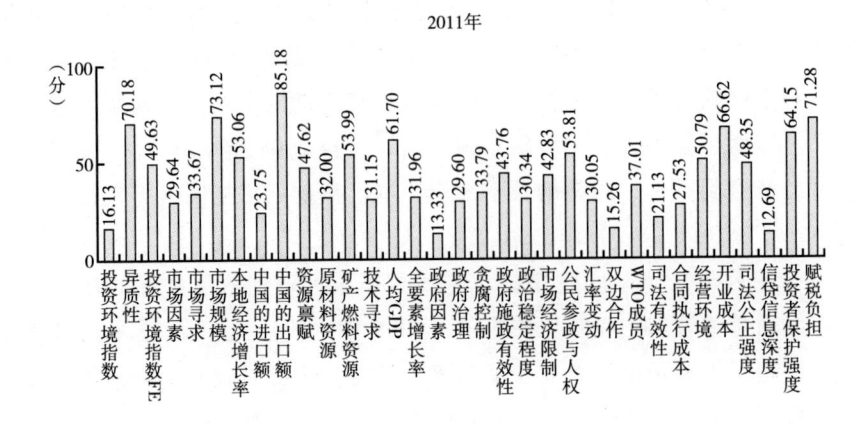

图 10-23 2009~2011 年中国对墨西哥直接投资环境各分项指数评估得分

注：投资环境指数（FE）表示包括了个体效应项后各国投资环境的评估得分。

（4）从墨西哥异质性效应对中国直接投资的影响结果（见图 10-24）来看，墨西哥对中国直接投资的进入持欢迎态度，2009 年墨西哥固定效应项的估计结果为 0.75，到 2011 年墨西哥固定效应项的估计结果为 1.41，对中国的投资态度没有受全球金融危机而产生较大的影响。

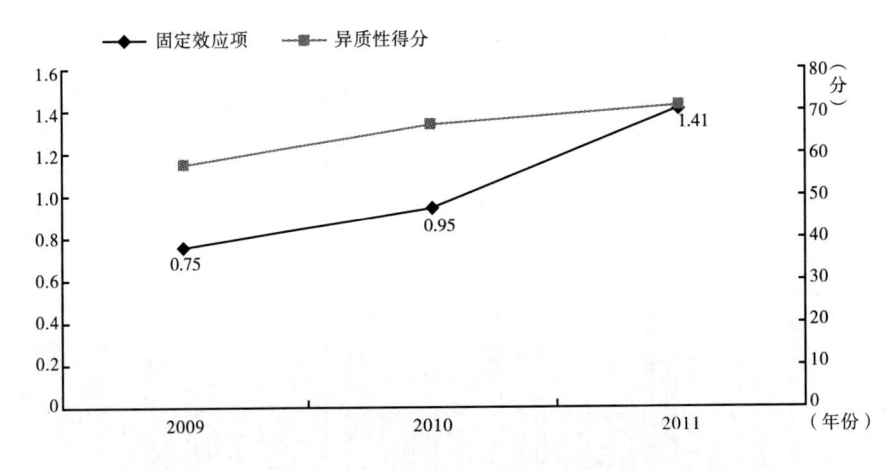

图 10-24 2009~2011 年墨西哥异质性效应对直接投资的影响

（5）如图 10-25 所示，预计 2013 年墨西哥市场因素指数和政府因素指数继续维持 2011 年的水平，投资环境指数也没有较大变化，近期内估计中国对墨西哥的投资不会有较大幅度的增加。

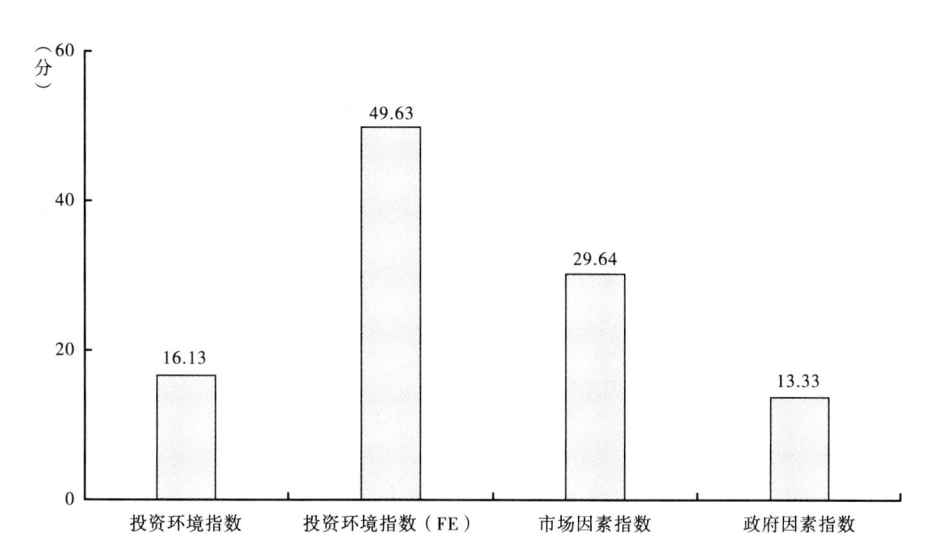

图 10-25　2013 年中国对墨西哥投资环境预测

注：投资环境指数（FE）表示包括了个体效应项后各国投资环境的评估得分。

参考文献

陈恩、王方方，2011，《中国对外直接投资影响因素的实证分析——基于2007~2009年国际面板数据的考察》，《商业经济与管理》第8期。

邓明，2012，《制度距离、"示范效应"与中国OFDI的区位分布》，《国际贸易问题》第2期。

杜凯、周勤，2010，《中国对外直接投资：贸易壁垒诱发的跨越行为》，《南开经济研究》第2期。

高宇，2012，《中国企业投资非洲：市场和资源导向——基于面板数据的Tobit分析》，《国际经贸探索》第28卷第5期。

洪联英、刘解龙，2011，《为什么中国企业对外直接投资增而不强——一个微观生产组织控制视角的分析》，《财贸经济》第10期。

胡博、李凌，2008，《我国对外直接投资的区位选择——基于投资动机的视角》，《国际贸易问题》第12期。

李梅、柳士昌，2012，《对外直接投资逆向技术溢出的地区差异和门槛效应——基于中国省际面板数据的门槛回归分析》，《管理世界》第1期。

李猛、于津平，2011，《东道国区位优势与中国对外直接投资的相关性研究——基于动态面板数据广义矩估计分析》，《世界经济研究》第6期。

祁毓、王学超，2012，《东道国劳工标准会影响中国对外直接投资吗？》，《财贸经济》第4期。

乔琳，2011，《我国人民币汇率与OFDI、IFDI的互动效应实证研究》，《中央财经大学学报》第8期。

沙文兵，2012，《对外直接投资、逆向技术溢出与国内创新能力——基于中国省际面板数据的实证研究》,《世界经济研究》第3期。

王凤丽,2008,《人民币汇率对我国对外直接投资的影响——基于ECM模型的检验》,《经济问题探索》第3期。

王海军、高明,2012,《国家经济风险与中国企业对外直接投资:基于结构效应的实证分析》,《国家制改革》第2期。

王建、张宏,2011,《东道国政府治理与中国对外直接投资关系研究——基于东道国面板数据的实证分析》,《亚太经济》第1期。

项本武,2009,《东道国特征与中国对外直接投资的实证研究》,《数量经济技术经济研究》第7期。

许和连、李丽华,2011,《文化差异对中国对外直接投资区位选择的影响分析》,《统计与决策》第17期。

阎大颖、洪俊杰、任兵,2009,《中国企业对外直接投资的决定因素:基于制度视角的经验分析》,《南开管理评论》第12卷第6期。

易波、李玉洁,2012,《双边投资协定和中国对外直接投资区位选择》,《统计与决策》第4期。

张碧琼、田晓明,2012,《中国对外直接投资环境评估:综合评分法及应用》,《财贸经济》第2期。

张鲁青,2009,《双边投资协定对发展中国家吸引FDI的影响——基于面板数据的实证研究》,《财经科学》第9期。

张为付,2008,《影响我国企业对外直接投资因素研究》,《中国工业经济》第11期。

张燕、谢建国,2012,《出口还是对外直接投资:中国企业"走出去"影响因素研究》,《世界经济研究》第3期。

张中元,2013,《东道国制度质量、双边投资协议与中国对外直接投资——基于面板门限回归模型(PTR)的实证分析》,《南方经济》第4期。

赵春明、吕洋,2011,《中国对东盟直接投资影响因素的实证分析》,《亚太经济》第1期。

宗芳宇、路江涌、武常岐,2012,《双边投资协定、制度环境和企业对外直接投资区位选择》,《经济研究》第5期。

Adjasi, Charles K. D., Joshua Abor, Kofi A. Osei, and Ernestine E. Nyavor-Foli, 2012, "FDI and Economic Activity in Africa: The Role of Local Financial Markets," *Thunderbird International Business Review*, 54 (4), pp. 429–439.

Aizenman, Joshua and Mark M. Spiegel, 2006, "Institutional Efficiency, Monitoring Costs, and the Investment Share of FDI," *Review of International Economics*, 14 (4), pp. 683 – 697.

Belderbos Rene A. , 1997, "Antidumping and Tariff Jumping: Japanese Firms' DFI in the European Union and the United States," *Weltwirtschaftliches Archiv*, 133, pp. 419 – 57.

Bénassy-Quéré, Agnès, Maylis Coupet and Thierry Mayer, 2007, "Institutional Determinants of Foreign Direct Investment," *World Economy*, pp. 764 – 782.

Bhattacharya, Rudrani, Ila Patnaik and Ajay Shah, 2012, "Export Versus FDI in Services," *World Economy*, pp. 61 – 78.

Bitzer, Jurgen and Monika Kerekes, 2008, "Does Foreign Direct Investment Transfer Technology across Borders? New Evidence," *Economics Letters*, 100 (3), pp. 355 – 358.

Boateng, Agyenim, Wang Qian and Yang Tianle, 2008, "Cross-border M&As by Chinese Firms: Ananalysis of Strategic Motives and Performance," *Thunderbird International Business Review*, 50 (4), pp. 259 – 270.

Brouthers, Lance Eliot, Yan Gao, and Jason Patrick Mcnicol, 2008, "Corruption and Market Attractiveness Influences on Different Types of FDI," *Strategic Management Journal*, (29), pp. 673 – 680.

Buch, Claudia M. and Jorn Kleinert, 2008, "Exchange Rates and FDI: Goods versus Capital Market Frictions," *World Economy*, pp. 1185 – 1207.

Buckley, Peter J. , L. Jeremy Cleg, Adam R. Cross, 2007, "The determinants of Chinese outward foreign direct investment," *Journal of International Business Studies*, 38 (4), pp. 499 – 518.

Cheung, Yin-Wong, Jakob de Haan, Xingwang Qian, and Shu Yu, 2012, "China's Outward Direct Investment in Africa," *Review of International Economics*, 20 (2), pp. 201 – 220.

Child, John and Suzana B. Rodrigues, 2005, "The Internationalization of Chinese Firms: A Case for Theoretical Extension," *Management and Organization Review*, 1 (3).

Dunning, John H. , 1977, "Trade, location of economic activity and the multinational enterprise: A search for an eclectic approach," In B. Ohlin, P. O. Hesseborn, and P. E. Wijkman (Eds.), *The international allocation of economic activity*. London: Macmillan, pp. 395 – 418.

Dunning, John H., 1981, "Explaining the international direct investment position of countries: Towards a dynamic or developmental approach," *Weltwirtschaftliches Archiv*, 119 (1), pp. 30 – 64.

Dunning, John H., 1986, "The investment development cycle revisited," *Weltwirtschaftliches Archiv*, 122 (4), pp. 667 – 677.

Dunning, John H., 1998, "The eclectic paradigm of international production: A restatement and some possible extensions," *Journal of International Business Studies*, 19 (1), pp. 1 – 19.

Dunning, John H., 2001, "The eclectic (OLI) paradigm of international production: Past, present and future," *International Journal of the Economics of Business*, 8 (2), pp. 173 – 190.

Duran, Juan J. and Fernando Ubeda, 2005, "The investment development path of newly developed countries," *International Journal of the Economics of Business*, 12 (1), pp. 123 – 137.

Egger, Peter and Michael Pfaffermayr, 2004, "The Impact of Bilateral Investment Treaties on Foreign Direct Investment," *Journal of Comparative Economics*, 32 (4), pp. 788 – 804.

Egger, Peter and Valeria Merlo, 2007, "The Impact of Bilateral Investment Treaties on FDI Dynamics," *World Economy*, pp. 1536 – 1549.

Globerman, Steven and Daniel Shapiro, 2002, "Global foreign direct investment flows: the role of government infrastructure," *World Development*, 30 (11), pp. 1899 – 1919.

Hallward-Driemeier, M., 2003, "Do Bilateral Investment Treaties Attract FDI? Only a Bit…and They Could Bite," *Working Paper* No. 3121, Washington, DC: The World Bank.

Kaufmann, Daniel, Aart Kraay and P. Zoido-Lobatón, 1999, "Aggregating Governance Indicators," *Policy Research Paper* No. 2195, Washington, DC: The World Bank.

Kaufmann, Daniel, Aart Kraay and Massimo Mastruzzi, 2010, "The

Worldwide Governance Indicators Methodology and Analytical Issues," *World Bank Policy Research Working Paper* WPS5430.

Kogut, Bruce and Chang, Sea Jin, 1991, "Technological Capabilities and Japanese Direct Investment in the United States," *Review of Economics and Statistics*, 73, pp. 401 – 413.

Litvak, Isiah A. and Peter M. Banking, 1968, "A conceptual framework for international business arrangement," *American Marketing Association, Fall Conference Proceeding*, pp. 460 – 467.

Morck, Randall. , Bernard Yeung and Minyuan Zhao, 2008, "Perspectives on China's outward foreign direct investment," *Journal of International Business Studies*, 39, pp. 337 – 350.

Neumayer, Eric and Laura Spess, 2005, "Do Bilateral Investment Treaties Increase Foreign Direct Investment to Developing Countries?" *World Development*, 33 (10), pp. 1567 – 1585.

Noguera, Jose De Jesus and Rowena A. Pecchenino, 2011, "FDI Versus Exports In a General Equilibrium Ricardian Model," *Economic Record*, 87 (278), pp. 438 – 448.

Oberhofer, Harald and Michael Pfaffermayr, 2012, "FDI versus Exports: Multiple Host Countries and Empirical Evidence," *World Economy*, pp. 316 – 330.

Potterie, Bruno van Pottelsberghe de la and Frank Lichtenberg, 2001, "Does foreign direct investment transfer technology across borders?" *Review of Economics and Statistics*, 83 (3), pp. 490 – 497.

Robock, Stefan H. , 1971, "Political risk: identification and assessment," *Journal of World Business*, July-August, pp. 6 – 20.

Rugman, Alan M. and Jing Li, 2007, "Will China's Multinationals Succeed Globally or Regionally," *European Management Journal*, 25 (5), pp. 333 – 343.

Sanfilippo, Marco, 2010, "Chinese FDI to Africa: What Is the Nexus with Foreign Economic Cooperation?" *African Development Review*, 22 (S1), pp. 599 – 614.

Stobaugh, Robert B. , 1969, "How to analyze Foreign Investment Climate," *Harvard Business Review*, 48 (5), pp. 100 – 109.

Tolentino, Paz Estrella., 2010, "Home country macroeconomic factors and outward FDI of China and India," *Journal of International Management*, 16 (2), pp. 102 – 120.

Udomkerdmongkol, Manop, Oliver Morrissey and Holger Görg, 2009, "Exchange Rates and Outward Foreign Direct Investment: US FDI in Emerging Economies," *Review of Development Economics*, 13 (4), pp. 754 – 764.

UNCTAD, *World investment report* 2011: *Non-equity modes of international production and development*, 2011.

UNCTAD, *World Investment Report* 2012: *Towards a New Generation of Investment Policies*, 2012.

Voss, Hinrich, Peter J. Buckley and Adam R. Cross, 2010, "The impact of home country institutional effects on the internationalization strategy of Chinese firms," *Multinational Business Review*, 18 (3), pp. 25 – 48.

Wang, Chengqi, Junjie Hong, Mario Kafouros and Agyenim Boateng, 2012, "What drives outward FDI of Chinese firms? Testing the explanatory power of three theoretical frameworks," *International Business Review*, 21 (3), pp. 425 – 438.

Wei, ShangJin, 2000, "How Taxing is Corruption on Internal Investors?" *Review of Economics and Statistics*, 82 (1), pp. 1 – 11.

Wheeler, David and Ashoka Mody, 1992, "International Investment Location Decisions: The Case of U.S. Firms," *Journal of International Economics*, 33 (1 – 2), pp. 57 – 76.

Xing, Yuqing and Guanghua Wan, 2006, "Exchange Rates and Competition for FDI in Asia," *World Economy*, pp. 419 – 434.

Zhang, Xiaoxi and Kevin Dally, 2011, "The determinants of China's outward foreign direct investment," *Emerging Markets Review*, 12 (4), pp. 389 – 398.

图书在版编目(CIP)数据

中国周边投资环境监测评估研究/张中元，赵江林著. —北京：
社会科学文献出版社，2014.7
（国际战略研究丛书）
ISBN 978-7-5097-5952-3

Ⅰ.①中… Ⅱ.①张…②赵… Ⅲ.①对外投资-直接投资-
投资环境-研究-中国 Ⅳ.①F832.6

中国版本图书馆 CIP 数据核字（2014）第 078172 号

·国际战略研究丛书·
中国周边投资环境监测评估研究

著　　者 /	张中元　赵江林
出 版 人 /	谢寿光
出 版 者 /	社会科学文献出版社
地　　址 /	北京市西城区北三环中路甲29号院3号楼华龙大厦
邮政编码 /	100029

责任部门 /	全球与地区问题出版中心（010）59367004	责任编辑 /	张志伟
电子信箱 /	bianyibu@ssap.cn	责任校对 /	庞桂美
项目统筹 /	王玉敏	责任印制 /	岳　阳
经　　销 /	社会科学文献出版社市场营销中心（010）59367081　59367089		
读者服务 /	读者服务中心（010）59367028		

印　　装 /	北京季蜂印刷有限公司		
开　　本 /	787mm×1092mm　1/16	印　张 /	14.25
版　　次 /	2014年7月第1版	字　数 /	251千字
印　　次 /	2014年7月第1次印刷		
书　　号 /	ISBN 978-7-5097-5952-3		
定　　价 /	49.00元		

本书如有破损、缺页、装订错误，请与本社读者服务中心联系更换

版权所有　翻印必究